「究」叢書・知を究める 16

日本人にとってエルサレムとは何か

聖地巡礼の近現代史

臼杵 陽［著］

ミネルヴァ書房

日本人にとってエルサレムとは何か——聖地巡礼の近現代史

目次

目　次

関係地図

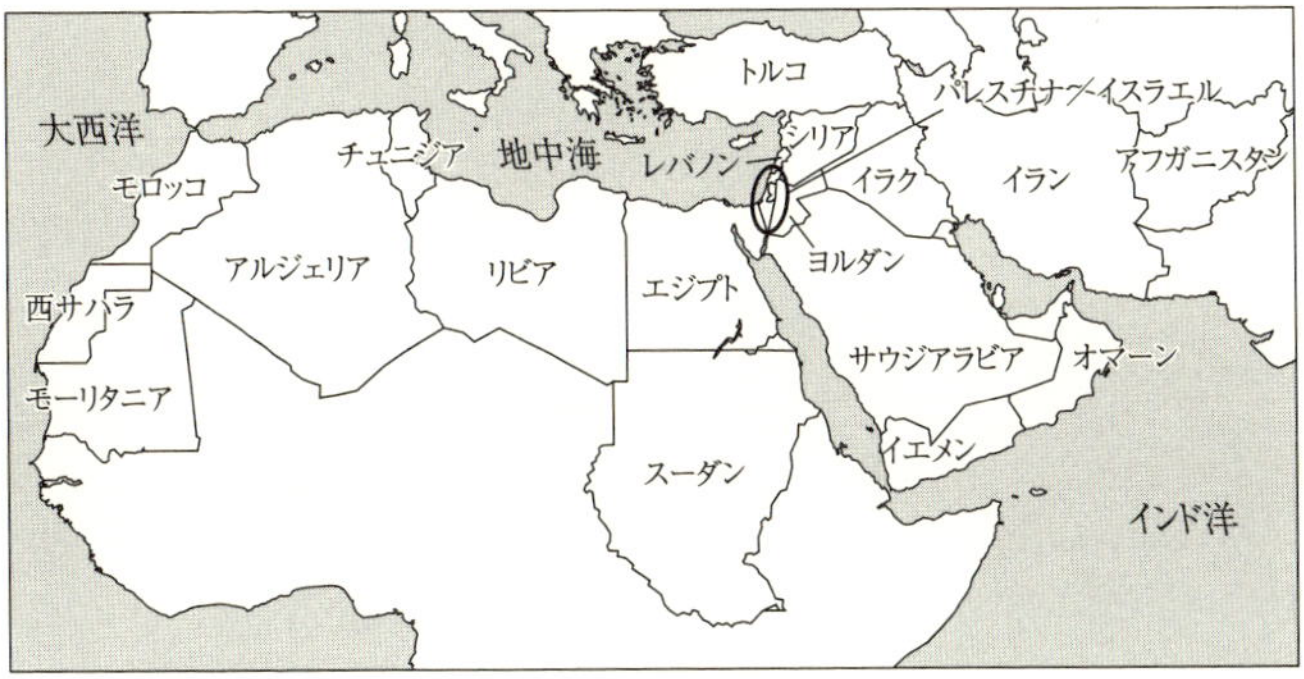

中東諸国地図

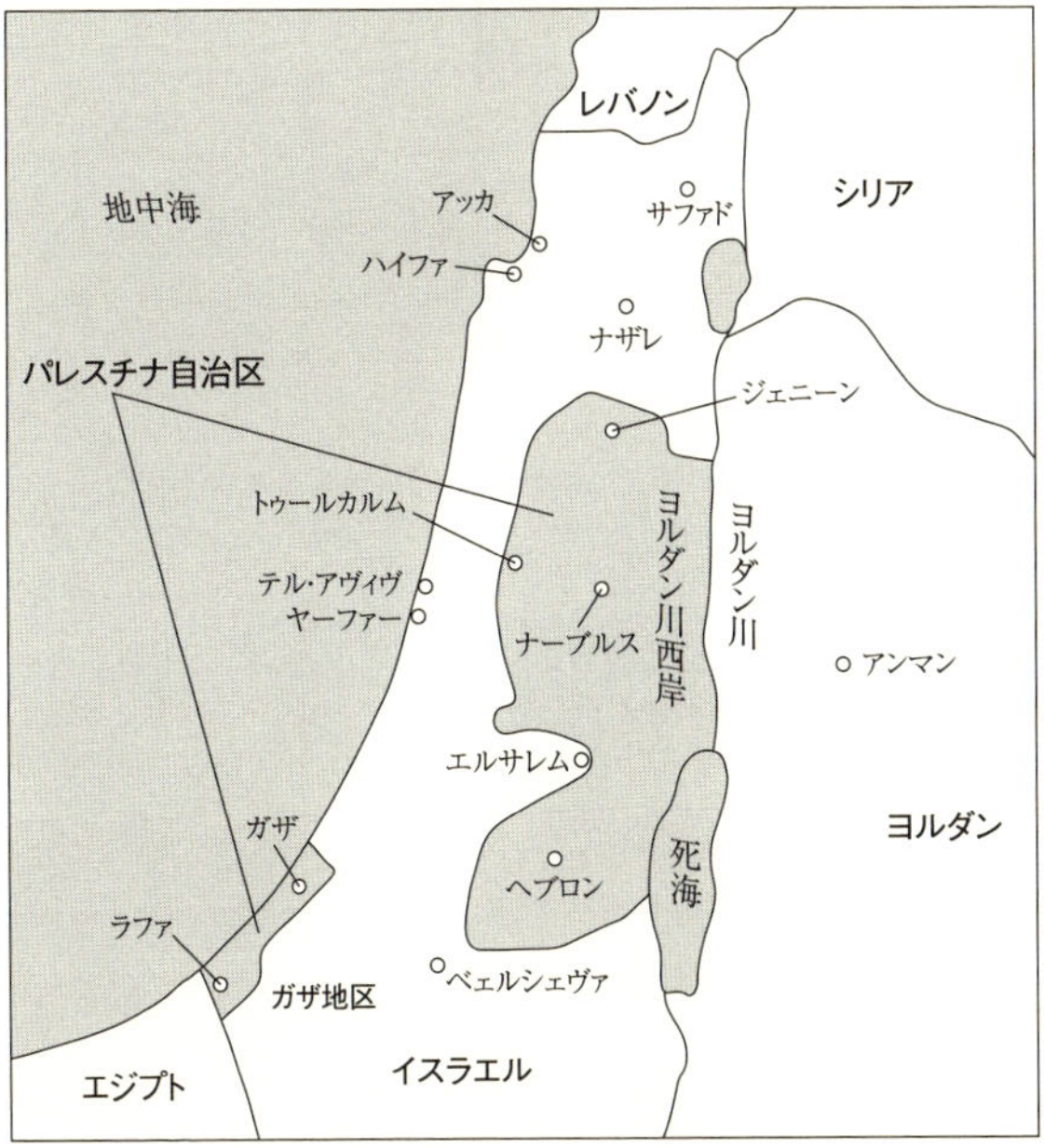

イスラエルとヨルダン川西岸・ガザ

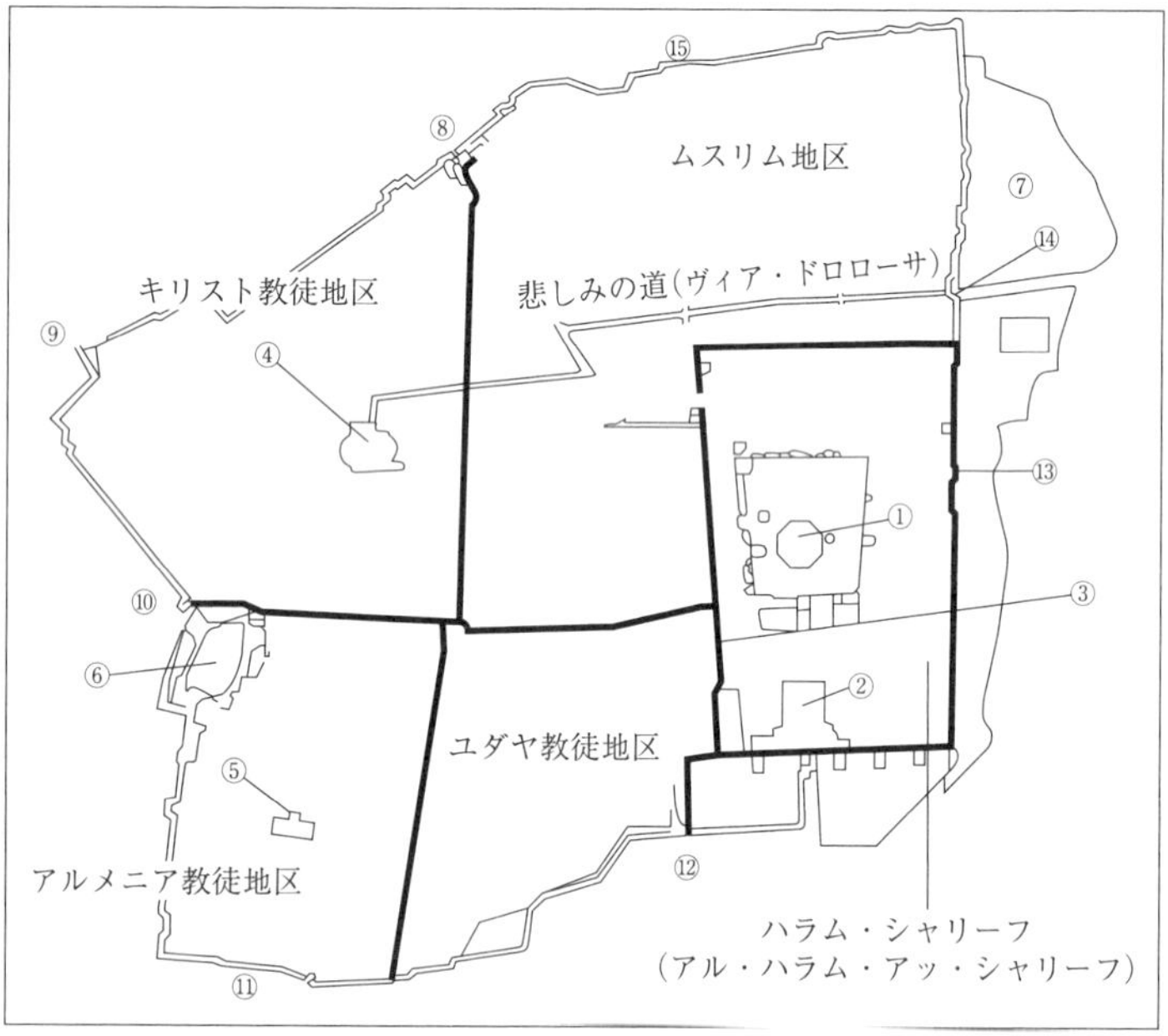

エルサレム旧市街

①岩のドーム，②アル・アクサー・モスク，③嘆きの壁，④聖墳墓教会，⑤聖ヤコブ教会，⑥ダビデの塔，⑦ムスリム墓地，⑧ダマスカス門（アムード門），⑨新門，⑩ヤーファー門（ハリール〈ヘブロン〉門），⑪シオン門（預言者ダーウード門），⑫糞門（マガーリバ〈モロッコ人〉門），⑬金門，⑭ライオン門（聖マルヤム〈マリア〉門），⑮ヘロデ門（サーヒラ門）

序章　「はざま」に生きる人びと

かつての日本人の聖地体験

かつて聖地エルサレムを訪問した日本人はどんな記録を残してきたのだろうか。そんな関心のもとで、私自身の体験をも踏まえて、近現代を生きた日本人のパレスチナ訪問記がどんなものであったのかを振り返ってみようというのが本書である。時期的には明治期末から大正期、そして昭和期まで、主に二〇世紀に聖地を訪れた日本人による記録を中心に据えている。とはいったものの、私の関心の赴くままにエルサレムを訪れた著名人たちが書き残したものをまとめているうちに、やはり自分自身が見聞してきたこととの共通点と差異点が顕著になってくるのは当然のことかもしれない。エルサレムでそれなりの期間にわたって生活した経験があるがゆえに、エルサレムへのある種の偏りともいうべき傾向が私にもあるからであろう。

本書では、かつての日本人の聖地体験を、私自身のエルサレムでの生活と比較しつつ再考してみたいと思っている。したがって、本書のそれぞれの節の前半部は私の個人的な体験や印象を述べて、そしてその後半部は作家たちが残した記述を紹介するというやり方を取ることにしたい。そのようなやり方を通じて、それぞれの時代に生き、それぞれの思いから訪問記を残した書き手たちの違いを対照的に浮かび上がらせ、聖地エルサレムとは何か、あるいはもっと広く日本人にとってパレスチナとは何なのかを歴史的に考えてみる素材を提供できればと考えている。

そもそも、私自身が日本人のエルサレム訪問記というテーマに関心をもったのは、徳冨蘆花（一八六八〜一九二七年）の旅行記の存在が大きかった。一九九〇年から約二年間のエルサレム留学の直前に蘆花の『順礼紀行』を中公文庫版（一九八九年刊行）で手に入れたからである。蘆花の二度にわたる聖地訪問の記録に、その強烈な個性も相俟って、魅了されたからである。蘆花は最初の日露戦争直後の聖地訪問を前述の『順礼紀行』という書籍として、また第二回目の第一次世界大戦直後の聖地訪問を『日本から日本へ』という紀行文として刊行した。本書ではまず第一章で蘆花のエルサレム訪問記を中心に語っていくことにしたい。

第二のテーマは、無教会派のキリスト者が書き残したものである。私は一九八〇年代半ばにヨルダン川の東側に位置するヨルダン・ハーシム王国の首都アンマンに二年半にわたって、そして一九九〇年代初頭にヨルダン川やヨルダン峡谷を挟んで西隣の高地にある聖地エルサレムに二年間、滞在した。アンマン時代には聖書研究をしている小さなグループの会に顔を出したりした。またエルサレムではヘブライ大学で聖書を研究する留学生やキリスト教信仰者の人びととの交流がそれなりにあった。そんなヨルダン川の両岸での現地体験を踏まえてエルサレム問題を考えると、無教会派キリスト者の書き残したものがやはり強烈な印象を私に残したのである。内村鑑三（一八六一〜一九三〇年）と矢内原忠雄（一八九三〜一九六一年）がその代表的な人物である。内村は生涯一度も聖地エルサレムを訪れることはなかった。しかし、同時代的な関心から日本にいながらにして聖地での新たな動きに注視する文章を書き残している。そんな文章に内村のシオニズム運動への強烈な関心が溢れ出ているのである。内村の弟子である矢内原忠雄は第一次世界大戦終了直後、東京帝国大学助教授の時にイギリスによる委任統治が始まったばかりのパレスチナを訪問し、新たなシオニスト入植地をもわざわざ訪ねた。この二人に代表される無教会派キリスト者のパレスチナへの関心のあり方は、現在のトランプ政権で話題になっているアメリカのキリスト教福音派（エヴァンジェリカル）の人びとの関心と共通するものがある。大胆に表現すれば、無教会派の見方はアメリカの福音派の戦前日本版ともみなすことができるのである。このテーマに関しては、役重善洋『近代日本の植民地主義とジェンタイル・シオニズム――内村鑑三・矢内原忠雄・中田重治におけるナショナリズムと世界認識』（インパクト出版社、二〇一八年）が刊行された。

第三は戦前・戦中の国家主義者たちである。意外に思われるかもしれないが、二・二六事件で処刑された北一輝（一八八三〜一九三七年）とともに国家主義的な政治結社「猶存社」を設立した大川周明（一八八六〜一九五七年）や満川亀太郎（一八八八〜一九三六年）も、先駆的とも評価しうる興味深いシオニズム論、ユダヤ人論、あるいは反ユダヤ主義《アンティ・セミティズム》批判の論考を残しているのである。私自身はかつて大川周明のイスラーム論については著書としてまとめたことがあったが（『大川周明――イスラームと天皇のはざまで』（青土社、二〇一〇年））、大川のシオニズム論と満川の反ユダヤ主義批判の対比に関してはこれまでまとめて紹介する機会がなかった。本書において、大川とともに、満川の反ユダヤ主義批判とそのユダヤ人論に触れたのは、戦前・戦中の日本の国家主義者を、国際問題としての「ユダヤ人問題」という観点から、どのように捉えて評価することができるかという問題意識が念頭にあったからである。そのような意味で、これまで等閑視されてきた国家主義者のシオニズム論と反ユダヤ主義批判を改めて読み直すという点で現代的な意義があると私自身は考えている。

第四は大日本帝国陸軍の軍人たちである。その多くが特務機関員として満洲（現在の中国東北部）での工作活動に関わっている。その代表が安江仙弘《やすえのりひろ》（一八八八～一九五〇年）である。安江は現在では、もっぱら満洲国にユダヤ人国家を設立しようとした「河豚《ふぐ》計画」の立案者として取り上げられることが一般的である。しかし、改めて安江の聖地訪問記を読んでみると、東アジアという文脈では見えてこなかった、反ユダヤ主義的立場と親シオニズム的立場との矛盾を抱え込む、この人物の錯綜した新たなイメージを垣間見ることができるだろう。さらに、今や戦前・戦中日本の反ユダヤ主義者の代表格としてユダヤ人研究者からも批判的に取り上げられることがもっぱらである四王天延孝（一八七九～一九六二年）の論考も是々非々の立場から改めて考え直してみたい。

第五としては、戦前の知識人たちの「アラブの反乱」に関連する著作である。共通しているのが「アラビアのロレンス」への強い関心である。「英雄」として神話化されたこのイギリス人に関する評伝をほぼ同時期に出版した小林元（一九〇四～一九六三年）と中野好夫（一九〇三～一九八五年）を中心に取り上げてみたい。中野は映画「アラビアのロレンス」が一九六三年に日本で公開されると、岩波新書で改訂版『アラビアのロレンス』を同じ年に再版したのである。

最後に、戦後のカトリック作家として著名な遠藤周作（一九二三〜一九九六年）と加賀乙彦（一九二九年〜　）の小説を取り上げる。同じ日本人カトリック信徒として最初にエルサレムに巡礼したといわれるペトロ岐部（一五八七〜一六三九年）を題材とした遠藤と加賀の小説を、中東研究という観点から論じてみたいと思っている。もっとも、ペトロ岐部は私自身が生まれた大分県北部の国東半島出身であるということも強く影響していることをあらかじめ指摘しておきたい。

本書の終章では、日本人ムスリムのエルサレム論を取り上げてみたい。特に日本人ムスリムとして最初にメッカ（マッカ）・メディナ（マディーナ）を訪問した山岡光太郎（一八八〇〜一九五九年）の書き残したものを再読してみたい。残念ながら、山岡は聖地エルサレムについてはまとまった文章を残していない。したがって、旅行案内書として刊行した『聖都から聖都へ』（上田印刷所、一九二八年）のエルサレムについての断片的な記述を中心に紹介した。

ところで、なぜ私のような中東現代史を専門とする研究者が日本人の聖地訪問記に関心を寄せるようになったのか。もちろん、この問いは本書を通底するテーマであるので、各章の個別の記述に縷々述べており、そちらをお読みになっていただければ明らかになることではある。ただ、私自身、先ほども述べた通り、研究者としてヨルダンの首都アンマンと聖地エルサレムに、そしてレバノンの首都ベイルートといった中東地域に、通算すると六年近く滞在することができた。もちろん、短期的な訪問を含めると相当の回数になってしまう。そんなエルサレム滞在の体験を踏まえて振り返ってみると、大分上野丘高校時代にしばしば訪れていた日本基督教団の別府・野口教会の牧師であった叔父からの影響があるのではないかとつい考え込んでしまう。叔父が牧師をしていた教会の牧師館に置いてあった遠藤周作の『沈黙』（一九六六年）や『死海のほとり』（一九七三年）などの小説と出会ったことが今の私の考え方をつくり上げる上で深い刻印を刻み込んだのかなとも思ったりする。そして、偶然のことから大学に入学してアラビア語とアラブ現代史を勉強して、卒業論文をパレスチナのエルサレム出身のハーッジ・アミーン・アル・フサイニー（一八九五?〜一九七四年）のイスラーム的な政治指導をテーマとして書いた。そのおかげで何となく研究の方向性が見えてきた。そのまま大学院に進学して博士課程まで進んで本格的に研究者としての道を歩み始めた。そして実際に中東地域の現地でそれなりの期間にわたって生活する機会を得て、やるべき方向性が決まったのである。

研究者として駆け出しのころの院生時代に訪れた中東の現場で出会った人びととの交流がその後の私の進むべき道を決めてしまったといっていいのかもしれない。ということで、まず、大学院生のころにパレスチナ現代史の史料や文献を収集するために訪問したイスラエル北部にある港湾都市ハイファでの出逢いにまつわる逸話から始めてみたい。

私の初めてのイスラエル・アラブ社会の訪問

三十年以上前の一九八四年春のことだ。イスラエル北部にある港町ハイファを初めて訪れた。地中海に面したハイファは神戸と地形がよく似ており、カルメル山が六甲山のように地中海の海岸線まで迫って湾を形作っている。そのためハイファ港はその規模は神戸港よりも小さいものの、東地中海岸随一の天然の良港となっている。当時、私はパレスチナ現代史研究を目ざす大学院生で、ハイファ訪問の目的はイスラエル国内に住むアラブ（パレスチナ）人の歴史家に会うためだった。

イスラエル随一の工業都市ハイファは大部分はヘブライ語の世界であるが、そこにはもう一つの別のアラビア語の世界が建国以前からずっと存在していた。ワーディー・ナスナースというアラブ人居住区である。この地区はカルメル山の中腹にあり、ハイファ港が一望できる。現在、アラブ人はユダヤ人国家イスラエルの全人口の約二割を占めるにすぎない。しかし、アラブ人はイスラエル建国前には圧倒的な多数派を占めていた。ハイファとその後背地であるガリラヤ地方（イスラエル北部地域）には建国以前から数多くのイスラーム教徒やキリスト教徒のアラブ人が住み、中央部の地中海岸にほど近い「小三角地帯」とベドウィン（遊牧民）の住む南部のネゲヴ地域とともに、現在のイスラエルにおけるアラブ人社会の存在する三大中心地域の一つでもある。「小三角地帯」はイスラエル中央部の海岸線より内陸の地域で、ヨルダン川西岸と地中海に挟まれた狭い場所であり、その北部の中心都市がクフル・カーシム、その南部の中心都市がタイベである。前者はイスラエル国内のイスラーム運動の中心として知られ、後者のタイベはキリスト教徒が多いことも相俟って、パレスチナ産ビールの生産地としてもよく知られている。もちろん、ムスリムはアルコール飲料を飲むことが禁止されていることはいうまでもないことである。

イスラエルのアラブ人はその母語はアラビア語であるが、イスラエル市民としてヘブライ語にも堪能である。両言語ともイスラエルの公用語である。ただし、二〇一八年七月に入って、イスラエル国会はアラビア語を公用語から外す審議をしているという衝撃的なニュースが流れた。

現在でもイスラエルに住み続けているアラブ人は一九四八年のイスラエル建国後も故郷パレスチナから離れなかった人びとである。多くのパレスチナ人のように難民とはならないで、その土地に根を張ったように生き残り、その後もずっと住み続けている民族的少数派なのである。イスラエル国籍(市民権)をもっているので法的には「イスラエル人/市民」ではあるが、イスラエル社会では一般には「イスラエル・アラブ人」と呼ばれている。この表現にはユダヤ人国家の「敵=アラブ」といったマイナス・イメージの含意がある。「第五列(fifth column)」のような語感なのである。

「第五列」といっても、この用語そのものを知らない若い読者も多かろう。『広辞苑第六版』によれば「(スペイン内戦の際、四個部隊を率いてマドリードを攻めたフランコ将軍麾下《きか》のモラ将軍が、市内にもこれに呼応するもう一個の部隊すなわちフランコ派がいると揚言したことに基づく)敵方に内応する者。内通者。第五部隊」ということになる。「内通者」という負のイメージはずっと長い間、イスラエル・アラブの人びとに付与されてきたものだった。しかし、こんなイスラエル・アラブ人の中にも最近ではヨルダン川西岸・ガザの同胞パレスチナ人とのつながりを強調して、「パレスチナ系イスラエル市民」と自己認識している人も増えているのもたしかなのである。

当時、私は金銭的余裕のほとんどない貧乏旅行者だった。そのため、多くのアラブの人びとに助けられた。イスラエルに住んでいるアラブ人も他のアラブ諸国と同じように人的なネットワークの社会である。知り合いは「友達の友達はみな友達だ」という相互扶助の関係によって芋蔓式にどんどんと広がっていく。はるか「極東」からやって来た若い客人は、めずらしさも手伝ってとりわけ歓待された。アラビア語で「カラーム（歓待）」と呼ばれるアラブの客へのホスピタリティのおかげである。

エミール・トゥーマーとの出会い

イスラエルで私が会いたいと思っていた、お目当ての歴史家はエミール・トゥーマー（Emile Touma）（一九一九〜一九八五年）という人物だった。大学で卒業論文を執筆する際にもトゥーマーのアラビア語の著作を読み込んだ。トゥーマーは当時ハイファで発行されているアラビア語雑誌『ジャディード（革新）』の編集長であった。彼には『パレスチナ問題の起源』『パレスチナ・アラブ運動の六〇年』『アラブ民族近代史』『イスラームにおける社会運動』『イスラエルにおけるアラブ民衆の闘争の道』『現代シオニズム研究』などといったアラブ近現代史に関するアラビア語の著作が数多くあった。そのほとんどは後述するアッカにあるアスワール出版社から出版されていた。トゥーマーはモスクワで歴史学の博士号を取得したため「ドクトール」と呼ばれていた。

この歴史家のフランス風の名前エミールやトゥーマー（トメ）からも想像できるように、イスラーム教徒ではなく、ギリシア正教会に属するキリスト教徒の出自である。しかし、イスラエルの共産主義者としてアラブ人とユダヤ人の間の民族的な共存を唱えていたので、お連れ合いはユダヤ人女性であった。お連れ合いのハヤーはミッシェル・クレイフィー監督のドキュメンタリー映画「禁じられた結婚」（一九九五年、原題は「聖地における禁じられた結婚（Forbidden Marriages in the Holy Land）」）にも登場する。この映画はアラブ人とユダヤ人が結婚したカップルがイスラエル社会で直面する諸問題を主題としている。イスラエルには市民法と宗教法とがあり、宗教法上は宗教が異なると結婚ができない。

出生・婚姻・相続・埋葬などといった冠婚葬祭の類は教会などの宗教諸機関が管轄しているからである。

当時、イスラエルの身分証明書には「宗教」と「民族」の欄があった。トゥーマーの身分証明書の「宗教」欄には「キリスト教」、「民族」欄には「アラブ」と書かれていた。しかし、信仰をもたないトゥーマーは「宗教」欄を「共産主義」に変更するようイスラエル政府に要求していたという。当然ながら、そのような突拍子もない法外な要求はイスラエル政府によって体よく無視されたと笑いながら話してくれた。

春先のよく晴れた日にハイファのアラブ人街にあったトゥーマーの事務所を訪問した。パレスチナ近現代史の話も一段落つくと、ガリラヤ地方のアラブ農村で製造された安物のブランデーが振る舞われた。酒の肴は、小玉葱、アラブ風パン、オリーブ油を垂らしたザアタル（乾燥させたオレガノやタイムのようなハーブにゴマや塩などを混ぜたもの）などで、広げられた古新聞の上に無造作に並べられた。彼はブランデーをおいしそうに飲みながら、モスクワで論文執筆のため切り詰めた生活の中でいつも食べていた玉葱のことなど、四方山話に花を咲かせた。玉葱はアラビア語ではバサル、ヘブライ語ではバツァルというが、同じセム語系の単語の二つの微妙に異なる音が今でも耳奥に残っている。ロシア語では玉葱を「ルーク」ということもその時に知ったのである。

その場には詩人としても活躍していたサミーフ・アル・カーィスム（一九三九～二〇一四年）など関係者数人も途中から宴会に同席していた。このパレスチナを代表する詩人はイスラームの少数派であるドルーズ派出身である。宴もたけなわ、ほろ酔い加減で、太陽がカルメル山に沈みつつある夕刻に事務所を辞した。事務所近くの街路に植えてあったブーゲンビリアの鮮やかな紫色が目に染みた。しかし、この植物もユダヤ人シオニストが二〇世紀に入ってパレスチナにもたらした外来種である。イスラエル建国に導いた「シオニスト革命」は社会のみならず、パレスチナの植生までも大きく変えてしまったのである。

翌日は雲が低く垂れ込めた曇天だった。パレスチナの春の天気は気まぐれである。アッカ（ヘブライ語ではアッコ）という古都の城壁内にあるアラビア語の出版社を訪ねた。アッカは円弧を描くハイファ湾を隔ててハイファの街と遠く向かい合うような海辺の位置にある。その出版社はアスワール出版社といった。「アスワール」というのはアラビア語で「城壁」のことである。アッカは一八世紀末にナポレオン・ボナパルトの軍隊が攻め込んできた時にももち堪えた要塞都市である。その城壁を出版社名にしたのだ。その社主はヤァクーブ・ヒジャーズィーといった。トゥーマーのアラビア語の著作の多くがこの出版社から刊行されていた。城壁内にある事務所から地中海岸の波打ち際に建てられた彼の自宅に移動して、地中海の波の音を聞きながらご家族と一緒に夕食をごちそうになった。イスラエルにおけるアラビア語の出版事情についていろいろと話してもらったと記憶している。そのころまでは自宅前の海岸は砂浜であったが、現在では護岸工事がなされて防波堤が建設され、駐車場が広げられている。かつてのような長閑な雰囲気は消えてしまった。

パレスチナの春先は雨期でもある。その夜、アッカの新市街にあるブールス・アル・ブールスという詩人の家に転がり込んで泊めてもらった。夜中は雷をともなう豪雨となった。春の嵐の中で泊めてもらった部屋は雨漏りがしたが、雨しずくの音とブールスのアラビア語詩の朗誦の余韻とが眠りを誘った。

アラブ人社会の人間関係はいったん中に入り込むととても濃密な感じを受ける。どんな人的ネットワークに入るかでその社会の中でどんなことができるかが決まってしまう。イスラエル北部にあるガリラヤ地方でもそんな密な人間関係に支えられている伝統的なアラブ人社会があった。ここで「伝統」的というのは、建国以来、イスラエル政府によるアラブ人社会への補助金の配分がユダヤ人社会に比べてかなり低いという民族差別的な政策の結果、開発から見放されてきたという意味においてである。イスラエルの共産主義者たちも、信仰と家父長制を除いて（と思うが）、アラブ社会に連綿と受け継がれている文化的遺産を重んじている。労働者のインターナショナルであるはずの共産主義が当地では「アラブ民族共産主義」といってもいいようなかたちをとっているのである。アラブ人の民族的意識を代弁しているイスラエル共産党への支持率がソ連崩壊後もそれなりに高い数字を維持しているのもそのためだ。

アンマンでの二年半

さて、私はその後一九八四年から二年半、ヨルダン川の東側に位置するヨルダン・ハーシム王国の首都であるアンマンに住むことになった。当時、イスラエルとヨルダンの間には外交関係はなかったが、両国は事実上友好的な関係を保っていた。両国の間に外交関係が樹立されるのは、一九九三年にPLO（パレスチナ解放機構）とイスラエルがパレスチナ暫定自治に関する原則宣言（いわゆる「オスロ合意」）を締結した翌年の一九九四年一〇月のことである。その年は私が初めてイスラエルを訪れてからすでに一〇年が経過していた。

外交関係が樹立されるまでは外国人がヨルダンからイスラエルに旅行するには「ヨルダン川渡河許可書」という書類をヨルダン内務省に発行してもらって、その許可書でヨルダン川を渡った。どういうことかというと、ヨルダンは一九六七年の第三次中東戦争でヨルダン川西岸をイスラエルによって占領されてしまったが、その後も西岸を自国領だと主張し続けた。したがって、外国人が西岸を旅行するのは「自国領」の特別地区に入ることだとみなし、渡河許可書を発行していたわけである。

しかし、イスラエル側はイスラエル側でヨルダン川に架かるアレンビー橋の入国管理事務所の通過を入国とみなして、旅券とは別の紙に入国印を押していた。訪問者はヨルダンに戻る時にはその紙片をイスラエル当局に戻すので、旅券にはイスラエル入国印は残らない。国交がないがそれなりの相互交流を重ねている両国間に築かれた「信頼」に基づく巧妙なやり方だった。キプロスを訪問した時も、ギリシア人地区とトルコ人地区に分断された首都ニコシアの町でギリシア人側からトルコ人側を訪問する際、同じようなことをやっていた。地域を問わず、なるほど紛争地域において外交関係のない国家間の国境を越えるために生み出された政治的な知恵なのである。

一九八六年にヨルダンからアレンビー橋経由でイスラエルに入ってハイファを再訪した。その時はイスラエルでアラビア語小説を代表する作家エミール・ハビービー（一九二二～一九九六年）に会うためだった。残念ながらトゥーマーはその前年に亡くなっていた。トゥーマーとハビービーとはイスラエル建国以前からのイスラエル共産党（ラカハ）での政治的な盟友だった。ハビービーは建国直後から一九七二年まで長きにわたって共産党選出の国会議員を務めた。彼の代表作『悲楽観屋サイードの失踪にまつわる奇妙な出来事』（山本薫訳、作品社、二〇〇六年）は日本語でも読むことができる。最後に、ハビービーのお墓について触れておきたい。彼のお墓はハイファ近郊のプロテスタント墓地にある。イスラエルでは冠婚葬祭は宗教・宗派ごとの宗教法に基づいて行うと法律で定められているために、基本的には墓地も宗教・宗派別に作られている。ハビービーの墓標にはアラビア語で「ハイファに永久に留まる」と刻まれ、マルクス・レーニン主義のシンボル「鎌と槌」がキリスト教墓地であるにもかかわらず、まったく違和感もなく、さり気なく飾られているのである。

本書では、エルサレムを中心としてパレスチナあるいはイスラエルを訪問した日本人の目を通して見た記録を紹介したい。その際、私の個人的なエピソードをも交えながら現地の様子とともに、聖地に関係する著作にも触れていきたい。

第一章　明治・日本人の見たパレスチナ――徳冨蘆花

1　徳冨蘆花の見た預言者モーセ祭

蘆花も泊ったグランド・ニュー・ホテル

一九八〇年代初頭の春、エルサレムに到着した時にはすでに日没後だった。イスラエル北部の港町ハイファから直行バスで聖地に入った。エルサレムでの宿の予約はしていなかったが、当初からアラブ人の経営するホテルに泊まる予定だった。そうなると、アラブ人地区である東エルサレムに行かなければならない。城壁に囲まれたエルサレム旧市街に行って、そこで空いている部屋を探すつもりだった。

エルサレム中央バス・センターはユダヤ人地区である西エルサレムの中心部にあった。ここから旧市街に行くにはエゲッドというイスラエルの公営会社のバスでヤーファー門（アラビア語ではハリール〈ヘブロン〉門、ヘブライ語ではヤッフォ門と呼ぶ。地名がアラビア語とヘブライ語では違っている。エルサレムは西側がヘブライ語の世界、つまりユダヤ人地区であり、東側がアラビア語の世界、つまりアラブ人地区である）まで行くのが便利だった。ヤッフォ通りの東端にヤーファー門がある。門から旧市街の城壁内に入ってすぐ近くで見つけた安ホテルに泊まることにした。ずいぶんと古いホテルで、設備も老朽化しており、ぬるいお湯しか出なかった。ただ、ベランダ付の部屋は広く、天井も高く、レストランも広々としていた。往年はずいぶんと繁盛していたのかもしれない。宿泊客はほとんどおらず閑古鳥が鳴いていた。

ところが、である。そのエルサレム訪問から一〇年以上の歳月が流れて、たまたま『蘆花全集』を読んでいた時のことである。徳冨蘆花夫妻の世界一周の旅行記『日本から日本へ』において次のような一節に出くわしたのである。第一次世界大戦直後の一九一九年春の聖地訪問時である。

「大正八年三月三十日。日曜。正午私は十三年ぶり、妻は初めて、エルサレムに着いた。土人經營のGrand New Hotelは、隨分大きな、而してHome likeなホテルである。客は未だ少ない」(『蘆花全集』第一二巻、一九二八年、一二五頁)。

小説『不如帰《ほととぎす》』で知られる蘆花・徳冨健次郎(一八六八〜一九二七年)とその妻・愛子が宿泊したのがグランド・ニュー・ホテルだった。実は私が泊まった安ホテルも同じ建物だったが、入口が別だったのである。アラブ人を「土人」と呼ぶ蘆花の語感も時代を感じさせるものではあるが、この「土人」は正確にいえば、アラビア語を喋るキリスト教徒のアラブ人である。

蘆花夫妻が聖地を訪問したのは第一次世界大戦終了直後の一九一九(大正八)年春のことで、聖地で復活祭を迎えるためだった。しかし、まだ戦争終了直後でイースターにエルサレムにやって来る欧米からのキリスト教徒はほとんどいなかったようだ。

私がエルサレムを訪れたのはそれから六十余年後のことである。このグランド・ニュー・ホテルは一八八四年に開業し、一八九八年にドイツ皇帝ヴィルヘルム二世がエルサレムを訪問した際に滞在したことでも知られる。事実かどうかは別として、この皇帝は自分が旧市街に入るために城壁の北東部の壁を穿って門を作ってしまったと現地の人びとは噂していた。その門は「ニューゲート」と呼ばれている。ただ、現在ではそのような噂は風説にすぎないとのことのようだ。ホテルの建物はギリシア正教会によって所有されている。すぐ近くに正教会のエルサレム総主教座がある。

「屋上日記」　第一次世界大戦直後の蘆花のエルサレム訪問は彼にとって二度目の聖地だった。最初の訪問はそれより約一五年前の日露戦争直後で、その主たる目的はロシアで文豪トルストイに面会することであった。訪露前にパレスチナで聖地巡礼を果たすという目論見だった。第一回目の聖地パレスチナとロシアの訪問の記録は『順礼紀行』であるが、現在では文庫本として再版（中公文庫、一九八九年）されている。

さて、蘆花は二度目のエルサレム滞在の日記を自ら「屋上日記」と名づけた。泊まったホテルの部屋の位置に由来するのであるが、次の理由からである。

「Palestine《パレスチナ》の人家の平たい屋根の上は、家の一番公《おほやけ》な部分である。殊にエルサレムなどのやうに、人家密集して、家内薄暗く、迷宮のやうな巷路《こうぢ》のくねくねして、何処で何があるやも知れぬやうな處では、天下晴れた公の場所としては、平たい屋根の上に越すものはない。何《ど》の家にも、綺麗なた、きになつた平屋根がある。水の乏しい地だけに、天水を其處で集めて溜《たまり》に流す爲に。洗濯など乾す爲に。また夕涼《ゆふすゞみ》をする爲に。……物變り星移つても、此地方の平屋根は、依然として建築の重要な部分の一つである。何の家にも、それがある。Grand New Hotel にもそれがある事を、私共が見出したのは、來て間もなくの事であつた」(同上書、二三七〜二三八頁)。

最初に読んだ時、アラブ人の家屋の屋上の「公共性」に注目した蘆花の慧眼に感心したことを憶えている。アラブ世界の旧い街区《ハーラ》にある家屋は外側には閉じているが、内側には中庭(パティオ)のような開放空間があり、部屋はそのパティオに向かって作られることが一般的である。城壁内のエルサレムの街区の家屋も基本的にはそのようなつくりになっている。ただ、エルサレム旧市街にあるパティオはドーム状の屋根で覆われている場合が多い。だからこそ屋上と同じ機能をもつことになる。蘆花は機会あるごとに屋上に上ったようである。そしてそこからヤーファー門内の広場を見下ろして観察している。

蘆花のエルサレム訪問の一年四カ月前の一九一七年一二月、エドモンド・アレンビー英軍司令官が凱旋将軍としてヤーファー門からこのエルサレム旧市街に入城した。オスマン朝によるイスラーム統治の終焉を飾るもので、来賓も多い、にぎにぎしい儀式であった。アレンビー将軍も十字軍以来のヨーロッパの「キリスト教徒」によるエルサレムの「奪還」という歴史的偉業だということをはっきりと認識していた。ただ、エルサレム住民のアラブ人としての民族感情に配慮して、できるだけ征服者であることを誇示するような言動は慎む努力も行ったとのことである。だからこそ、アレンビー将軍は馬から降りて歩いてヤーファー門から入城したのである。旧市街の他の門からは段差があって行進しながら入れないということもある。だが皮肉なことに（あるいは十分に意識した上で）、そのヤーファー門からだけは行列を組んで入城できる、アラブ人のキリスト教徒地区であったのである。

デモか、祭りか
——イスラーム教徒の祭り

パレスチナ現代史の観点から「屋上日記」のもっとも貴重な記録は、一九一九年四月一一日（土曜日）に記された次のようなイスラーム教徒の祭りについてである。

「午前十時頃、部屋で書きものをして居ると、街上俄かに物騒がしい。私は妻と小客間のバルコニイに急いだ。此處はヤツフア門の内外を見るに恰好の場處である。唯見《と》てあれば、門を入り來る白旗赤旗すべて七旒。それには亞剌比亞文字《あらびやもんじ》が刺繍されて居る」（同上書、二六八頁）。

エルサレムおよびその近辺の都市・農村から祭りのためにやって来たスーフィーの聖者たちは、それぞれのタリーカ（教団）に属する旗をもって行進しているのである。

「太鼓が四人、鐃鈸《ねうばち》が七人。平太鼓が一人。たゝき連れ、鳴らしつれ、勢込むで囃《はや》し立つると、白い頭巾に色さまぐの鉢巻きして、牛皮のやうな粗栲《あらたへ》を被つた赤黒い顔のアラブ男が、幾百となく手を拍《た》きつれ、歌ひながら進んで來る。手に杖を持つた長老が五六人、まあく待つた、待つてくれ、とそれを押し止めるかのやうに、時々蹲《しやが》むでは兩手に杖を擧げて、其進行をとめるやうにする。構はずそれを追ひ捲《ま》くるやうに、勢猛《いきほひまう》に進んで來る。見物の男女も、前になり、後になり、わいく押し寄せる」（同上）。

蘆花は祭りの行列の様子を実に生き生きと描いている。そしてイギリスによるエルサレム占領直後の騒然とした雰囲気についての感想も付け加えることを忘れない。

「私はカイロの埃及人《えじぷとじん》の示威《じゐ》運動を想ひ起した。／これは示威運動か。それとも祭なのであらうか？」（同上）。

蘆花はパレスチナを訪れる前にエジプトのカイロに立ち寄ってパレスチナ入国のための許可書を発行してもらっている。その時、カイロのホテル滞在中にエジプト現代史上「一九一九年革命」と呼ばれる歴史的事件に遭遇して、その様子を同じ旅行記に記録しているのである。この一節はたいへん有名なエピソードとして知られており、私自身、著書あるいは論文等で何度か触れたことがある（臼杵陽「『アラブ革命』再考」『歴史評論』二〇一七年一〇月号参照）。

デモか、祭りか、という蘆花の問いはエジプトとパレスチナで遭遇した事件の体験から生じたものである。翌年春、蘆花の「予言」は不幸にして的中し、パレスチナはこの祭りを契機に騒乱に陥る。一九二〇年春に勃発した「ナビー・ムーサー事件」として知られている。パレスチナ現代史上最初の大規模な反英・反シオニズム反乱である。シオニスト・ユダヤ人の青年がスーフィーの旗を奪おうとしたことに端を発して騒乱はパレスチナ全土に広がったのである。

この祭りの様子に関する蘆花の観察は続く。

「歌ひつ、囃《は》やしつ、留めつ、まくりつ、騒々しい行列は次第に進んで、私共が立つバルコニイの直下を過ぐる。見れば、群の中に、血氣盛な男が、長劍をぬいて、劍の舞を舞ひながら行く。數分後には、行列は狹い、market の通りを賑やかに Mosque of Omar 〔ウマル・モスク、つまり岩のドーム〕の方へ消えた」（同上書、二六八～二六九頁、〔　〕の括弧内は引用者による、以下同）。

パレスチナ占領・委任統治と民衆

蘆花が目撃した祭りは「預言者モーセ祭り（アラビア語では「マウシム・ナビー・ムーサー」と呼ばれる）」であり、エルサレムおよびその周辺に住むイスラーム教徒の祝日である。ちなみに、「マウシム」というアラビア語の単語はインド洋で吹き荒れる「モンスーン」（季節風）の語源である。マウシムはもともと季節の祭りの意味なのである。イスラームに基づく祭りは「イード」という別の表現がある。断食月明けの犠牲祭などはこの「イード」なのである。

「今日は回教徒の祭日で、あの行列は、神殿の廣場に錬り込み、それからエリコに往つて、彼等が所謂モオゼ〔モーセ〕の墓に詣ると云ふ」（同上書、二六九頁）。

蘆花が「神殿の広場」と呼んでいるのはムスリムがアル・ハラム・アッ・シャリーフ（聖域）と呼び、ユダヤ教徒が「モリヤの丘」あるいは「神殿の丘」と呼ぶ「第二神殿」の跡である。聖域には岩のドームとアル・アクサー・モスクがある。この聖域の西壁がユダヤ教徒の聖地「嘆きの壁」（ユダヤ教徒は「西壁」と呼ぶ）である。ユダヤ教徒は神によってモリヤの丘に入ることを禁じられたため、西壁でメシア（救世主）来臨の日まで祈り続けているのである。

「預言者モーセ祭り」はエルサレムのムスリムを中心とした民間信仰に基づいている。アラブ人は預言者モーセをアラビア語で「ナビー・ムーサー」と呼んで崇敬の対象としている。民間伝承によれば、死海の北西にユダヤ教の始祖モーセの墓と信じられている場所がある。もっとも、モーセの墓と呼ばれる場所は死海周辺には数カ所あるが、パレスチナの人びとはこのナビー・ムーサー廟こそがムーサの墓だと信じている。蘆花は、聖者廟はエリコにある、と記しているが、エリコよりもずっと南に位置し、死海の北西にある。

この祭り自体は、一一八七年に十字軍からエルサレムを奪還した英雄サラーフッディーン（サラデイン）の時代に始まったといわれている。祭りから反乱へというパターンは世界中どこにでもある風景である。パレスチナの人びとは一九一七年一一月のバルフォア宣言以来、イギリスのやり方に強い不満を抱いていた。九割以上の人口を占めるアラブ住民の意向を無視して、ユダヤ人のための「民族的郷土」を建設するという計画が発表されたからである。アラブ人のやり場のない不満はその宗教的熱狂をともなって暴発してしまった。パレスチナにおいてはイギリス軍による占領から委任統治によって民衆の反乱のエネルギーが一気に蓄えられてしまったのである。

「事ありげな風説もあり、勿論英吉利《いぎりす》官憲が抑へて居るから大事もあるまいが、今日は外出をお見合はせなさい、と注意して……／耶蘇《やそ》の復活祭は、もう直ぐだ。／猶太《ゆだや》人の逾越節《すぎこしせつ》も、同時に行はれる。／それを押《お》つかぶせて、回教徒の祭が、いや先にはじまつたのである」（同上）。

イギリスによるパレスチナ委任統治が最初から危ういものだったことを物語っている。常に暴発しかねないパフォーマンスをともなうこの祭りはイギリスによって禁止され、今日なおイスラエル当局の命令によって祝うことができないでいる。

蘆花はパレスチナにおける歴史の転換期に居合わせた。「事ありげな風説もあり、勿論イギリス官憲が押さえているから大事もあるまい」といった及び腰の姿勢は極東からの一旅行者の率直な感想としてやむをえないというべきだろう。

2　エルサレム旧市街地の紛争

ノーマンズ・ランド
——分断されたエルサレム

最初のエルサレム訪問から十年ほど経過していた。一九九一年一月の湾岸戦争勃発を挟んだ約二年間、私は家族とともにエルサレムに滞在した。エルサレムという都市は、一九六七年六月に勃発した第三次中東戦争前には、冷戦時代のドイツのベルリンのように東西に分断されていた。城壁に囲まれた旧市街を含む東側がヨルダン領で、西側の新市街がイスラエル領であった。この二つに分断された東西エルサレムが一九四八年から一九六七年まで約一九年にわたって続いたわけである。

二つのエルサレムの間にはノーマンズ・ランド（無人の緩衝地帯）があって、東西の通行には国連が管理していたマンデルバウム門を通らなければならなかった。もともとエルサレムに住んでいたアラブ人はイスラエルの建国とともに引かれた軍事境界線で分断されることになり、一家が東と西に分かれて住むことを余儀なくされた場合もあった。切り離された一族が定期的に逢えるのはこの門においてだけだった。したがって、現地のパレスチナ人はこの門を「涙の門」と呼んでいたという。

私がエルサレムに住んだころは東西エルサレムを隔てる物理的な壁あるいはフェンスなどはすでになかった。しかし、緩衝地帯にはまだ建物があまり建設されていなかったため、その名残は空地の空間的広さを通して感じることができた。このノーマンズ・ランド（まさに「人のいない土地」である）は、ヘブライ語とアラビア語の両言語世界を隔てる、目に見えない文化的な境界線でもあった。私自身はこの境界線近くに住んでいた。そのため、ユダヤ教の休日である土曜日にはユダヤ人地区の商店が閉まっているので、イスラーム教徒やキリスト教徒の住むアラブ人地区に野菜、果物、アラブ風のパンなどの食料品の買い出しに東西の見えない境界線を越えて毎週のように通ったものである。

しかし、それから四半世紀以上経過した二一世紀の現在では、緩衝地帯の痕跡を見出すのはすでに困難になっている。そこには路面電車が走り、外見上、東西両世界は物理的に統合されたようにもみえる。否、アラブ人の世界がユダヤ人の世界に一方的に呑み込まれてしまったのである。今ではもっと新しい隔離の物理的遮断物である分離壁がイスラエルによって建設された。分離壁の建設はシャロン首相時代の二〇〇二年から始まり、現在ではエルサレムは一九六七年以前のような物理的に分断された都市に逆戻りしている。もっとも、分離壁は以前に比べてイスラエル領が旧ヨルダン領のヨルダン川西岸に大きく食い込むかたちで建設されたため、「永久の首都である東西統一エルサレム」というイスラエル側の主張が物理的に実現されてしまった。

エルサレム旧市街の対立

さて、徳冨蘆花のエルサレム滞在記についてである。一九一九年という年は第一次世界大戦が終わって、まだその余韻が残っている時期である。エルサレムはまだ分断はされていない。ただ、宗教・宗派コミュニティ別あるいは出身地域別による棲み分けは一九世紀以来進んでいた。蘆花は次のようにエルサレム旧市街の棲み分けられた街区を次のように描いている。

「城内は四區に大別される。西北に高いのが歐羅巴［ヨーロッパ］區。西南の同じ高い一區がArmenia［アルメニア］區。東北Mosque of Omar［ウマル・モスク］に接して回々教《ふいふい》［イスラーム教徒］區。東南が猶太［ユダヤ］人區。エルサレムを二分して、西の高みの歐人アルメニア人區、は比較的建物も立派で、靜かで石路も綺麗な方だが、それでも人通りの少ないを好い事にして、糞尿の臭氣往々鼻をつく處がある。氣味わるく何の血だか垂れて居たりもする（『蘆花全集』第一二巻、一九二八年、二四四頁）。

蘆花の描写で特記すべきなのは、聖墳墓教会があるので現在では「キリスト教徒地区」とされている地域を「ヨーロッパ区」と呼んでいる点である。おそらくは当時まだ欧米の領事館の一部は旧市街のキリスト教徒地区にあったためであろう。また、欧米からのキリスト教徒巡礼者もこの地区を中心に泊まることが多かったためだとも思われる。蘆花の泊まったホテルもキリスト教徒地区にあった。繰り返すが、この地域にはアラブ人のキリスト教徒も多く住んでいるのであるが、蘆花の視野からはまったく抜け落ちている。

蘆花の指摘で興味深い点は、蘆花がエルサレム旧市街の地理的な高低差を尺度に清潔度を描写していることである。もちろん、イエスが十字架にかけられた場所はゴルゴタの丘と呼ばれるように、ローマ時代には城壁の外にあり、高台だったことを念頭に置いたものである。この高低差が清潔度だけでなく、蘆花なりの文明度の尺度で観察されている。ユダヤ教徒地区とイスラーム教徒地区の両地区に関しては、次のような不潔を基調とする描写が続くからである。

「猶太人區は、更にごちや〳〵して居て、汚ない。回教區に到ては、騒がしさ、汚なさ、お話にならぬ。すべての清淨はMosque of Omarに預けて、殘りの不潔で赤帽諸君アラブ諸君［トルコ帽をかぶったアラブ人名士たち］は生活してお出だ。馬や驢馬《ろば》の落しものに危く足を踏み滑らして、覗き込む窖《あな》の中のやうな暗い店には、古綿のやうに羊毛を積んで賣つたり、家の中からカタコト蹄《ひづめ》の響がして、繋がれた驢馬の眼が闇に光つたり、狹い巷路《こうぢ》を一ぱいふさげて、例の暑寒ぶつ通しの粗栲《あらたへ》をひろげたアラブの恐いおぢさん達が、永遠をわが有顔《もの》してのんきに立話をして居たり、如何《いかゞ》はしいものゝまみれた鋪石《しきいし》を跣足《はだし》の男の子が走つたり、全くほうと息をつく。痰唾吐く者が少ないのと、此不潔にしては蠅が少ない方であるのが、まだしもの取柄である」（同上書、二四四〜二四五頁）。

蘆花が日露戦争直後にエルサレムを訪問した際の日記『順礼紀行』では「不潔」と「臭気」を代表していたのは蘆花の信仰の観点からはユダヤ教徒であった。しかし、第一次世界大戦直後の二度目の訪問ではその矛先がイスラーム教徒、すなわちアラブ人にも向かったようである。『順礼紀行』では、使用頻度が極端に少なかった「アラブ人」という表現が『日本から日本へ』では頻出する。二〇世紀初めの一〇年間にアラブ人の民族意識が強まったということが背景にあるのだろう。続く一節では再びアラブ人をイスラーム教徒に置き換えて、旧市街の四地区の間の対立を、蘆花は次のように描くのである。

「歐羅巴人、Armenia人、回敎徒、猶太人と、おの〳〵類によつて集まつて居るが、互の憎惡が此エルサレムの狭い城内に爆發したら如何であらう？　猶太人の虐殺、アルメニア人の虐殺が、回敎徒によつて行はれたら、如何であらう？　猶太人は勿論、基督敎徒にも、また回敎徒にも、神聖若くは半神聖のエルサレムだから我慢して居るやうなもの丶、要するに此山の上の城は、本當の噴火山上の城だ」（同上書、二四五〜二四六頁）。

エルサレムが噴火山上にあり、紛争の根源であり続けていることは現在まで変わらない。ただ、蘆花がキリスト教徒地区をヨーロッパ地区と言い換えることで、エルサレムのキリスト教内の宗派間関係の認識がいささか歪められてしまっている。アルメニア教徒の描き方がナイーヴなのである。蘆花は欧米的なプロテスタントの視点に自分を同一化してしまっているからなのであろう。ギリシア正教徒やシリア正教徒などの「東方諸教会」に属するキリスト教徒が「シリア土人」として一括して語られる場合がしばしばあり、読者も混乱してしまう。先述したように、蘆花の泊まったグランド・ニュー・ホテルの経営者である三人のギリシア正教徒を「シリア土人」と呼んでいる。「シリア土人」も現地の文脈ではアラブ人なのであるにもかかわらずである。

そして、蘆花といえば蘆花らしいエルサレムの全体的な印象についての感想を吐露することになる。

蘆花らしいというのは「自家独自の感情の動き、信念だけがただ唯一の真実と思いこみ、これをもってすべての人間を推し、全く他者の立場、経験を理解しようと努力すらしない独善主義に陥る傾向が、往々にして見える」（中野好夫『蘆花徳富健次郎』第一部、筑摩書房、一九七二年、一九頁）からである。

「私は、周圍の城壁を毀《こぼ》ち、一度エルサレムをChurch of Holy Sepulchre〔聖墳墓教会〕ぐるみ、Mosque of Omarぐるみ、美しいもの、汚ないもの、舊《ふる》いもの、新しいもの、一切合切燒き拂ひ、而して後、十分の間隔をとり、綠を多くして、新しい山の上のエルサレムを造りたい」（『蘆花全集』第一二巻、一九二八年、二四六頁）。

すべてを破壊して新しくするという、一見すると正論のようにもみえるエルサレム問題の解決への蘆花一流の所感ではある。しかし、長い歴史の蓄積の上に成り立つ複雑な現実を考えると、彼の身勝手な夢想とはいえ、やはりあまりの暴論である。もちろん、この荒唐無稽な所感は蘆花という日本人離れした類まれな個性に由来するものであろう。ただ、蘆花はキリスト者として大真面目であるだけに、小説の上でのドン・キホーテの妄想に対するように失笑だけではすまされない。

イギリスの思惑と蘆花

ところで、蘆花のエルサレムの現状に関する情報源は当時、パレスチナを軍事占領していたイギリス軍の高官や将校であった。したがって、蘆花の現状認識は意図するしないにかかわらずイギリスの思惑と重なってしまっている。彼は一九一九年四月一日にイギリス人のロナルド・ストーズ（一八八一～一九五五年）と面会している。蘆花は日記ではストーズを「エルサレム知事」としているが、正確にはイギリス軍のエルサレム軍政長官である。ストーズはイギリス軍人として第一次世界大戦中、カイロのアラブ局に所属した。アラブ局はカイロ諜報部の一部局として戦争遂行のために一九一七年に設立された。ストーズは、アラブ独立を約束したフサイン・マクマホン協定の交渉担当者の一人であり、同じアラブ局のメンバーだった「アラビアのロレンス」と呼ばれたトーマス・エドワード・ロレンス（一八八八～一九三五年）の盟友であったことでも知られている人物である。ストーズは後の一九四〇年に『アラビアのロレンス、シオニズム、そしてパレスチナ』という書籍を出版している。

蘆花が英軍将校の仲介で面会を申し込むとストーズから返信を受け取った日の正午に来てくれとあった。急な事であった。

「急ぎ仕度して、馬車を城北ダマスコ門外の知事官廳《くわんちやう》に乗りつけた時は、十二時を三十分過ぎて居た。官廳はもと独逸《どいつ》の加特力《かとりつく》Hospiceで、石造の宏荘な建物である。／玄関の階段を上つて、向つて右の知事室と札うつた其前で玄闘番の埃及《エジプト》兵士と分からぬ問答をして居ると、階段の下から“Mr. Tokutomi?”と快活な聲が聞こえて、三四人がたく〳〵上つて來た中から、丈高い中年のカアキイが、つか〳〵と寄つて、手をのべた。Storrs《ストールス》知事であつた。／闊《ひろ》い其室で、私共は輕い話をする」

（同上書、二二五頁）。

このイギリスの官庁の建物はダマスカス門のすぐ近くで現在でも残っている。蘆花は面会に際して知事に自分が目撃したアラブ人とユダヤ人の争いを話題に出したのであるが、その時、パレスチナにおけるシオニストの計画が話題に上った。蘆花は自分の考える紛争の構図を次のように語る。

「Zionist Scheme《ザイオニスト・スキイム》の前に、一番困難なのは、回教である。土耳古《とるこ》が去つても、亜剌比亜《あらびや》人がMosque of Omarに頑張つて居る間は、容易に猶太人のPalestina《パレスチナ》には成り得ないであらう。／アラブを disarm〔武装解除〕する事は出來まいか。然しそれは無理だ。自ら武器を持つて居て、他にそれを捨てさす事は出來ない。それに英吉利《いぎりす》が土耳古独逸《どいつ》の軍をPalestinaから一掃するには、亜剌伯《あらびや》の助力をしつかり借りて居る。今更勝手な事をされる義理ではないのだ。何れにしても、頑強な猶太人と、兇猛な亜剌伯と、輕薄なシリア土人と、英吉利軍、印度兵、埃及兵、それ等がごちや〳〵と一つに寄つて居るエルサレム及其附近を治める知事の骨折が思はれる」（同上書、二二五～二二六頁）。

蘆花はイギリスのパレスチナ支配を自明のこととして受け止めており、ストーズ軍政長官の苦労に同情すら寄せている。実はその時、蘆花の脳裏をよぎったのは、祖国・日本の直面していた大日本帝国の植民地である朝鮮での困難な事件であったのであろう。

3　イスラーム観はいかなるものか

イギリス人の眼を通して見たアラブ

一九八〇年代中ごろにヨルダンの首都アンマンで二年半暮らした。その時アラビア語の家庭教師を雇っていた。彼は小学校教員でパレスチナ人だったが、公務員の収入だけでは生活できないのでアラビア語日刊紙『アル・ラーイ（見解）』の校正の仕事も掛け持ちしていた。パレスチナ難民として苦労して教員免状を取得し、アルジェリアまで教員として出稼ぎに行った。精進の甲斐あって難民キャンプ生活から抜け出して、立派な一軒家を構えた。

アラビア語には、フスハーと呼ばれるアラブ世界全体の共通語である標準アラビア語と、アンミーヤと呼ばれるエジプトやシリアなどの各地域の方言がある。日常生活の会話では後者の方言がもっぱら使われている。家庭教師のファールーク先生は敬虔なイスラーム教徒で、私の前では決してパレスチナ方言を話そうとしなかった。クルアーン（コーラン）の言葉であるフスハーで通した。古典アラビア語文法も熱心に教えてくれた。私が一九七〇年代中ごろから後半にかけて大学でアラビア語を学習していたころ、日本語で書かれたアラビア語文法の教科書はまだなかった。イギリス人のアラビア語学者が編集した英語の文法書を使っていた（David Cowan, *An Introduction to Modern Literary Arabic*, Cambridge: Cambridge University Press, 1958）。アラブ人から学んでみて、アラビア語文法体系の説明の仕方がまったく違っており、自分が最初に学んだのが英語話者用のアラビア語文法だったことをその時初めて知ったのである。

その後の経験でいうと、標準アラビア語できちんと話すことはアラブ人でも実に苦労するということだった。標準アラビア語で話すくらいなら外国語の方が楽だというアラブ知識人もパレスチナには案外多かった。アラブ世界も西は旧フランス領モロッコから東は旧イギリス領イラクまで、つまり、北アフリカから西アジアまで広範囲に及ぶ。フランス語や英語などの外国語がアラブ世界で広く使われている事実は、ヨーロッパ列強の植民地主義が残した遺産ともいえる。

当然ながら、アラビア語の世界からアラブ研究に入ると、そうでない人とは違った現地の生活が見えてくる。あるいは学ぶ対象と自己とを同一化してしまう傾向も多少はあるだろう。私もその例外ではなかった。徳冨蘆花はキリスト教に導かれて聖地エルサレムを訪れた。その意味では第一次世界大戦でパレスチナを支配するようになったイギリス人の眼を通して現地を見ていたようだ。イスラームに興味をもちながら、現地のムスリムは知人として日記には登場しない。

ステレオタイプ化されたイスラーム観

蘆花のイスラーム観はイギリス人のようにステレオタイプ化されたものであった。一九二八年四月四日（月）の日記にわざわざ「赤帽を脱げ」と題をつけて次のように記す。

「雨に垂籠めて、マホメツド傳を讀む。エルサレムで買つたパレスチナ新案内記に出て居るそれ。そして色々の事を思ふ。／私はコラン［コーラン］も讀んで居ない。回々《ふいく》教［イスラーム教］について、もつと知りたい。都合によつては、汽車もあるから、メツカにも往つて見やうかと思ふ。然し、其必要は無ささうでもある」（『蘆花全集』第一二巻、一九二八年、二八四頁）。

蘆花は自分自身のイスラームへの関心の高さを記す。その上で、一転してイスラームへの罵詈雑言といってもいい、次のような描写が続くのである。

「マホメッドの宗教は、敵愾の宗教である。敵愾の宗教。憤激の宗教。其弟イサクの母なる正妻サラの爲に母諸共《もろとも》父の天幕を追ひ出されたアブラハムの嫡庶子、イシマエルの宗教。智慧者で母の愛を得て居る弟ヤコブの爲に家督をとられたエサウの子、實は伯父イシマエルの生れ變りのエサウの宗敎である。皮を剝げば殺氣と婦人に對する尊敬の缺乏が、其宗教の基調である。正でなくて權《ごん》。嫡でなくて庶。怒と嫉妬が、正統を狙ふて居る。これが回教徒の猶太人や基督に對する態度だ」（同上書、二八四〜二八五頁）。

対句的な表現を使った、絵に描いたような善悪二元論なのでむしろあっぱれといいたくなる。二一世紀を迎えた現在、日本でのイスラーム観も蘆花のような二項対立的発想が支配的になっているようだ。とりわけ、九・一一事件後に至ってその傾向が著しくなっている。イスラーム嫌いが増えているのである。イスラームは内側からその「多様性の中の統一性」と「統一性の中の多様性」を理解しなければならないと声高に主張してみたところで詮方ない。かといって、私自身は蘆花を断罪する気にはなれない。むしろ蘆花がどうしてそんなイスラーム観をもつようになったのかに興味がそそられるからである。

蘆花は自らの聖書理解に基づいて、キリスト教とイスラームを対比的に捉え、イスラームをイシマエル（イシュマエルあるいはアラビア語ではイスマーイール）とエサウの宗教であり（対照的に、キリスト教は、イシュマエルの弟のイサク、そしてエサウの弟ヤコブへと引き継がれている）、敵愾と憤激の宗教でもあるとする。そして畳み掛けるように、殺気と女性蔑視が基調だとも述べる。ユダヤ教やキリスト教への怒りと嫉妬のためにイスラームが正統の座を狙っているというのである。

さらに、風土論的なイスラーム理解も前面に押し出される。イスラームは砂漠の宗教だという現代日本でも人口に膾炙したステレオタイプ的な理解の仕方である。イスラームは砂漠の宗教ではなく、オアシスの宗教だから都市的な商人の宗教なのだ、と世界的なイスラームの碩学である井筒俊彦氏の解説に倣って訂正してみたところで、いったん定着した負のイメージを簡単には変えることができない。このような陳腐なイスラーム・イメージに、明治期日本でも流行した「社会進化論」的な論理が加わる。

「沙漠の人は、氣の毒だ。然し變《へん》は終に正ではない。「天下悪乎定《てんかいづくんかさだまらん》？定于一《いつにさだまらん》。不嗜殺人者《ひとをころすをたしまざるもの》能《よくこれを》一之《いつにせん》」「柔和なる者地を嗣《つ》がん」で、「殺《さつ》」は世界の一統者にはなれぬ。或時、或處に、或必要の爲に、或人が生れる。マホメッドもそれで生れた。沙漠の心を一の神にまとめるには、必要な使者であつた。然し世界は成長する。而して異なる時代は、異なる必要が異なる力を求める。必要と云ふ名の下に殺《さつ》を認め、婦人を大切にしない宗教は、新天地の宗教にはなり得ない。基督者と称しても、女を愛せず殺人を行ふ人間は、基督信者ではない。マホメッド信者である」（同上書、二八五頁）。

以上の引用の冒頭部分に明治期に育った蘆花の教養目録が垣間見える。『孟子』と『新約聖書』である。蘆花は「天下悪乎定?·定于一。不嗜殺人者能一之」を引用している。岩波文庫版『孟子』（小林勝人訳注）では「天下いづくんか定まらん？一に定まらん。人を殺すをたしまざる者よく之を一にす」と読み下し、「この乱れた天下は、いったいどこに落ちつくのだろう」「いずれは必ず統一され［落ち着き］ましょう」「人を殺すことのきらいな仁君であってこそ、はじめてよく統一できましょう」（「巻第二　梁恵王章句下」四九頁）と訳している。

また、「柔和なる者地を嗣がん」は『マタイによる福音書』（五章五節）の山上の説教からの引用であるが、元々は旧約聖書の詩篇の「されど謙るものは国をつぎ、又平安の豊かなるを楽しまん」（三七章一一節）の一節に由来する。

「必要と云ふ名の下に殺を認め、婦人を大切にしない宗教は、新天地の宗教にはなり得ない」と言明する蘆花は、この箇所ではイスラームを、殺人を容認する暴力の宗教と捉えている。イスラームは女性を大切にしないとも考えている。しかし、それは同時に、七世紀の砂漠という特殊な時空間が必要な人物としてムハンマドを生み出したとも考えている。ところが、時代の推移の中でイスラーム自体が時代遅れになってしまった。近代という時代においてはキリスト者こそがその任を負うようになったからである。だからこそ、蘆花は次のように続ける。

「マホメツドの時は、已に過ぎて了ふた。／回教諸国（或は基督者と唱ふるマホメッド信者）は、マホメツドを脱けなければ、必亡ぶる。私は曾て謂ふた、朝鮮の復活は、白衣脱ぎ捨てにはじまる、と。私は今曰ふ、近東諸國の復活は、土耳其帽の赤帽を脱ぐ時にはじまる、と」（同上）。

蘆花が目前にある中東のイスラームの現実に見ていたのは東アジアにおける日本の植民地としての朝鮮半島の現状であった。もちろん、ここで伝統からの脱却を主張する蘆花の知識人としての限界を論《あげつら》うのは容易《やさし》い。しかし、注目すべき点は、蘆花がイギリスとアラブ世界との関係を日本と朝鮮半島との関係に重ね合わせて認識していたという事実なのである。

「朝鮮をもつ日本人の私共なればこそ、埃及《えじぷと》に來て、ホテルの眞下にわざ〳〵此示威《じゐ》運動を寄せて見せられたのだ。埃及《えじぷと》の立場に朝鮮を見、日本の立場に英吉利《イギリス》を置いて、其何《いづ》れをも私共はとつくり腹に入れねばならぬ」（同上書、一五七頁）。

蘆花は横浜出港後、朝鮮半島で起きた三・一事件のニュースを旅先で聞いて知っていたはずである。だからこそ、このような日朝間の関係とイギリス・エジプト／パレスチナ間の関係を対比する発想が生まれる。蘆花は問題の当事者としてはっきりと現状を認識している。ただ、その認識のあり方は日本をイギリスに同一化したものであり、植民地宗主国として植民地住民にどのように対処すべきなのかといった、傲慢な上から目線であったといわざるをえない。むろん、第一次世界大戦の戦勝国であった祖国・日本を国際社会の権力政治の中で強者として位置づける姿勢は当時の知識人としては当然のことだった。

トルコ帽の意味づけ

ところで、蘆花は「赤帽を脱げ」と題して日記を記して「私は今日ふ、近東諸国の復活は、土耳其《トルコ》帽の赤帽を脱ぐ時にはじまる」と一方的に宣言したことは先ほど紹介した。この「赤帽」について蘆花は次のように説明している。

「赤帽は土耳其帽だ。土耳其帽は、土耳其人も、埃及人も、ある亞剌比亞人も、あるシリア人も、かぶる。土耳其の史丹《サルタン》から橋の下の芥拾《ごみ》ひまで、白髪《しらが》の爺さんから五つ六つの子供まで、皆かぶる。回教徒が重《おも》にかぶるが、耶蘇《やそ》信者のある者もかぶる。鍔《つば》なし上細《うはぼそ》りのバケツ形、天邊《てっぺん》に黒い總《ふさ》をつけて、色は茜に近いのもあるが、大抵は眞赤だ。土耳其帽では長いから、これから赤帽と書く」（同上書、二一五頁）。

この赤帽に対する蘆花の評価は遅れた伝統的なものの代表のように受け止めているようだ。ところが、実際はまったく逆の話である。この帽子はオスマン朝支配下の中東地域では一般にフェズ帽あるいはタルブーシュ帽と呼ばれ（日本では蘆花がいうようにトルコ帽と呼ばれることが多い）、赤いフェルト作りで、頂部に房がついている。起源は古代ギリシアといわれており、シリア、エジプト、チュニジアまで中東全域に広まった。蘆花のように、この帽子が伝統を代表し、古くからあるかのように考えている人は現在でも少なくないともいえる。

しかし、もともと、オスマン朝の啓蒙専制君主と呼ばれるスルタン・マフムト二世（在位一八〇八～一八三九年）がそれこそ軍隊の近代化のためにこの帽子を洋式の軍服とともに導入したものであった。したがって、この帽子は蘆花が受けた印象とはまったく違って、イスラーム的な伝統墨守の守旧的なシンボルではなく、むしろヨーロッパを模範とする近代化のシンボルであったことは改めて指摘しておく必要があろう。実際、エジプトやシリアではエフェンディーと呼ばれる近代的都市エリートたちが背広とともに好んで着用していたのである。

蘆花がトルコ帽の意味づけを誤解したのは、やはりヨーロッパの目線から現地を見ていたからであろう。蘆花はこの一九一九年春のパレスチナ訪問でもキリスト教の聖地だけを回っている。その視座はキリスト者のまなざしである。蘆花が描いているエルサレムはキリスト者の心象風景としての聖地であって、それ以外の諸要因は捨象されている。キリスト者の色眼鏡でパレスチナの光景を眺めたのである。現在という高みからそのことを非難するつもりはない。しかし、蘆花は聖地の光景を聖書の記述を通してすでに見ているだけに「既視感」をともなっていたのだろう。蘆花はパレスチナのことを「昔昔のふるさと（Palestina）」と呼んで、それを『日本から日本へ』第四編のタイトルにしているのである。後の多くの日本人のキリスト者が見たエルサレムもそんなステレオタイプ化された聖地像だったのである。

4 世界に物申す

ジャーナリストとしての蘆花

一九九一年の湾岸戦争を挟んでエルサレムに滞在した二年間、そのころ住んでいたのは、主にユダヤ人の住む西エルサレムの新市街にあるアグロン通りであった。アグロン通りは、新市街の中心部を南北に貫くエルサレムのメイン・ストリートであるジョージ五世国王通りからアラブ人の住む旧市街につながる道路の一つである。この通りは北側に広大な「独立公園」があり、南側にはアメリカ総領事館があった。当時は米ソ冷戦が終結し、中東和平交渉に向けて始動し始めていたころだった。

ジェイムズ・ベーカー米国務長官（在任一九八九〜一九九二年）はシャトル外交のために何度もエルサレムを訪れた。イスラエルとヨルダン川西岸・ガザに居住するパレスチナ人との間の和平交渉のお膳立てをするためだった。国務長官が米総領事館を訪れるたびに、アグロン通りは治安維持のため交通が遮断されて閉鎖された。もっとも、私の住んでいたアパートの四階のベランダからはこの通りを見下ろすことができたので、文字通りの「高みの見物」が可能であった。ただ、道路で警備している警官に見つかると、身振りで屋内に入れと命令されたりすることもたびたびだった。

このアパートからはエルサレム旧市街とその周辺の丘陵地帯が一望できた。かつては観覧山と呼ばれたスコーパス山。ここにはエルサレム・ヘブライ大学の文系キャンパスがある。ユダヤ教徒はメシア（救世主）が来臨すると信じているオリーブ山。この山頂にはオーガスタ・ヴィクトリア病院がある。ドイツ帝国のヴィルヘルム二世がエルサレムを訪問した時に建設されて王妃にちなんで名付けられた教会に付設された。このような建築群が夕暮れ時には夕日に美しく映えたものである。

私の住んでいたアパートの階下には雑貨屋と大きなスーパーがあって、雑貨屋では毎朝、英語とヘブライ語の新聞を買っていた。毎朝買っていた日刊英字紙が『ジェルサレム・ポスト』であった。実は西エルサレム市街にある通りの名前はそのほとんどが歴史上の著名なユダヤ系の人物にあやかってつけられている。このアグロン通りも『ジェルサレム・ポスト』紙の前身である『パレスタイン・ポスト』紙を設立したゲルション・アグロン（一八九四～一九五九年）にちなんでつけられた。アグロンはイスラエルを代表するジャーナリストである。

さて、徳冨蘆花もそのキャリアの出発点はジャーナリストといってもいいだろう。蘆花が同志社のあった京都から一八八九（明治二二）年に上京してからは兄・蘇峰の民友社で働いていたからである。当時の民友社は飛ぶ鳥を落とす勢いで、雑誌『国民之友』と新聞『国民新聞』という両輪となるメディアを駆使しつつ、平民主義を唱えて日本の言論界を先導していた。

ただ、民友社での蘆花の仕事は海外の雑誌や新聞の論考や記事の紹介を任されていたにすぎなかった。そのため、蘆花は鬱屈した気持ちで仕事をこなしていたという。蘆花が、ジャーナリストとしての才能にめぐまれた兄・蘇峰への劣等感に常に苛まれていたにしろ、小説家としてのみならず、ジャーナリズム的な観点からも文筆の才はあったことはたしかなのである。

意見書「所望」（一九一九年）

蘆花は第一次世界大戦直後の一九一九年春、エルサレムに滞在した。その時にロイド＝ジョージ英首相、ウィルソン米大統領、ロンドンのタイムズ紙社長、そしてヴェルサイユ講和会議に出席している西園寺公望全権大使に対して、世界絶対平和に向けての意見書「所望」を一方的に送りつけた。蘆花は『日本から日本へ』の中で、その英語の原文をも読者に対して誇示するかのように披露している。蘆花のそのような突飛な行動にも、「蘆花教」ともいうべき雑然とした異端的信仰をもつ「キリスト教徒」としての側面ばかりでなく、タイムズ紙社長を含めて、メディアをも意識した冷静な訴え方の中に、ジャーナリスト的な感性をも見て取ることができるのではと思ったりしている。

意見書は内容的には蘆花の独りよがりの現実離れした理想論といえばそれまでだが、ウィルソン米大統領の登場も相俟って当時の国際関係を考えるとそれなりに当を得ている内容である。具体的には、①世界的家族会議としての人類総会議開催の提唱、②新紀元の創始、③陸海軍全廃、④税関撤廃、⑤国際貨幣の制定、⑥民族自決権の実現、⑦賠償要求など止めて「天赦の年」にするなど、七カ条に及ぶ理想主義的な提言を蘆花は行っているのである。具体的に見てみよう。

「一、現在の講和會議を進めて世界的家族會議とし／全世界の各國民各種族の男女代表者を會して、人類の福祉を增進すべく、意志の疏通と感情の融和を圖る。／（人類總會議は、時折開かんことを望む）」（『蘆花全集』第一二巻、一九二九年、三二一～三二二頁）。

第一点目は、人類を家族に見立てて、その成員である各国民・各民族から男女の代表を出すというものである。そして人類総会議を開催するというのである。第一次世界大戦後、国際連盟というかたちで結実したので、この点はそれなりの見識だというべきだろう。

「二、新紀元の創始／世界の人心を一新し、人類の歴史を更始せんが爲、本年を以て世界共通新紀元の第一年とす。東洋は其大正、中華民國年號、回教暦等を捨て、西洋は耶蘇紀元を捨て、總て同一紀元を採る」（同上書、三二二頁）。

第二点目で暦に注目するあたりは蘆花らしい。陽暦であれ、陰暦であれ、各宗教・宗派によって暦が異なっていることが問題だと考えるあたり、万教帰一のような考え方に惹かれている蘆花の思考法を垣間見ることができる。それぞれの宗教に基づく暦を廃止して「同一紀元」の提唱というのは画期的である。

「三、陸海軍全廢／人類再び相殺さずの決意を以て、一切無條件に陸軍及海軍を全廢す」（同上）。

軍備撤廃、ひいては戦争廃絶を目ざす蘆花の絶対平和思想は、やはり第一次世界大戦という惨劇の一端を、まだ戦災から復興していないパレスチナという生活の場で体験しているだけに説得力がある。第一次大戦中のパレスチナはオスマン軍の圧政の下で、水・食糧が尽きて民衆は塗炭の苦しみを味わったことはパレスチナ現代史を学ぶものの間ではよく知られている事実である。

「四、税關撤廢／日の遍《あま》ねく照らし風の思ふまゝに吹く如く、世界の物貨を自由に流通せしめ需要と供給と自然の調節をなさしめん爲に、一切國際の人為的關門を撤去す。／五、國際貨幣の制定／萬國共通貨幣は、形容、質、重量を統一し、其他の意匠を各國の自由とす」（同上）。

この関税障壁の撤廃も国際通貨の制定の訴えも、絶対平和思想に基づいて紛争の種になる国境という壁を乗り越えるための方便として考えているのであろう。第二次世界大戦が世界恐慌後の「ブロック経済化」というかたちで起こった歴史的事実を考えると必ずしも理想論として切り捨てることはできないだろう。

「六、還元／自然は支配すべし。地上何ものも無理さるゝことある可からず。土地の領有支配は、自然の位置に因る權利、卽ち其土に生れ其土に生活する者に屬するを當然とす。長短期間占領若《もし》くは支配されたる遠隔の土地は、土人の意志に反しては占領支配を繼續さるべからず。／卽ち其土人が望むに於ては、亞細亞は歐羅巴、亞米利加、阿弗利加より撤退すべく、歐羅巴、亞米利加は亞細亞、阿弗利加より撤退すべく。阿弗利加は亞米利加、歐羅巴、亞細亞より撤退すべし。／（この法則は、大小何れの場合にも應用さるべし）」（同上書、三二二～三二三頁）。

この項目はウィルソン米大統領の民族自決権の考え方に呼応するものだろう。ただし、蘆花はパレスチナに滞在しているにもかかわらず、彼がまたもや「土人」と呼ぶアラブ人の民族自決権がバルフォア宣言に基づくパレスチナ委任統治という政治システムによって否定されてしまった事実に触れていない。やはりそこにキリスト者である蘆花の抱え込む問題があるといわざるをえない。

「七、天赦の年／斯年を以て世界の恩怨一掃、舊約聖書に所謂「天赦の年」たらしめんが爲に、一切の負債は宥され、一切の讓與は贈物たるべく、賠償の要求、投資の計算は、一切之れを打切る事。／新紀元元年四月二十一日朝　エルサレムに於て／德富健次郎／愛」（同上書、三二三頁）。

この項目もヴェルサイユ条約によって、戦勝国による敗戦国への過酷な賠償要求がドイツのナチスの台頭を生み出したことを考えると、賠償の打ち切りという考え方がたとえ旧約聖書に基づくものであれ、大戦間期という「危機の二〇年」の歴史的事実に照らすと予言的でさえある。

この意見書では、いささか異様に熱を帯びた調子の内容の是非はともかくとして、日本人キリスト者の矜持をもって世界の絶対平和を進言する気概が見事に表現されている。

世界史の転換点に生きた蘆花

中野好夫は蘆花の評伝において、この旅行記『日本から日本へ』におけるパレスチナ滞在の部分をそれなりに高く評価している。

「この部分だけは、前著『順礼紀行』よりもさらに傑れているかもしれぬ。なんといっても、新しい復活の信仰に燃えた健次郎夫妻が、復活祭を中心にして聖地を親しく踏んでいるのであり、また戦争の爪跡もまだ生々しく、（中略）この『日本から日本へ』は、単なる旅行記たるにとどまらず、前著『新春』の延長、拡充でもあっただけに、彼の新信仰―十字架の時代は過ぎた、再臨のキリストここにありとの自覚が、賛否はともかく、ひたむきの情熱をもって語られているからである」（中野好夫『蘆花徳富健次郎　第三部』筑摩書房、一九七四年、三〇三頁）。

第一次世界大戦後、日本は戦勝国として名実ともに大国の仲間入りを果たした。新たに設立された国際連盟の理事国にもなった。日本は欧米諸国に肩を並べることになったのである。農学校の札幌バンドから出発したクェーカーのキリスト者である新渡戸稲造も国際連盟事務次長に就任した。

第一次世界大戦後にはウィルソン米大統領の民族自決の原則に鼓舞されて、列強の植民地支配に苦しむ従属国の人びとも立ち上がった。朝鮮半島の三・一事件もそうであったし、エジプトの一九一九年革命もその一環の世界史的な出来事であった。帝国主義の時代を経て一体化した世界の中で同時進行的に各従属地域の人びとが独立に向けて立ち上がったのである。蘆花はそのような人びとへの関心を失っていない。

蘆花も新たな世界秩序が形成されつつある世界史的な転換点に生きていた。だからこそ、前節で述べたように、エジプト・パレスチナと朝鮮半島との比較という視座が生まれてくる。しかし、第一次世界大戦という総力戦を経験した世界は、一八八〇年代、つまり明治十年代の時代とは、三〇年という年月を隔てて、その様相を大きく変貌させていた。日本もかつて被従属民族との連携を図った明治の時代からは遠ざかり、すでに脱亜入欧を果たしたかのような大正の時代に突入していたのである。

蘆花も新時代に入った日本を映す鏡であった。時代に翻弄されながら生きている。蘆花は今日ではほとんど忘れ去られている存在かもしれない。しかし、ドン・キホーテのように世界に物申す蘆花は同時代を懸命に生きたと思う。

5 ハイファ再訪とバハーイー教のアッバース爺さんとの出会い

バハーイー教

ハイファといえばカルメル山である。カルメル山はキリスト教徒には預言者エリヤがヤハウェ信仰を賭してバール神の預言者と競った場所として知られている。カルメルという地名の語源はヘブライ語のケレン（葡萄園）とエル（神）の合成語だという説明が語源辞典にはある。アラビア語では「ジャバル・マール・イリヤース（聖エリヤ山）」と呼ばれる。イスラエル北部にある地中海岸のこの港町については本書の冒頭でも触れた。

カルメル山頂には、ひときわ目立つ円蓋をもつ華麗な姿の寺院がある。山頂から海岸近くまで階段状の庭園が延びている。ハイファ市民の憩いの場所であるとともに、この町の随一の観光地にもなっている。地元の人びともバハーイー・ガーデンと呼んでいる。この寺院はバハーイー教というイスラームのシーア派から派生した一派のものである（通常、「バハイ」と表記されることが多いが、ここでは耳に聞こえるペルシア語の原音に近づけて「バハーイー」と表記する）。

バハーイー教といってもほとんどの読者は初めて耳にする宗教だろう。『広辞苑第六版』では「バーブ教から転化した宗教。十九世紀中葉イランに起こった。指導者バハーウッラー（一八一七〜一八九二）の名に由来。すべての宗教真理の統一と世界人類の統合とを強調する。本部はイスラエルの北部の港町ハイファーにある。バハイ教」という要を得た説明になっている。

私自身は一九八〇年代初めにバハーイー教本部を初めて訪問して以来、エルサレム留学期間中（一九九〇〜一九九二年）を含めて、その後何度か同所を訪れている。また、イラン出身でアメリカに在住している中東研究者にバハーイー教徒の知己もいる。私はその中東研究者が最初はイラン出身のシーア派ムスリムであることを疑わなかったが、韓国のソウルで一緒に一献を傾けているときに知った。うかつにも、ムスリムなのになぜ酒を飲むのだ、という愚問を私が発したからである。ただし、バハーイー教もイスラームと同様に飲酒を禁じている。また、かつてバハーイー教徒だった著名なアメリカの中東研究者にホアン・コール・ミシガン大学教授がいる。彼は研究者としてもバハーイー教について多くの論文を書いているのである。

蘆花、バハーイー教に出会う

ところで、蘆花徳冨健次郎もハイファを再訪した際、このバハーイー教寺院を訪れている。蘆花が何故わざわざ訪問したのかは旅行記『日本から日本へ』における次の一節から明らかになる。

「一九〇六年の夏ヤスナヤポリヤナに逗留中、トルストイの爺さんは、私に一通の英文の手紙を見せた。それは Abbas《アッバス》 Effendi《エフェンディ》 と云ふ人の手紙で、世界が一になるべくならねばならぬ何ヶ條からの綱要を書いたもの、であつた。悦ばしい手紙、とトル爺さんが云ふて居た其手紙の發信者は、シリアのアツカの住人であった。……トルストイ爺さんは、Abbas の父がもと波斯《ぺるしや》の貴族で、信仰の爲追放されたと云ふ事を語り、Bahaism《バハイズム》 について少し話した。云はゞ、トル爺さんが、私を Abbas Effendi に紹介したやうなものである」（『蘆花全集』第一二巻、一九二九年、三七四～三七五頁）。

蘆花はバハーイー教三代目アッバース・エフェンディー（通常、アブドゥル・バハーと呼ばれている）を、トルストイを通じて知ったというわけである。「エフェンディー」というのは、オスマン帝国において使われ始めたギリシア語起源の称号である。近代に入ってからはエジプトやシリアなどでは、ヨーロッパなどで教育を受けた教養ある都市知識人を指す尊称として使われるようになった。

トルストイ翁は蘆花が会見を果たした後の一九一〇年に亡くなった。蘆花は引用文の最後でバハーイー教についてただ知っているだけで、それ以上調べることはなかったと述べている。しかし、蘆花の控えめな物言いに反して、彼のバハーイー教への関心は並々ならぬもののように思える。蘆花は第一次世界大戦後の旅行記でかなりの紙幅を割いて、この再訪について詳しく述べているからである。

「Bahaism《バハイズム》は約七十餘年前、波斯の一青年 Bab《バブ》が唱道しはじめた四海同胞絶對平和の教で、Bab が殺されて後、波斯の貴族 Bahaolla《バハオラ》が二代目となり、其爲に波斯を追放されて、シリアのアッカに幽せられ、約四十年、幽居から愛と平和を宣傳し、其死後子の Abdul《アブヅル》 Baha《バハ》が三代目を嗣いで、Abdul《アブヅル》 Baha《バハ》即ち Abbas Effendi である事を知つた。それから、雑誌などにあらはれる記載から、私は日本にも Bahaism《バハイズム》に心を寄せる者が居る事を知つた。然し私の知る所はそれに止まつた」(同上書、三七五頁)。

蘆花と愛子は、この世界一周旅行は復活祭をエルサレムで迎える以外はとりたてて目的のない気儘な旅行だと自負している。「本当の漫遊である」と自慢げに書いている。ところが、一三年ぶりにハイファを再訪してみると、もともとトルストイが紹介してくれたその人、つまり蘆花の頭にずっとあったアッバース・エフェンディーに会ってみようという気が起こったのである。「さうだ、會つて見やう」と以前ハイファに訪問した時にも泊まったホテルの主人ナッサールを通じてアッバース・エフェンディの居場所を教えてもらったのである。蘆花夫妻はホテルの主人の一四歳の息子ファリードに連れられてアッバース・エフェンディーを訪れた。

「Aさん（アッバースのこと）の宅は、近かつた。カルメル山の麓《ふもと》の大道から折れて少し上ると、アツカの灣の緑《りよく》潮《てう》を見下ろす高臺《たかだい》に、花園に圍まれて立つて居る立派な洋館が、それであつた。門番の土人に、少年が來意を告げると、門番は私共を待たして、奥に往つた。左側の園中に、小高く四角な小舎《こや》が見える。Aさんは、今あの中に居るさうです、とF少年は告げる」（同上書、三七六～三七七頁）。

蘆花と愛子は門番に連れ従う。「花園の花美しく咲いた中を通つて、薔薇の蔓の這つた玄關から上る。歐風に裝飾された、天井の高い、可なり潤《ひろ》い客間に導かれる。三十疊程の潤《ひろ》さに、緑のカアペツトを敷きつめ、唯一脚の卓子《テエブル》を置いただけで、中央をあけ、窓側、壁際に椅子、Sofa など數多くならべてある」（同上書、三七七頁）、そんな応接部屋での会見である。

最初に入ってきたのが眼鏡をかけたトルコ帽をかぶった人だった。しかし、蘆花は、エフェンディーは若い人だと思い込んでいたため、勘違いしてしまう。彼はエフェンディーの側近の一人のペルシア人アジーズッラー・バハドールという若者だったのである。彼は一九一七年にベイルート・アメリカ大学で「社会悪あるいはペルシアの進歩を妨害するもの」という英語の論文で修士号を取得したばかりであった。蘆花の言葉を借りれば彼は「若手で錚々《そうそう》たる者」である。

ベイルート・アメリカン大学（AUB）は米国の外国宣教師によるキリスト教海外布教団体アメリカン・ボード（American Board of Commissioners for Foreign Missions）が一八六六年に設立したアラブ世界の名門中の名門である。蘆花がもしこの事実を知っていたら話はずいぶん盛り上がったはずである。というのも、蘆花の出身校である京都の同志社も新島襄がこのアメリカン・ボードの力を借りて設立したからである。日本ではまったく知られていないが、アメリカン大学と同志社の両校は、陸海を隔てて、アジアの両端に位置する、いわば「兄弟校」に当たるわけである。

アッバース爺さん登場

眼鏡の人は「あなた方は、閣下にお會ひになれて、お仕合はせです。閣下は、あなた方を、息子息女《むすめ》の如く、歡迎なさるでせうから」（同上書、三七頁）という。「さうです。而して、彼の方も、私共にお會ひになるのが、悦喜《よろこび》でせう」（同上）と蘆花もトルストイの威光を背負って気負って応える。そして、いよいよ爺さんの登場である。

「淡褐色駱駝《らくだ》毛《け》の、寛濶な、亞刺伯風《あらぶふう》の長いマントを被《き》た、白の巻頭布、白髯《しらひげ》の爺さんが、入つて來た。……七十五歳と後で聞いた。私はもつと若いつもりだつた。爺さんを見出した事は、一の失望で、他の悦喜《よろこび》であつた。爺さんは、私を右に、妻を左にかけさせ、而して懇《ねんごろ》に握手した。赤黒い顔には、悦喜が溢れて居る。白い帛《きれ》で頭を巻き、後で妻の話によれば、白いシヤツ、白茶紋織支那縮緬の着物に、黒いアルパカの袍《うはぎ》を重ねて、例の茶褐色のマントの下から、赤い Sandal の足が出て居る」（同上書、三七八頁）。

蘆花は物書きらしく、なかなか細かく爺さんの風体を観察している。ペルシア語から英語への通訳を務めたのがアッバースの孫であるラッバーニーだった。眼鏡の人と同じ時期にベイルート・アメリカン大学を卒業したとのことである。

蘆花はトルストイから名前を聞いて訪れたことを伝えると、アッバース爺さんは、トルストイが晩年、バハーイー教について書きかけていたが、結局果たせなかったと語った。

「それから、A爺さんは、孫の舌を通じて、一般的說話をはじめた。ちつとも私の顔を見ず、唯空《くう》を見て話す。細く和らかな聲である。／『二種の人がある。先人の有《も》つたもの、若《もし》くは爲した事を、其まゝ眞似て行く人。これは子驢馬が親驢馬を模倣すると同樣で、一向つまらぬ。他は常に獨自の考をもち、不斷眞理を求むる人である。世には驢馬の子が多い。然し日本人はさうでない』／而してA爺さんが亞米利加に往つた時、日本人藤某《ふぢぼう》を拾ひ上げた話をし、卒業後は、彼が此處に來る、と云ふ話をした」（同上書、三七八〜三七九頁）。

この「藤某」とは、日本人で二番目にバハーイー信者になった藤田左弌郎《さいちろう》（一八八六〜一九七六年）

である。蘆花はほんの少しのタイミングの差で藤田には会うことができなかった。バハーイーの記録によれば、藤田がハイファにやって来たのは蘆花が訪問した同じ一九一九年ではあったが、蘆花が訪問した四月より後だったのだろう。藤田は山口県柳井生まれでアメリカ移民の日系一世で、オークランドでバハーイー教に入信した。一九一九年以来第二次世界大戦中と戦後の混乱期を除き、ずっとこのハイファ本部に留まり、アッバース・エフェンディーことアブドゥル・バハーの側近として仕えた。さらにバハーイー・ガーデンの造園と管理を任されていたという造園家としても知られた人物なのである。

さて、蘆花は通訳を介した会話に次第に苛立ってきたのだろう。「爺さんが一言云へば、孫が一言譯する。爺さん此方の顔を見てくれと思ふが、爺さんは顔も見ずに、唯言葉を繰り出して行く」（同上書、三七九頁）と不平を述べる。そして、ようやく核心に切り込む。

「私は、耶蘇を何と見るかを、爺さんに問ふた。／爺さんは、孫の口によつて答へた。耶蘇はDivine《ディヴァイン》が自づからを現《げん》じた鏡の一つである」（同上書、三七九頁）。

ところが、蘆花はこの回答についてコメントを加えることなく、自分の父親のことに話題を転じてしまうのである。

「私は、私の父の事を話し、爺さんの白髪《しらが》を見ると、父の白髪を見る心地がする、と云ふた。／爺さんは、日は恒《つね》に輝やく云々と答へる。／爺さんは一向疲れぬと云ふ」（同上）。

蘆花は翁との会話を楽しむことはなかったようだ。これ以上新しいことを聞き出すことはできないと思ったらしく、失望の言葉を書き残している。

「然し私はこゝらで切り上げやうと思ふた。間接の話は、間がぬけるし、而していくらたゝいても此上新音《しんね》が出さうにも思はれぬ。私は、私の胸を跳らすやうな言を、此爺さんから聞き出さう、と云ふような非望を止した」（同上）。

そもそも、この会見の不首尾は蘆花の勘違いから始まった。トルストイ翁から話を聞いた時にアッバース・エフェンディーを目の前にいた若者だと早合点し、自分と同じく四海同胞・絶対平和の教義をもつこの新宗教の三代目に分不相応の大きな望みを抱いた。そこからボタンのかけ違いが起こったようだ。とはいっても、蘆花はこの新宗教を捨て置けなかった。どうしてなのかについては次節で述べてみたい。

6　バハーイー教への両義的感情

アッカとバハーオッラー

アッカはハイファ湾の北岸の岬にある城塞都市である。本書冒頭でも述べたように、円弧状のハイファ湾をはさんで南岸の岬になるハイファの町と向かい合っている。アッカからは台地状に盛り上がったカルメル山を臨むことができる。アッカの海岸は夏ともなれば、十字軍時代に造られた城壁から海に飛び込んで遊ぶ子供たちで賑わう。ヨットハーバーも兼ねた港を中心に広がるアッカ旧市街にはアラブ人の住民が多く住んでいる。当地のアラブ人は皆イスラエル国籍を所持しており、アラビア語とヘブライ語のバイリンガルである。

アッカ旧市街は現在ではジャッザール・モスク、キャラバン・サライ、市場（スーク）を中心に広がる。複雑な街路をもつイスラーム都市の典型である。ジャッザール・パシャはボスニア出身のオスマン朝期のアッカ周辺地域の支配者で、非ムスリムに対する暴虐者として記憶されているが、同時にその勇猛さでもってナポレオンの侵略を退けたことでも知られている。

アッカはまた、イスラエル国内有数の漁港としても知られている。漁港の周辺にはアラブ人が経営するシーフード・レストランが立ち並んでいる。ユダヤ教徒は背骨や鱗のないタコ、イカ、エビを食べることが宗教的禁忌になっているので、アラブ人が外国人観光客を相手にツーリズムを盛り上げる。

アッカはバハーイー教の祖バハーオッラー（一八一七〜一八九二年）が没した場所でもある。彼は一八四四年頃、シーア派イランで迫害されていたバーブ教の信徒となった。そのため、彼は当時オスマン帝国統治下にあったバグダードへ追放され、さらにイスタンブル、エディルネへと身柄を移された。一八六三年にはついにバーブの予言した「神が現し給う者」であると主張して、バハーイー教創始者となった。一八六六年にはこれを公にして、ほとんどのバーブ教徒を自らの信奉者とした。オスマン政府は一八六八年、彼をこのアッカへの流刑に処した。バハーオッラーは一八九二年にこの城塞都市で没した。弟子たちはハイファのカルメル山にバハーイー・ガーデンと寺院を建てたのである。

バハーイー教に揺れる蘆花

蘆花は旅行記『日本から日本へ』の第四篇「昔昔のふるさと（Palestina）」の第五「Haifa」の其の三「Bahaism の爺さん」においてバハーイー教について述べている。前節において蘆花とバハーイー教主との会見を紹介した。

蘆花はバハーイー教の四界兄弟的な考え方に惹かれた。つまりイスラームであろうと、キリスト教であろうと、ユダヤ教であろうと、仏教であろうと、ヒンドゥー教であろうと、すべての宗教は同根であり、万教帰一という考え方である。バハーイー教にはすでに日本にも信者がいて、蘆花はハイファで日本の信者からの葉書を見せてもらっている。「日本国より、光明なる平和の光を」といった標語が各国語で印刷されていた。「平和を愛する魂の言葉」として日英両語で十カ条を記し「平和元年、平和を愛する魂岩《ママ》……」とすでに宣言しているのである。

蘆花はショックを受けた。以前紹介したように、蘆花はエルサレムからロイド＝ジョージ英首相、ウィルソン米大統領などの世界の政治指導者に対して、世界絶対平和に向けての意見書「所望」を送りつけた直後だったからである。同じような考え方をもって実践しているのがバハーイー教だった。しかし盧花はすぐに思い直す。平和の希求は人類共通だからである。

「平和の望は、すべてにある。新紀元は、世界に磅礴《はうはく》して居る。而して日本が日の本《もと》として世界平和の中心であらねばならぬ事は、日本の清新な魂が皆示されて居る。それは、人間業《わざ》ではない。あるものが、せしむるのだ。此様な刷物をアツパ《ママ》スに送つたり、私共を遣はしたりするのも、矢張それである。一切の光は、光らねばならぬ。而して一切の光は、必光る。先後、遅速、大小を争ふ要はない。光は、唯光ればよい」(『蘆花全集』第一二巻、一九二八年、三八二頁)。

盧花は後にバハーイー教の小冊子を読んで感想を書き残している。蘆花は「アラビア人は東のイタリア人で、ペルシア人はフランス人だ」というイギリスの批評家トーマス・カーライルの言葉を引用しながら、次のように記す。

「優雅な波斯《ぺるしや》から生れたBahaism には、自づから優雅な詩味がある。若い日の出を無理にたゝき落されたやうな教祖の青年 Bab, 二代目 Bahaolla, 今の三代目の Abbas, 皆それ〴〵に詩人だ。東方色彩、東方香味が、勿論我儕《われら》東方の心を牽く。高天原が波斯にあるかも知れなかつたり、語學者が波斯語と日本語の間に近い脉《みやく》を辿つたり、波斯と日本は案外近い親類で、本家新家の間には本來血が通ふて居らうし、Zoroaster《ゾロアスター》の裔《すゑ》が、古事記の裔と、二十世紀の初頭に、亜細亜の西の端と東の端で、似たやうな聲を出すのに、不思議はない。世界に照らうとする意氣に於て、Bahaism は日本の先驅である」（同上書、三八六〜三八七頁）。

蘆花はまずはバハーイー教を、東洋において日本の果たすべき役割の共通性との比較においてもち上げることを忘れない。だからこそ、「白い人々の前にある色ある人々の頭が上らぬ今日に於て、既成宗教を大つかみにして、人種の色を絶した大同團を築き上げ、其上に鎭座しやうとして居る、此黑爺の了簡《れうけん》は、小さくない」（同上書、三八七頁）と「白色人種」による「有色人種」の隷属の時代においてバハーイー教が人種を超えた大同団結を提唱するのを褒め上げる。さらに畳み掛けるように「科學も文明もつとめて取り入れ、三代目にして全世界の精神的統一を成就せんず山氣と覇氣と、何にせよ昔東方征伐の十字軍が初めて上陸したアッカの灣に居を据ゑて、時に歐米にまで乗り出し、逆に西洋を征伏しやうとして居る東方氣魄は、まことに痛快な爺さんである」（同上）とまるで褒め殺しである。

しかし、一転して批判し始める。

「然し、私共が爺さんから受けた印象は、そんなに力强いものではなかつた。七十五の老齢の致す所であらうか。私には別の解釋がある。Bahaism の所説が、漠として總括であるやうに、Abbas 其人に何となく空疎《くうそく》な處がある。腑に落ちないものがある。私は思ふ。彼は苦しんで居ないのだ。彼の父は相應に苦しんだらしい。然し子は父程に苦しんで居ない。苦しみが足らねば、力が足らぬ。うま味が足らぬ」(同上書、三八七頁)。

蘆花はここでまたしてもキリスト教的な参照基準から物申すのである。イエスの苦難とその人類の贖罪のシンボルとしての十字架をもち出して「榮冠の輝やきは、十字架の程度に比例する。矢張十字架を負はぬ者は、十字架無用は叫ばれぬ。Abbas に足りないものは、齡《よわひ》ではない、十字架だ。彼は苦しみ足りぬ。故に其人格が何となく輕い」(同上書、三八七〜三八八頁)とまで貶める。

ババーイー教の小冊子の次のような文言にも苦言を呈する。「ババハイの教義は耶蘇基督の教義と同様の基礎に立つ。但耶蘇は人類幼稚の時に來り、ババハイは人類の成長進歩した時代に應じて來た」(同上書、三八八頁)という点、そして「耶蘇は神の現じた鏡の一つ」と述べられている点に蘆花は噛みついたのである。

「昔パウロは、耶蘇のまだ血腥い十字架の上に自己を押立てたが、Abbas Effendi は、耶蘇千九百年間の成果を押領《おうりやう》して、輕く其上に腰うちかけ、耶蘇其ものを彼も神鏡の一つと手輕に一邊に押し片づけて居る。故障を云ふ者がないから、千九百年前耶蘇と云ふ人間が現在生活したナザレの山里から十里に過ぎぬ此ハイフアに大胡踞《あぐら》をかいて、傍若無人に振舞ふ此爺さんが、耶蘇に對して何程の光であるかは、時が之を判ぜねばならぬ。パウロを叱つた私は彼 Abbas に向つても、『頭が高い!』

と一喝浴びせたい念がむら〱と起る」（同上書、三八八頁）。

「頭が高い！」とはよくいったものだ。しかし、再び自分の言い過ぎを思い直す。「然しそれはあまりに狭量である。日が出なけれは《ママ》、松明がはりの明星も入用だ。あまりに日の出が長びけば、明星も仰がれて日を氣どる。さうだ。英吉利人が平和の君の道作り人夫なら、Bahism《ママ》の三代、Abbas Effendiも平和の君の松明持ちの一人たるを失はぬ。彼は終に先驅者である」（同上）と先駆け的存在としてバハーイー教を改めて評価する。

キリスト教的日本主義者へ

バハーイー教に対して揺れる蘆花の姿は、当時の日本の微妙な立ち位置を映し出した鏡のようであった。蘆花の揺れをどのように考えればいいのか。彼自身は次のように説明する。

「私は思ふ、マホメツドが沙漠の魂を一に糾合する爲に遣はされたやうに、Bahaism の Mission は、回々教國の教化融化にある。佛教が昔日本の猛氣を和らげたやうに、Bahaism は回々教徒を和らげねばならぬ。脚下の本務を忘れて、空しい世界の呼號をつゞけたら、彼は其天賦を空しうするのだ。／Abbas には十字架がない。Bahaism には戰闘がない。戰闘がない處に生命がない。Bahaism は去勢宗教である。それは無籍者の宗教とも云へる。Bahaolla は波斯を逐はれ、其子 Abbas は歸り得べくしてまだ波斯に歸つて居ない」（同上書、三八八〜三八九頁）。

蘆花は祖国という場を離れた流離の宗教には力がないというパトリオティズム色の強い発想である。だからこそ「印度の土から釋迦は生れた。耶蘇は猶太人である。Socrates《ソクラテス》が希臘人なら、孔丘は支那人である。マホメツドも沙漠から生れた。土から生れぬ宗教に力があらう筈はない」（同上書、三八九頁）と続けるのである。

そして蘆花はバハーイー教を「美しい空中の樓閣」（同上）だと決めつける。この宗教の果たす役割は太陽が昇ってくるまでの一時的な松明なのであって、夜明けが来て明るくなると松明は必要なくなる。ところが、その太陽とは文字通り祖国日本のことなのである！　なぜ日本が太陽だといえるのか。

「二千有餘年一系の歴史を有し、太古自然神敎の地盤に、儒敎を取り入れ佛敎を取り入れ、耶蘇を取り入れ、而して今新に生る、如く瑞々《みづ〳〵》しい日本の日が出る時、松明がはりの明星は悦んで褪《あ》せ去るに、何の躊躇がいらう？」（同上書、三八九頁）。

反語的表現に蘆花の躊躇を見て取ることができる。しかし、祖国日本への思い入れがある。蘆花にしてみれば、様々な諸宗教をこれまで寛容に受容してきた日本こそが万教帰一の考え方を主導するに相応しい立場にあるということなのである。

蘆花は先駆けとしてのバハーイー教をヨハネやエリヤに譬え、日本をイエス＝キリストやメシア（救世主）と位置づける。

「耶蘇の前には、バプテスマのヨハネが來た。ヨハネは耶蘇の先驅である。猶太人の傳說は、Messiah の前に豫言者エリヤが二たび現はれると云ふ。耶蘇はバプテスマのヨハネをエリヤと看た。耶蘇はヨハネから洗禮を受けた。然しヨハネは自分の分《ぶん》を知つて、『我は必衰ふべし』と云ふた。而して適當の時に死んだ」（同上）。

蘆花は畳み掛けるように断言する。

「Haifa の海から Carmel《カルメル》 の山が起る。Carmel の山は、昔豫言者エリヤが、雨を祈つたり、さまざまの跡を遺した山である。其 Carmel の山腹に、Bahaism の三代目 Abbas Effendi は、家を構へて居る。／エリヤの山に居る彼は、卽ちエリヤだ。知らず識らず其位置に居らされて居るエリヤだ。耶蘇の先驅をバプテスマのヨハネがした――二代のエリヤ。三代のエリヤ Abbas――彼は日本の先驅である」（同上書、三八九～三九〇頁）。

最後に、蘆花はバハーイー教に引導を渡す。

「私共は、今あらためて、日本から、カルメル山下の彼を呼びかける。／『爺さん、御苦勞。最早日本の日が出た。早々本國波斯にお歸り。而して赤帽（＝ムスリム）の敎化を賴むだぞ』」（同上書、三九〇頁)。

ここに、二つのJ(Jesus と Japan)を信じた内村鑑三と共通するキリスト教的日本主義者としての蘆花の相貌を垣間見ることができる。次章では日本的キリスト者の内村鑑三の無教会派に属する知識人たちのエルサレム論を考えてみたい。

第二章　無教会派の聖地とユダヤ人の復興
――内村鑑三・矢内原忠雄・黒崎幸吉

1　内村鑑三の見たエルサレム・ヘブライ大学の設立

ヘブライ大学の設立

家族とともにエルサレムに滞在した約二年間、エルサレム・ヘブライ大学に付設されているハリー・S・トルーマン記念平和研究所とイツハク・ベン・ツヴィ東洋系ユダヤ人研究所の訪問研究員だった。ヘブライ大学の文系キャンパスは現在に至るまでエルサレム旧市街の北東部に位置するスコーパス山上にある。

このスコーパス山は英語、アラビア語、ヘブライ語でも直訳的には「眺望山」という意味になる。この名称が示す通り、この山からエルサレム旧市街を一望でき、その意味では戦略的な要衝の地でもある。この山からユダヤ教徒が「モリヤの丘」と呼んでいる第二神殿跡を見下ろすことができる。もちろん、この場所は現在ではムスリムにとっての聖域（アル・ハラム・アッ・シャリーフ）になっており、そこには黄金の円蓋をもつ「岩のドーム（ウマル・モスク）」とアル・アクサー・モスク（遠隔地の礼拝堂）がある。ユダヤ教徒にとっては、第二神殿の西壁に相当する「嘆きの壁」が礼拝の場所になっている。

私が最初にヘブライ大学を訪れた一九八〇年代初頭には、灌木の繁茂するスコーパス山を一気に駆け下り、アラブ人の村ワーディー・ジョーズを経て、そのままエルサレム旧市街に辿り着くことができた。何度もこの道なき道を歩いて往復していた。しかし、一九八七年末に勃発したインティファーダ（パレスチナ人民衆蜂起）以降はフェンスが建設され分断されてしまったため、そんな無茶なことはできなくなってしまった。

ヘブライ大学は、パレスチナがまだイギリスによる委任統治の下にあった一九二五年に開学した。その時には世界史的には「バルフォア宣言」として後世にその名を残しているアーサー・バルフォア元英首相・外相（一八四八〜一九三〇年）がこの開学式に臨席した。当時七七歳だったバルフォアの立ち居振る舞いやその演説は、まるで神から十戒を授けられた預言者モーセのようだったと今でも語り継がれているという。アルベルト・アインシュタインやジグモント・フロイトもこの大学設立を支持していた。

ヘブライ大学の竣工自体は当然、開学よりもずっと前で、一九一八年のことであった。まだ第一次世界大戦中で、その前年末にイギリス軍がパレスチナを占領していた。竣工式にはイギリス軍最高司令官であるアレンビー将軍やハイム・ヴァイツマン・世界シオニスト機構議長（のちにイスラエル初代大統領）らも参加した。

内村とキリスト教シオニズム

実は遠く「極東」の日本から、このエルサレム・ヘブライ大学の竣工に熱い視線を注いでいたキリスト者がいた。それが内村鑑三（一八六一〜一九三〇年）である。内村は一九一八年八月四日付『聖書之研究』第二一八号に「エルサレム大学の設置」と題する論考を寄せている。内村は同日付『東京朝日新聞』の同大学の礎石が据えられた定礎式のニュース記事の引用からその論考を始めている。そして聖書から預言の実現としての根拠を引いているのである。旧約聖書ではイスラエルの民の復興を預言した『エレミヤ記』（二三章三〜八節）と『イザヤ書』（六〇章一四節）からである。

内村は聖書全体を通じて三大事実があると記す。すなわち、キリストを信じる者の将来、神を信じないものの将来、そしてイスラエルの将来、の三つである。信者はこの世において多くの患難を経た後にキリストが再び栄光をもって現れる時に完全な救済を受けるが、福音を受け入れなかった不信心者は最後の審判を受けて滅亡すると内村は断言する。

そして本論の中心テーマである第三のイスラエルの民について「アブラハムの子孫なるイスラエルは今は世界に散在すると雖《いえど》も再びパレスチナの地に帰りて栄光の王国を建設しキリスト自《みずか》ら之を統治し彼等を以て万国を治め給ふのである」（『内村鑑三全集』第二四巻、岩波書店、一九八二年、三一五頁）と言及し、イスラエルの民のパレスチナへの帰還とその救済を宣言する。ところが、信者の完全な救済と不信心者の滅亡は未来に属するが、イスラエルの運命は我々の間にあり、目前の歴史的事実であるのでいかんともすることができないというのである。

目ある者は見るべし、と内村はいう。神はしばしば信仰を助けるために、ある歴史的な事実をもって我々に教えることがあるからである。イスラエルに関する事実もこのことを示している。復活や審判といった信じることの難しい事実を我々に信じさせるため、神がユダヤ人の運命を目前に現出させて、復活や審判を証明して下さったのだと説明する。聖書の預言にしたがって、パレスチナにおけるユダヤ人の復興を主張するのである。内村のユダヤ人観が凝縮されているところであるので、少々長くなるが引用してみよう。

「ユダヤ人は多くの点に於いて恐るべき国民である、然しながら其の最も恐るべきは彼等が聖書の預言の証明者たる事にある、他の国民は亡びたるもユダヤ人のみは亡びない、彼等は世界の最大強国の間に在りて存続を維持する事既に四千年、其地は全く外国人の蹂躙《じゅうりん》に委《ゆだ》ねられ彼等自身は全世界に散乱すると雖も而も今尚《な》ほ強健なる国民である、而して彼等が再びパレスチナに帰り旧きダビデの王国を造らんとの聖書の預言は彼らの歴史に由て証明せられつゝある、是れ実に驚くべき事実である、千二百万のユダヤ人は我等の為に立てられたる福音の証明者である、彼等に関する預言成就の事実を見て我等は亦我等に関する大なる預言の必ず成就すべきを信じ得るのである」(『内村鑑三全集』第二四巻、岩波書店、一九八二年、三二五〜三二六頁)。

「千二百万のユダヤ人は我等の為に建てられたる福音の証明者である」という表現に代表される考

え方はシオニズム運動開始以前には「ユダヤ復興論（Jewish Restoration）」と呼ばれていたが、シオニズム運動開始後の一九世紀末以来「キリスト教シオニズム（Christian Zionism）」という新しい用語で呼ばれるようになった。つまり、聖書の預言にしたがって、キリスト教徒でありながら、シオニズムに基づくユダヤ人国家を支持するような考え方なのである。

現代イスラエル研究の分野でも、アメリカ合衆国の「ブッシュ・ジュニア」すなわちジョージ・W・ブッシュ大統領（在任二〇〇一〜二〇〇九年）の支持母体として同政権を支えた宗教右派勢力、すなわちエヴァンジェリカル（福音）派が脚光を浴びるようになって、イスラエルとキリスト教シオニストとの密接な関係に関する数々の研究書が出版されるようになった。キリスト教シオニズムがなぜアメリカがイスラエルを支援しているのかという精神史的な背景を説明することになるからである。

ユダヤ人の復興へ

内村はさらに具体的にパレスチナの「現実」を語る。すなわち、アレンビー将軍の率いるイギリス軍によるパレスチナ占領とその占領に続くバルフォア宣言を、世界史において「永久に記念すべき」出来事だとして次のように位置づけるのである。

「イスラエルの復帰に関する最も驚くべき出来事は昨年［一九一七年］十二月廿日に於けるエルサレムの恢復であった、久しく異邦人の手に在りし聖都は遂に基督教国の手に移されたのである、而して其国の外務大臣は翌日議会に臨みてユダヤ人の代表者に送りし書翰を朗読した、書翰の要旨は遠からずしてヱルサレムをユダヤ人に還附すべしといふにあった、之を議会に向て宣言したるは即ち全世界に向て宣言したると異ならない、此一大事実の故に一九一七年は実に世界歴史上永久に記念すべき一年となったのである」（同上書、三一六頁）。

内村にとってイギリス軍がエルサレムを軍事占領した「一九一七年」の世界史的意義は、十字軍以来のキリスト教徒による「異邦人」、つまりムスリムからの聖地の奪還なのであり、バルフォア宣言はキリスト教徒によるエルサレム奪還にともなうユダヤ人の復興の端緒であり、ヘブライ大学の建設はユダヤ人の復興を目ざすシオニズム運動のシンボル的な出来事なのである。

「ヱルサレムは既に土耳古《トルコ》人の羈絆《きはん》を脱した、而して今朝の新聞紙上外国電報の伝ふる所によれば数日前其地に於けるヘブル大学の定礎式行はれたりといふ、かのシオン運動の重要なる計画中の一たりしヱルサレム大学は斯くて遂に建設の緒に就いたのである、之れ亦神の言《ことば》を信ずる者の最も注意すべき出来事である」（同上書、三一六頁）。

ヘブライ大学は世界第一の大学になるだろうし、そのための資金もユダヤ人から出資されて、米国のスタンフォード大学も比べものにならないだろうと内村は絶賛する。むしろ問題はお金ではなく、人材確保だと指摘する。しかし、人材を確保できないという懸念も杞憂にすぎないと考えている。エルサレムがロンドンやベルリンを凌ぐ学問の町になると預言者の預言をもち出しつつ、ユダヤ人の奇跡を未開である現地のアラブ人の悲惨な情況との対比で描き出す。

「然るに之をユダヤ人中より物色せん乎、其学科の何たるを問はず世界第一流の学者を網羅する事が出来るのである、哲学者ベルグソン、医学者エールリッヒ、其他学界の名星は相率ゐてヱルサレムに集るであらう、かくて知識の中心は伯林《ベルリン》又は倫敦《ロンドン》より古きダビデの邑〔まち〕に移るであらう、苟〔いやしく〕も学問に志ある者は皆笈《おひづる》を負うて此地に遊ぶであらう、初めて聖地《ホーリーランド》を訪ねてヨッパ［ヤーファある いはヤッフォ］の港に上りし者は其駱駝〔らくだ〕の糞に塗《ま》みれたる貧寒の光景を見て驚くのである、誰が此処〔ここ〕に留学するの日あるべきを想像しやう乎、然れども今や其日は近づきつゝある、『汝を苦しめたる者の子等は屈《かゞ》みて汝に来たらん』と預言者の預言したる通りである」（同上書、三一六～三一七頁）。

内村がヘブライ大学の設立に見出す意義は、キリスト再臨の前提としてユダヤ人がパレスチナにおいて復興するという歴史的事実なのである。だからこそ「大学の建設はパレスチナの恢復の第一歩に過ぎ」ないが「聖書の預言は遂に成就する」のである。つまり、内村にとってイスラエルの復興は神の計画の無謬性を証明する歴史的事実である。そして最後に内村は世界のキリスト再臨運動へと議論を進めていく。

「今やキリスト再臨の信仰は全世界の人心を動かし期せずして同種の会合が各地に開かれつゝある、

我国に於ける運動は言ふ迄もなく其他英国に於て独逸《ドイツ》に於て又アフリカ土人の間に於ても同様の運動を見たるが更に最近米国費府《ヒラデルヒヤ》に於て開催せられし預言大会は未曽有《みぞう》の盛会なりしといふ」（同上書、三一七頁）。

世界に広がるキリスト再臨運動が何を意味するのかは次節で考えることにして、内村はヘブライ大学の定礎式を、神が驚くべき計画を実行しつつある事実として見ており、次のようにこの文章を締め括るのである。

「斯かる時に当りてユダヤ人の復帰運動は進捗《しんちょく》しヱルサレム大学が其定礎式を挙げたるが如きは之を軽々に看過する事が出来ない、余は信ず大なる御手が彼方此方《かなたこなた》を総覧《そうらん》して驚くべき計画を実行しつゝある事を、茲に於てか我等の信仰は小なる個人の問題に非ずして世界的宇宙的問題である事が判明《わか》る」（同上）。

2　キリスト再臨論

オリーブ山とメシア

エルサレム旧市街の東側にオリーブ山がある。かつては「橄欖山《かんらんやま》」と呼ばれたりもした。この山頂からエルサレム旧市街を望むパノラマは実に素晴らしいのでエルサレム観光スポットの一つになっている。

私自身はこのオリーブ山にはずいぶん長い間訪れていないので、現在観光地としてどうなっているかはよくわからない。しかし、最初に訪れた一九八〇年代中ごろにはパレスチナ人の少年たちが絵葉書や首飾りなどの観光グッズや何やらを売り込むため観光客に近づいてくるのが常だった。ベドウィン風に飾った鞍を置いたラクダを引いた老人もいたりした。

しかし、一九八七年末に勃発したパレスチナ人蜂起（アラビア語で「インティファーダ」と呼ばれた）を機に聖地を訪れる外国人観光客が激減したため、観光を生業としていたパレスチナ人にとっても大打撃だったはずである。この山にはマカーシド病院というパレスチナ人のための医療機関がある。この蜂起時は負傷したパレスチナ人たちが運び込まれていた。しかし、観光客にとってはこんな病院自体が不可視の存在であった。

オリーブ山を語る時には一九世紀末以降、聖地での存在感を増していったドイツ帝国の残した建物も無視できない。この山腹にはオーガスタ・ヴィクトリアというルター派の教会があり、五〇メートル近い高さの鐘塔がエルサレム市街を睥睨しているからである。前にも触れたように、ドイツ帝国のヴィルヘルム二世（在位一八八八～一九一八年）は一八九八年にエルサレムを訪れた際、王妃の名前にちなんでこの教会を建てた。第二次世界大戦中にイギリスによって病院に改造され、現在に至る。

オリーブ山の西の山麓にはユダヤ教徒の墓地もある。ユダヤ教徒にとって、オリーブ山は最後の審判で死者が蘇ると信じられているからである。だからこそ、世界中に離散する敬虔なユダヤ教徒はできるならば死はエルサレムで迎え、この聖なる場所に埋葬してもらいたいと望んでいるというのである。

メシア（救世主）はヘブライ語では「マシアーフ」であるが、このギリシア語訳が「クリストス」、つまりキリストである。メシアは元々も「油を注いで清められた人」という意味であるが、キリスト教がユダヤ教を継承していることを示す重要なキーワードの一つである。

ユダヤ教におけるメシアはダビデの子孫を指し、人びとを苦難から救って、神の支配を確立する者とされる。後に終末時における神の代理人ともみなされた。キリスト教でのメシアはイエスである。だからこそ、キリスト教徒は「イエス・キリスト」つまり「メシアであるイエス」と呼んでいる。イエスは自らの死によって人びとを救済したのである。

イスラームもユダヤ教のメシア観を継承している。メシアはアラビア語では「マスィーフ」で、キリスト教はアラビア語では「マスィーフ」を抽象名詞化して「マスィーヒーヤ」と呼ばれている。イスラーム、とりわけシーア派ではマフディー（「正しく導かれる者」の意味）は中心的概念であり、ムハンマドの子孫で終末前に現れて真のウンマ（ムスリム共同体）を確立する点などはユダヤ教のメシア観と類似しているといえよう。

キリスト再臨を信じた内村鑑三は、一九一七年一一月二日にイギリスが発表したバルフォア宣言をユダヤ人のパレスチナ回復にとって重要な出来事として認識していた。一九一八年冒頭の新年の挨拶で「世界戦争酣《たけなは》にしてヱルサレムは選民の手に渡らんとしつゝあり、孰《いづ》れも時の休徵《しるし》にあらざるはなし、万物一変して我等が完全に救はれるべき時は近づきつゝある、信者は其意《こゝろ》を以て新年を祝すべきである」(「新年を祝す」『内村鑑三全集』第二四巻、岩波書店、一九八二年、五頁)と記して、キリスト再臨の日が近いと考えていたことがわかる。

ユダヤ人のパレスチナ回復とキリスト再臨

さて、内村のユダヤ人のパレスチナ回復に関する論考である。前節において、神は人に奇跡を信じさせようとする時、他の奇跡を実現して人の信仰を容易にさせると指摘した。その際、ユダヤ人の歴史こそが大いなる奇跡だと内村は信じていた。というのも、ユダヤ人は幾多もの迫害に耐えて四千年間存在し続けたからである。そして、第一次世界大戦中のバルフォア宣言を経て、パレスチナの地を回復しつつあることも大いなる奇跡だというのである。だからこそ、ユダヤ人のパレスチナの地での回復とイエス・キリストの再臨とは密接に関わっている、と内村は主張するのである。

内村は一九一八年五月一二日に東京神田バプチスト中央会堂で行った「聖書の預言とパレスチナの恢復」という講演において、具体的にユダヤ人のパレスチナの地での回復とイエス・キリストの再臨の関係について述べている。内村はユダヤ人の間でもメシア再来をめぐって二派の対立が生じ、キリスト者の間のキリスト再臨をめぐるのと同じ構図だと指摘する。

「一派の者はパレスチナの恢復に関する聖書の明白なる預言あるに拘わらず之を精神的の意味に解釈して土地の問題の如きは顧みない、之に対し他の一派は確《かた》く神の約束を信じ聖書の預言を文字通りに解釈して唯管《ひたすら》其実現を待ち望みつゝある、二者の関係は恰《あたか》も再臨に関する基督者の状態と酷似《こくじ》して居る、聖書を其儘《そのまま》に信受せんとする者と之を霊的に解釈し去らんとする者基督者の中に此二派がある、ユダヤ人の間にも亦此二派がある」（『内村鑑三全集』第二四巻、岩波書店、一九八二年、二四四頁）。

その上で、内村は傍点を打って再臨論者の困難を次のように強調する。「聖書の預言を其儘に信ずる者の信仰が多くの困難に遭遇するも決して衰へずして愈々堅固を加へつゝあるは実に著るしき事実である」（同上書二四四頁）。というのも、ユダヤ人はその歴史においてしばしばシャブタイ・ツヴィ（一六二六〜一六七六年）に代表されるような偽メシアに遭遇するという失敗を重ねたからである。しかし、多くのユダヤ人は依然として最終的にパレスチナ回復を信じて疑わないと内村は指摘する。

内村は話題を転じ「ユダヤ人問題の解決は常に欧洲政治家の心を悩ましたるものであった、殊に再臨の信仰の復興するや必ずユダヤ人をパレスチナに復帰せしめんとする運動が行はれた」（同上書、二四五頁）と指摘し、一六四二年に始まるピューリタン革命の指導者オリバー・クロムウェル（一五九九〜一六五八年）を取り上げる。

「其一例は有名なるオリバー・クロムヱルである、彼は確かに英人第一位を占むる人物にして彼なくしては今日の英国も米国もなかつたのである、而して彼れクロムヱルは最も熱烈なる再臨信者であつた、故に其の政権を握ると同時に着手したるはユダヤ人の復帰運動であつた、之が為に彼は或《あるい》はダビデの血統を引けるユダヤ人に非ずやとの疑を抱く者さへあるに至り或る外国に流浪せるラビ（猶太《ユダヤ》教の教師）の如きは自ら英国に渡りて彼れクロムウヱルの系図を調査したとの事である、然し彼は勿論普通のジョン・ブル（英国人）であつた、彼をして此挙あらしめたる所以《ゆえん》のものは其の再臨の信仰より出でたるユダヤ人に対する深き同情に外ならなかつたのである」（同上書、二四五頁）。

内村はクロムウェルに続けてシオニズム運動にも言及する。とりわけ「シオニズムの父」と呼ばれるテオドール・ヘルツル（一八六〇〜一九〇四年）に注目する。

「ユダヤ人の復帰運動として最後に現はれたるものが一八九六年に起りし所謂シオン運動（Zionist Movement）である、此運動を始めたテオドル・ヘルツエルは墺国［オーストリア］の新聞記者にして早く猶太教を棄て劇作家として巴里《パリ》に流浪して居つた、然るに当時仏国に於てユダヤ人に大なる迫害を加へし所謂「ドライフス事件」なるもの起るやヘルツエル憤慨措《お》く能はず、之に刺戟《しげき》せられて再び猶太的信仰を回復し、預言者の言《ことば》の如くにユダヤ人をパレスチナの地に復帰せしめ、其王国を実現せんと欲し、"Der Judenstaat"（ユダヤ国論）を著はして其主張を発表した」（同上書、二四六頁）。

ヘルツルが「ドライフス事件」つまり一八九四年に起こったユダヤ系軍人のスパイ冤罪事件であるドレフュス事件を機にシオニズムに目覚めたことは間違いないが、ユダヤ教の信仰を回復したかどうかは定かではない。内村はシオニズム運動をユダヤ教的文脈で説明しようとしているが、ヘルツルは「政治的シオニズム」と分類されることが多く、当時の列強との関係強化を通じてユダヤ人国家を設立しようと試みたのである。だからこそ、ヘルツルはイギリスからアフリカのウガンダ案の提示を受けると現地の視察まで行っている。ユダヤ人国家の場所を必ずしも聖地パレスチナに拘らないヘルツルは世界シオニスト機構内で猛反発を受けることになるのである。

内村はさらに、ユダヤ人によるパレスチナへの資本投下を入植地拡大の観点から指摘した上で、自然科学者の眼をもってシオニストのパレスチナ開発の目覚ましい現状に注目する。すなわち、道路網拡充、ユーカリ植林による湿地の改造、人口肥料の投与、ポンプによる灌漑、柑橘類の栽培、農業生産の増大、そして死海周辺地域での炭酸カリウムやリン鉱石の産出、などである。この開発の現状を「パレスチナの天と地とは再びユダヤ人を迎ふるに足る」（二四七頁）と高く評価するのである。

ただ、深刻な大問題が残るとも指摘する。「何ぞや、曰《いわ》く人である、土耳古《トルコ》人である、彼等は頑として此地をユダヤ人に譲らない、ヘルツエルに取ての致命傷も亦此難問題であった」（二四七頁）。内村はここで「トルコ人」と表現しているが、パレスチナは当時、青年トルコ党のオスマン帝国の支配下にあったからである。パレスチナの住民はアラブ人である。現在にまで続くパレスチナ問題という難問題である。

内村は再び、「昨年（一九一七年）一二月エルサレムは遂に土耳古政府の羈絆を脱して英軍の手に帰したのである」としてバルフォア宣言に触れ、「斯くて憾《うら》みを呑んで逝きしヘルツエルの望みは達せられんとするのである」（二四八頁）と言及する。

内村は「旧き預言は遂に成就せんとしつゝある、ユダヤ人は聖書の言の如くにパレスチナを恢復せんとしつゝある」（同上）ように、新しき預言としてキリスト再臨の信仰を確固たるものにする、と強調するのである。

「パレスチナの恢復に関して然りとせば再臨に関しても亦然らざらんやである、再臨の希望も亦幾度か失敗の経験を嘗めた、然し乍ら聖書の預言は明白である、我等も亦ユダヤ人の如く唯聖書のみに頼る、而してパレスチナ恢復の時に近づきしを知つて一層再臨の信仰を堅くせざるを得ない、神は基督者に対しても ユダヤ人に対するが如く其約束を忘れ給はないのである」（同上）。

内村がキリスト再臨運動の観点からユダヤ人によるパレスチナ回復をどのように位置づけているのかを見てきたが、内村自身はエルサレム訪問を果たしていない。しかし、弟子の矢内原忠雄（元東京大学総長）は一九二二年に欧米留学からの帰途、パレスチナに立ち寄っている。矢内原の聖地訪問とシオニズム観に関しては次節以降で取り上げてみたい。

3　矢内原忠雄の見たシオニズム運動

東西南北の結節であったリッダ　イスラエルの「空の玄関口」ベン・グリオン空港はテル・アヴィヴから東に二〇キロメートルほどである。かつてはロッド空港と呼ばれていた。ロッドのアラビア語名はリッダである。建国前はイギリス空軍が軍事目的で使用していた。

私はかつてヨルダンの首都アンマンに住んでいたが、その時のアラビア語の家庭教師がこの空港に隣接するアッパースィーヤ村（現イェフード）出身のパレスチナ人だった。彼がしばしばアラビア語で言及していたのが「ムアスカル・ウィルヘルマー」という場所の名前だった。「ウィルヘルマー基地」という意味である。このウィルヘルマー基地が一九三六年にイギリス軍によって建設され、ロッド空港となったのである。ウィルヘルマーというのはドイツ皇帝ヴィルヘルム二世から取られた名称で、元々はテンプル協会（Tempelgesellschaft）あるいはテンプラーと自称しているドイツ出身のプロテスタント・キリスト教徒によって築かれた入植村であった。

ベン・グリオン空港からテル・アヴィヴとエルサレムとの間を結ぶハイウェイを東に向かって走れば、四〇分ほどでエルサレムに到着する。空港は地中海沿いの平野部にある。エルサレムに向かうハイウェイはこの平野を抜け、「谷の門」（ヘブライ語ではシャアル・ハガイ、アラビア語ではバーブ・アル・ワード と呼ばれる）という場所を通過すると、高速道路は急峻な坂を登っていくことになる。聖地エルサレムは標高五〇〇メートル以上の高地にあるからである。

かつてこの道路には馬車が走っていた。しかし、一八八四年に鉄道が敷設され、「海の玄関口」ジャッファ港（ヘブライ語ではヤッフォ、アラビア語ではヤーファー）からエルサレムが直接結ばれ、欧米からのキリスト教巡礼者たちはこの鉄道を利用するようになった。鉄道はハイウェイよりも少しだけ南の方を迂回してエルサレム入りする。しかし、現在では鉄道はもう使用されていない（ただし、二〇一八年九月には新高速鉄道の運行が始まった）。イスラエルの物流を担っているのはトラックなどの自動車なのである。

空港近くのリッダは、イスラエル建国前のパレスチナにおける南北と東西を結ぶ鉄道網の結節点でターミナル駅だった。かつては南に下るとガザ経由でエジプトまで行くことができた。北へ上るとそのままレバノンに抜ける。さらに、ハイファからはシリアの首都ダマスカスにまで汽車で行くことができた。メッカ巡礼鉄道として知られているヒジャーズ鉄道につながるのである。

しかし、この東アラブ地域を相互に結びつけていた鉄道網も一九四八年にイスラエルというユダヤ人国家が設立されると、国境で分断されてしまった。それまでは地域的一体性を保障していたコミュニケーション・ルートが断たれたのである。

矢内原のパレスチナ訪問

戦後、東京大学総長になる矢内原忠雄（一八九三～一九六一年、総長一九五一～一九五七年）は内村鑑三の弟子の一人である。無教会派キリスト者として知られている。

矢内原がパレスチナを訪れたのは第一次世界大戦後、イギリスによる委任統治が始まってすぐの一九二二年である。当時、東京帝国大学経済学部の植民政策論を講じる新進気鋭の助教授であった。国際連盟事務次長として転出した新渡戸稲造（一八六二〜一九三三年）の後任としてであった。

矢内原は欧米に官費留学の命を受け、その帰路に聖地を訪問したのである。矢内原はその訪問記を『嘉信』というキリスト者向けの雑誌に「パレスチナ旅行記」として書き残している。次のような書き出しで始まる。

「四月二十七日の午後六時十五分埃及《エジプト》のカイロを発車致し、スエズ運河の岸のカンタラ駅にて乗換へ、アラビヤ沙漠の荒漠たる中を通りぬけ、昔のペリシテ人の地を走りラッド〔ロッド〕で再び乗り換へ禿山の間を急勾配に登つて、翌日の正午にはエルサレムに着いたのです。早いものです。……二十世紀に至つても港の悪いJaffa（昔のヨッパ）迄船で来ないとエルサレムへは行けなかつたのですが、大戦争のおかげ（?）でイギリスの軍隊が軍事上の必要から此鉄道をつけてくれたのです、途中でガザの町を通ります」（『矢内原忠雄全集』第二六巻、岩波書店、一九六五年、七二一頁）。

この文章は無教会派のキリスト者として信徒の人びとを読者として念頭に置いているため、矢内原の旅行記には聖書からの引用あるいは故事・逸話がふんだんに盛り込まれている。

シオニストの「文明」とアラブ人の「未開」

ここで注目すべきは矢内原が第一次世界大戦を契機とするイギリス軍によるシナイ半島での鉄道網建設に触れていることである。「近代化」という事態を矢内原がどう捉えているかが見えてくる。実は矢内原はパレスチナにおけるユダヤ人入植地も同じような目線で観察しているのである。

「パレスチナを素通りする旅客でも汽車の窓からあちらこちらの山野にその多くは禿山石地の土地に小さい家の一群又はテント張りの小さい一部落を見落すことはありません。そしてアラビヤ人とは似ても似つかぬ元気な若い勇しい青年男女が愉快気に労働して居るのを見ます。彼等は近年ロシヤ、ルーマニヤ、ポーランド等より移住し来りたる猶太人なのです。彼等の中に多数の大学卒業生が居るさうです、誰も勇ましく愉快気に石を除き苗を植ゑ乳をしぼり道を築いて居ります。虐殺の国、圧迫の地を離れ彼等は父祖の地に帰りこの困難な磽角《こうかく（ママ）》地の開墾に従事し始めたのです。その意気込みはえらいものです」（同上書、七二九頁）。

矢内原のみならず日本の知識人のパレスチナ訪問記に共通することであるが、ユダヤ人シオニストの「文明」と現地のアラブ人の「未開」という二項対立の対比で捉える発想である。とりわけ、矢内原はシオニストによる緑化運動を非常に高く評価するのである。

「パレスチナは乳と蜜の流るゝ地として記されてあるのに其現状は禿山と石地ばかりの仕方ない土地なのです。モハメット教徒殊にトルコ人がパレスチナの主人になりてよりこんなに土地を荒蕪にしてしまひました」（同上）。

矢内原はパレスチナの荒廃を、それまでの為政者であったイスラーム教徒である「トルコ人」の責任に帰する。そしてそれを証明するかのように、シオニストの言葉を引用するのである。「併し猶太人は言つて居ます『イスラエルの地は二千年間荒る、がままに任されて居た、イスラエル人は二千年間国外に放浪して居た、併しイスラエル人がイスラエルの地に帰る時此の荒地より何が出てくるか見て居れ！』と、そして本当に荒地より緑野が出つ、あるのです。実に目覚ましいものです」（同上）とシオニストの入植活動を絶賛するのである。

パレスチナを緑の大地に

矢内原はいくつかのシオニストの集団農場を訪れた。そのうちの一つがエルサレムのすぐ西方に位置するキルヤト・アナビーム（ヘブライ語で「ブドウの村」の意）である。エルサレムに通じるハイウェイ沿いにはアブー・ゴーシュというアラブの村があるが、集団農場はその北東に隣接し、「ユダヤの荒野」に建設された最初のキブーツ（生産手段と生産物を共有するユダヤ人集団農場）として知られている。

実はアブー・ゴーシュのアラビア語の旧名がこのキブーツと同じカルヤト・イナブ（アラビア語で「ブドウの村」の意）であった。シオニストはアブー・ゴーシュの地主から土地を購入したので、この旧名をヘブライ語に置き換えてキブーツの名前として使い始めた。矢内原は以下の引用において、この村の建設を一九二〇年としているが、一九一四年が正しい。

「私の見たうちで一番新しいのは一九二〇年に始められたKirjath Anabimといふ村にて約四十人許りの村でした。せつせと石を除いて畑の床を準備して居ります。既に大分葡萄が植ゑられて居る、家畜の建物は既に立派に建てられて居る、マラリヤ予防に特効あるユーカリ樹は沢山に植栽されて居る。五十年もせぬうちに此の地も青々とした処と化すでありませう」（同上書、七二九～七三〇頁）。

シオニストはその緑化運動を通じて矢内原が指摘するように実際にパレスチナを緑の地にした。同時にパレスチナにおける生態系、とりわけ植生を大きく変えたのである。オーストラリア原産のユーカリがその象徴であった。ユーカリの香りは蚊が嫌うので、湿地帯を緑化するという目標を達成するにはもっとも効率的な樹木であった。そのような緑化が可能になったのは「開墾や道路築造の外にもヨルダン河水を利用してパレスチナ全体の動力、電燈及灌漑用水供給の大計画も出来て」（七三〇頁）いるからである。つまり、欧米のユダヤ人によって巨大な資本がユダヤ民族基金などを通じて開発のために投下された。巨大な投資は、現地に住む当時貧困なアラブ人には叶わないことであった。

矢内原はシオニストが世界各地からパレスチナに適した植物を輸入している事実も記している。とりわけ、パレスチナにおいて柿が植えられていることに驚きを表している。現在に至るまでイスラエルの市場では秋になると富有柿に似た柿が売られている。ヘブライ語でも英語のパーシモン（persimmon）からの転用で「アパルシモーン」と呼ばれている。

「私はエルサレムの自然物の博物館にて日本の柿の標本を見て驚き且つ喜びました。この博物館はユダヤ人がパレスチナ開発研究の参考として建てたるもので動植鉱物に亙りパレスチナの天然物を集めてありますが其うち数々の外国よりの輸入種があります。各国よりパレスチナの風土に適する如き植物を輸入試植して居るのださうです。日本よりは柿とか紫蘇とか十種以上の果樹蔬菜類を横浜植木会社の手を経て輸入したのださうですがいづれもよく発育するとの話でした」（同上書、七三一頁）。

また矢内原は、イギリスによるパレスチナ委任統治時代にはキブーツといってもユダヤ人社会とアラブ人社会との間の交流がまったくなかったわけではなかったこともきちんと観察している。アラブ人もユダヤ人入植村から日常生活に必要なものを購入したりしていた。矢内原もその事実に触れている。

「私は此村を訪ねて居る間に希臘《ギリシア》正教の坊さんが二人連れで孵化卵を十五個買ひに来ましたり、又立派な若いアラビヤ人が逞しい白馬に跨つて弟の婚礼用にといつて花を買ひに来ました」（同上書、七三〇頁）。

ここで矢内原が「アラビヤ人」と表現した青年は隣村のアブー・ゴーシュの村民だと思われるが、

現在に至るまでアブー・ゴーシュはユダヤ人との関係が良好なことで知られている。アブー・ゴーシュはエルサレムの西の出入口に位置しており、戦略的にも重要な場所にある。アラブ人とユダヤ人の対立の激化でこの村は戦場になる可能性が非常に高かったので、村は常に中立を宣言することで生き延びたという歴史がある。またオスマン帝国時代には、この村は欧米からやって来るキリスト教徒巡礼者から聖地巡礼のための通行料を徴収する権限を政府から与えられていたという。

矢内原は、キルヤト・アナビームを「二年前には夢想も出来なかつた一幅の画、一篇の詩がこのユダヤの石ころばかりの山地に見られる様になつたのです」（同上）として、シオニズム運動の象徴としてみなしている。「学校病院も盛に建てられて居りますし、殊にヘブライ語に新生命が入りまして小学校より始め今年秋に建築着手の予定といふエルサレム大学に至るまで教科書や教授用語は凡てヘブライ語を用ひ大人の日用語も殆ど全部ヘブライ語という有様になつて居ます」（七三〇頁）とヘブライ語の復活に驚きを隠していないのである。

次節は矢内原が無教会派キリスト者としてシオニズム運動をどう見ているのかを「聖書の預言より見てもイスラエルの回復の必然なるを信じます」（同上）という観点から検討してみたい。

4　イスラーム・東方諸教会観

聖地エルサレムの「王の御《み》あと」

エルサレム旧市街は城壁に囲まれている。現在の城壁はオスマン帝国のスレイマン大帝時代（在位一五二〇～一五六六年）に完成したといわれる。それまではイエスが処刑されたとされるゴルゴタの丘は城壁の外にあった。現在、その場所には聖墳墓教会があり、城壁内の旧市街に位置する。一九世紀末までは夜になると旧市街の城壁の門は閉じられていたが、城壁外に街並みが拡大するにつれて、門が閉じられることはなくなった。

全長約四キロの城壁に囲まれた旧市街はムスリム（イスラーム教徒）地区、キリスト教徒地区、ユダヤ教徒地区、そしてアルメニア教徒地区の四地区から形成されていることは前にも紹介した。この地区割りも一九世紀になって欧米からの旅行者が増えて、このように呼ばれ出したものらしい。したがって、各地区では宗教・宗派に沿って画然と排他的に棲み分けが行われているわけではない。旧市街にはアラビア語で「ハーラ」と呼ばれる、より小さな街区がある。街区にはモスク、教会、シナゴーグがあり、そのような宗教施設を中核にして各地区が形成された。例えば、アルメニア教徒地区には聖ヤコブ教会があり、修道院や宿泊施設も付設されている。その隣の地下にはアルメニア料理店もある。学校や住宅もあり、人びとの日常生活の空間でもある。

さて、前節に続き、矢内原忠雄の「パレスチナ旅行記」（一九二二年）を見てみよう。矢内原はキリスト者らしく次のように問う。「『エルサレムに来て主の御あとがしのべるかしら?』とは私が来るまで抱いて居た疑問でした」。そして「答は然りとも否とも言へます」として「彼のヱホバの宮の跡、ユダヤ国民生活の中心として燔祭の煙の立ち昇りし処、イエスが御生涯中最も心血を注いで働かれ其御心が最も密接に結びつかれて居たのも此の処ではありませんか」(七二二頁)とイエスゆかりのユダヤ教の聖所「神殿の丘」に引き寄せて聖地エルサレムを語っている。

「橄欖山に上りますとケドロンの谷を隔てすぐ眼の下にエルサレムの町が見渡されますが中でも宮の敷地は一ばん手近に、一ばん広く著しく見られるのです。『エルサレムよエルサレムよ我れ牝雞の雛を集むる如く、云々』とイエスが嘆ぜられた時にもヱホバの宮が御心の大部分を占めて居られた事と思はれます」(『矢内原忠雄全集』第二六巻、岩波書店、一九六五年、七二二頁)。

矢内原は「ユダヤ人」イエスに想いを馳せる。ところが、そのエルサレムの「神殿の丘」は今やムスリムの礼拝場所になって二つのモスクが建設されている現実を次のように嘆く。

「その宮の跡は今はモハメット教徒の聖地となり燔祭の祭壇の置かれしと伝へられる岩と、ソロモンの宮殿の跡地とに大きなモスク(モハメット教の寺)が建てられ、モハメット教徒以外の者は午前七時半から十一時迄の外は此広い敷地に一歩たりとも足を踏み入れる事が出来ません」(同上)。

矢内原はムスリムがアル・ハラム・アッ・シャリーフ（聖域）と呼ぶ「神殿の丘」に入れなかった。彼は「その事を知らないで着いた日の午後私が謹んだ心持ちで門を入りかけて居ますと鉄砲を持つた男にえらい権幕で追ひ出されてビックリしました」（同上）と記しているからだ。エルサレムの非イスラームの聖地がムスリムに「占拠」されてしまっていると思い込んでいるようでもある。もちろん、矢内原はムスリムがアブラハム以来の預言者を尊敬していることは認めている。

「モハメット教徒はアブラハム以来旧約の預言者を悉く尊びイエスも其『預言者』の一として数へられ、只モハメットを以て最大の預言者として居るのですから宮の敷地を占領しても本来の我物顔をして居るのです」（同上書、七二二〜七二三頁）。

イスラームでは預言者ムハンマドは「最後の預言者」と位置づけているが、「最大の預言者」とは言ってはいない。しかし、矢内原の目にはそのように映ったとしても仕方がなかろう。

「此処に限らず聖地特に旧約関係の聖地でモハメット教徒の手に移つて居るのが随分沢山あります。シオンの山に主が最後の晩餐を取られた二階座敷の跡といふ建物がありますが之もモスレムのものとなつて居ります。彼等は其宗教を保つこと恐しく厳重で排他的でとてもやり切れません。イシマエルの子孫がイサクの子孫を追つ払つて幅をきかして居るわけです」（同上書、七二二頁）。

「モスレムのものになっている」という表現はいささか正確さに欠く。というのも、門番などはムスリムかもしれないが、キリスト教やユダヤ教の聖地も多くが当時はワクフという宗教的寄進地として登録されていたからである。矢内原がエルサレムを訪問した時にはすでにイギリスの委任統治が始まっていた。しかし、イギリスはオスマン朝以来の宗教的慣行を尊重し、その宗教的現状は変更しないという政策を取っていた。矢内原は、厳格で排他的だというヨーロッパ経由で獲得したと思われる自らのイスラーム観をエルサレムの現状に投影したわけである。

ただ、当然のことながら、矢内原はイスラームにおける諸預言者の系譜論には精通しているようだ。「モハメット教徒はアブラハム以来旧約の預言者を悉く尊びイエスも其『預言者』の一として数へられ、只モハメットを以て最大の預言者として居る」（同上）と述べているからである。しかし、ムスリムはムハンマドを最後の預言者だとみなしているからこそ「宮の敷地を占領しても本来の我物顔をして居るのです」（同上書、七二二〜七二三頁）と考えているのである。「然し燔祭の煙の立ち昇らざる処真の燔祭たるイエスキリストの献げられざる処に真の礼拝は行はれません」（同上書、七二三頁）と説明を加える。さらに彼はイスラームの教えについても言及する。

「モハメット教徒の信仰は左の短い文句に表はされて居ます、lâ ilâha illa-llâh, wa Muhammed urrasûlu-llâh.（神の外に神はなく、而してモハメットは神の預言者なり）。彼等が大声で此文句を唱へて居るのを度々聞きます、彼等の間に一神の教が厳重に維持せられて居るのは事実です」（同上書、七二三頁）。

イエス・キリストとムスリム

しかし、ここからが矢内原のキリスト者としてのイエス・キリスト論が吐露されることになる。「でも神は一神として拝せられることを以て満足し給はぬと思ひます。彼は人類の罪を赦さんことを望まれます、そして罪を赦されたる人類より一神として拝されることを望まれます。イエスの外に何処に罪の赦がありまするか、其の平和の霊の生命とがありますか」（同上）として同じ一神教でもキリスト教とイスラームの違いを強調するのである。

「なまじつかイシマエルはイサクの異母兄弟であるから、アブラハム以来旧約の聖徒イエスさへも預言者として数へて居るから、モハメット教徒はヱホバ神やイエスの其の御性格を弁《わきま》へるに困難であつたのでせう。此点では全く無関係な、類似点のない我々生粋の『異邦人』の方が救を得るのに近いと言はれます」（同上）。

ムスリムがイエスを諸預言者の系列に入れしまっているので、イエス・キリストの何たるかを理解しておらず、むしろ非ユダヤ人（異邦人）である日本人の方がイエス・キリストをよりよく理解できるとまで言うのである。むしろそれは当然のことであり、ムスリムがイエスをメシア（キリスト）であるとはみなしていないという点では、メシア論の観点からはムスリムはユダヤ教徒の立場に近いのである。

そして話題はエルサレムのキリスト教徒の諸宗派へと移っていく。いわゆる東方諸教会と欧米で呼ばれているアラブ人信徒たちである。

「キリスト教徒も亦聖跡を持って居ます。併し……噫《あゝ》キリスト教徒よ！と嘆声をもらし度くなります。若しイエスが之を見たならば……と幾度思はれたことでせう」（同上）。

信仰堕落の危険を孕む

矢内原にしてみれば、聖地のキリスト教諸派は醜い争いをしていることになる。とりわけ聖墳墓教会の状況には呆れかえっている。まずは聖墳墓教会についての説明から見てみよう。

「彼のカルバリの丘、聞くだに我等の胸のうたれる地に聖墓寺（Church of Holy Sepulchre）といふ複雑な構造のキリスト教の寺が建つて居ります。カルバリの丘、主の墓の位置に就ては異説もありますが先ず此場所が一番確しかだらうといふ事です。（中略）とにかく今の聖墓寺がカルバリの位置だとして聞くも物凄き髑髏の丘、主が十字架上エリエリラマサバクタニ※の苦しみを味はれし地はあまり美術的にもあらざる寺院に被はれ、十字架の立てられし所とか、主の屍にニコデモが油塗りし処とか、聖墓とか、天使の立ちし所とかが銀や大理石や蠟燭やランプで飾られて居ます」（同上書、七二三〜七二四頁、引用者注※は「わが神よ、わが神よ、何故私をお見捨てになったのか」『マタイによる福音書』第二七章第四六節に見えるアラム語の表現）。

そして聖墳墓教会が現地の諸宗派によって分有されていることの奇怪さに驚きの感想を率直に述べる。

「奇態なことには此寺にまとまつた所有主のないことです。ゴルゴタの丘で主を十字架に釘けし所といふ礼拝堂《チャペル》はローマ教会に属し、十字架の立てられし所といふチャペルはギリシヤ教会に属して居ます。更に主の墓のチャペルにつるされたる四十三個のランプの中四個はコプト派に属し他は十三個宛ローマ教会、ギリシヤ教会及びアルメニヤ派に属して居ます。天使のチャペルにつるされたる十五個のランプはギリシヤ教会とローマ教会に五個づゝ、アルメニヤ派には四個、コプト派には一個といふ割合に分属して居ます。その他の派は此の聖所にランプをつるすの権利と光栄とを有しないのです」（同上書、七二四頁）。

矢内原は聖地である聖墳墓教会における「分属」というやり方が、十字軍以来西欧列強の介入のために長く続いたキリスト教内部の宗派紛争を抑止するためのイスラーム世界における共存のための知恵だとは考えなかったようである。つまり、矢内原は同教会に礼拝場所をもっている教会として、カトリック教会、ギリシア正教会、アルメニア正教会、そしてコプト正教会の四教会を挙げているが、これにシリア正教会も付け加えるべきであろう。

「勿論礼拝を行ふことは出来ません、そして聖所分割の特権を有せる四派は互に己の権利を主張して譲らず相争うて止まぬので、寺院内の平和を維持するためトルコ時代よりモハメット教徒の取締を置き凡ての鍵を保管せしめて居ます。寺の玄関に数名のアラビヤ人がすわり込んで居るのが即ち此取締人なのです」(同上)。

矢内原が「モハメット教徒の取締を置き凡ての鍵を保管せしめて居ます」と述べる一節においては、エルサレムのムスリム名望家ヌセイベ家が第二代カリフ・ウマル以来、この教会の鍵を管理し、毎朝午前四時に鍵開けの儀式を粛々と行っている事実を彼なりの情報に基づいて指摘しているのである。

矢内原は日本のキリスト者として東方諸教会同士のいがみ合いを嘆いている。「キリスト教がランプの数の争をしてモスレムに取締られて居るさまは何等の奇観！何等の醜態！」(同上)とその心中を吐露している。しかし、これはムスリムが「取り締まって」いる訳ではないことはここで改めて強調しておきたい。

また、ベツレヘムの聖誕教会でも聖墳墓教会と同じような宗派争いがあることを指摘するとともに、その華美な装飾に対して日本人らしい苦言を呈している。

「此のランプ争ひはまたベテレヘムの誕生寺（Church of the Nativity）でもみられます。そしてこんな争ひの有無に拘らずイエスの生れ給ひし質朴なる厩やイエスの死に給ひし索漠たる丘が装飾に満ちたる寺に被はれて居るのは歴史の事実と現在の印象とが余りに調和しません。之はイタリヤ以来感じて来たことですがどうして人はシンプルな思出の地を金箔燦爛たる寺に化してしまふのでせう」（同上書、七二四〜七二五頁）。

もちろん、矢内原は「神の子として又王者として又審判者としてふさはしき儀容と威厳を以て臨ま」（同上書、七二五頁）れる主イエス・キリストであるから「金銀の装飾が彼の宮として不適当だ」と言っているわけではないと断っている。「唯問題は今の時代に於て斯の如き方法と材料とを以て彼をあがめ奉ることが純信仰の立場より見て妥当なりや否やといふ点にあります」（同上）として、イエス・キリストを祭り上げることで「信仰堕落の危険」をともなうと警告を発しているのである。

5　社会主義とシオニズムの結合

第二〇期クネセト選挙

二〇一五年三月のこと、二年半ぶりにエルサレムを訪れた。第二〇期クネセト（イスラエル国会）選挙が三月一七日に行われたからである。選挙前の世論調査では、シオニスト左派の労働党を中心とするシオニスト連合が優勢だった。政権交代があるかもしれないという期待もあった。実際、投票日直前まで左派シオニストの勝利が確実視されていた。ところが、リクードが予想外に健闘し、三〇議席を獲得して一二〇議席の国会の第一党となり、ネタニヤフ政権の続投が確実視されることになった。

私自身、投票日前日の午後にエルサレム中心街をぶらぶら歩いてみたが、極右政党「ユダヤの家」の支持者が黄緑色を基調としたビラを配っているだけだった。その若者はいかにも敬虔なユダヤ教徒の格好をしていた。もともと聖地エルサレムは宗教色の強い街なので世俗的な左派シオニスト支持者はこの街を忌避する傾向がある。それにしても、かつて何度もイスラエルの選挙戦を観察してきたが、今回の選挙は盛り上がりに欠くというのが率直な印象だった。にもかかわらず、投票率は七二・三％でイスラエル選挙史上最高であった。

街頭で見かけた「ユダヤの家」という政党は「宗教シオニスト」と呼ばれる政治グループが他の極右諸政党を糾合して結成されたものである。党首はナフタリ・ベネットである。アメリカ系ユダヤ人の両親をもち、ニューヨークにおいてソフトウェアのビジネスで成功した実業家でもある。その政治的主張は、ユダヤ人入植地を拡大し、パレスチナ国家建設を絶対に認めないという立場であるため、イスラエル政治では極右とみなされている。「宗教シオニスト」とはその名前の通り、シオニズムをユダヤ教の文脈で正当化する考え方をもつ。つまり、シオニズムの大義に邁進すれば、メシア（救世主）の来臨が早まると信じている。彼らのシオニズムとはエレツ・イスラエル（「イスラエルの地」、聖書で約束された土地）におけるユダヤ人入植地を拡大することが神の意志であるとみなすところに特徴がある。

超正統派ユダヤ教徒はこの宗教シオニストを「背教者」だとして嫌っている。というのも、神のみが可能であるはずのメシア来臨を人為的努力で早めることができると宗教シオニストたちが主張しているからである。宗教シオニストの政治勢力は神の名の下に入植地を拡大しているのでパレスチナ人に対して非常に攻撃的な姿勢を取ることになり、交渉において妥協の余地を見出すことがひじょうに難しいのである。

今回、この宗教シオニスト勢力は議席を一二議席から大きく減らして八議席になった。しかし、リクード、「イスラエル我が家」の右派シオニスト勢力の合計の獲得議席は前回の選挙とは変わっておらず、極右政党から現実主義的右派であるリクードに票が流れたという選挙結果になった。

ここで政治勢力を示すのに左派（左翼）とか右派（右翼）といった表現を使っているが、これはそれぞれの政党の自称であることを指摘しておきたい。選挙戦でほとんどの政党も左右どちらであるか明確にしているのである。

パレスチナの社会主義シオニズム

ところで、前節まで展開してきた矢内原忠雄のシオニズム論についてである。矢内原がパレスチナを訪れた一九二二年にはすでに宗教シオニスト政党は存在していた。それはメルカズ・ルハニー（宗教センター）という運動名で一九〇二年にリトアニアの首都ヴィリニュスにおいて設立されて、パレスチナでも活動していた。この運動はその略称「ミズラヒー（ヘブライ語で「東方的」の意味）」としての方がよく知られている。ただ、パレスチナにおいては外国人にとって可視的なほど大きな勢力とはいえなかった。

矢内原がイギリス委任統治下のパレスチナにおいて観察したシオニズム運動は社会主義シオニズムだった。当時の中心的潮流だった。シオニズムの諸潮流の中でも矢内原がもっとも関心を抱いたのは、イスラエル建国後労働党につながっていくシオニスト左派勢力だった。社会主義の理念とシオニズムというユダヤ・ナショナリズムを結合させた考え方に基づいて新社会を建設しようとしていた。キブーツ（個人所有を否定した集団農場）のようなコミューン運動に代表される。

もちろん、矢内原は、修正主義シオニズムにも触れるが、聖書の記述に沿ってである。例えば、ガザは「サムソンが町の門の柱を引き抜いた処です」（士師記一六章）と説明が加えられている（『矢内原忠雄全集』第二六巻、岩波書店、一九六五年、七二一頁）。サムソンはヘブライ語ではシムショーンと呼ばれ、「シャムシュ（太陽）」と同じ語源である。士師の一人で強力である。シオニズム史では修正主義シオニストのジャボティンスキーが尊敬している人物でもある。以上のような矢内原の関心を前提として考えていく必要がある。

矢内原が留学からの帰国後最初に発表したのが「シオン運動（ユダヤ民族郷土建設運動）に就て」（『経済学論集』第二巻第二号、一九二三年一〇月刊）であった。この論文は改定が加えられて、後に単行本『植民政策の新基調』に再録されることになった。日本で最初の体系的なシオニズム運動の紹介論文であり、その先駆性はいくら強調しても強調しすぎることはない。単行本刊行の際の「論文改題」によれば、まず依拠した文献を紹介した上で、次のような説明が加えられている。

「シオン運動は漂浪の民族たるユダヤ人がその歴史的故国たるパレスチナに民族郷土（national home）を建設せんとするの運動であつて、最近には年々二三万人のユダヤ人が世界各地よりパレスチナに移住して新社会建設に従事しつゝ、あるのである」（『矢内原忠雄全集』第一巻、岩波書店、一九六三年、五三一頁）。

矢内原はシオニズムを、ユダヤ人たちをパレスチナに移住させて新たなユダヤ人社会を建設することにあると考えている。自明の説明のように思えるかもしれないが、実はシオニズムが抱え込む問題の本質を見抜いている。シオニズムは「漂浪の民族」としてのユダヤ人と「歴史的故国」であるパレスチナという離散と定住の二分法的な発想において、前者の離散を否定して後者の定住を強調する。言い方を変えれば、シオニズムは「離散の否定」をスローガンとして、パレスチナという「土地」にユダヤ人の「血」を創出しようとする新たなユダヤ民族を再生しようとする運動であり、ナショナリズムとしてのイデオロギー的性格が強烈である。

「その新社会は民族的にユダヤ人社会たるに止まらず、少くともシオン同盟の関係する限りに於ては、非資本主義的経済組織の理想の下に建設せられる。シオン運動が私の興味を惹く一つの点はその非資本家的非営利主義的非搾取的植民事業にあり、資本主義的植民の行きつまらんとする今日、特に注目に値する処である」（同上）。

矢内原が「シオン同盟」と表現している組織は現在では「世界シオニスト機構」と訳されることが一般的である。「シオニズムの父」テオドール・ヘルツルによって一八九七年に設立されたユダヤ人シオニストの国際組織である。それはともかくとして、矢内原は、シオニズム運動が「非資本的非営利的非搾取的植民事業」であるがゆえに惹き付けられたのである。矢内原はシオニズム運動の諸潮流の中でも社会主義シオニズムを選択的に論じている。矢内原は資本主義を乗り越える運動として社会主義シオニズムに基づくユダヤ人のパレスチナへの植民活動を高く評価しているのである。そして、さらに強調するのが「ユダヤ民族の復興」という論点である。

「も一つの点はユダヤ民族の復興たる点にある。ユダヤ民族ほど不可思議なる民族はない。二千年間その国土を喪ひて四散流浪し、而かも尚その民族的存在を失はざるのみか、今やその民族生活の中心地をその故土に建設するが為めに意気旺盛にあらゆる困難と戦つて居る」（同上書、五三一～五三二頁）。

矢内原のシオニズムへの関心

矢内原のこの論文はこのような問題意識に基づいて書かれているので、論文もユダヤ史全体の中でシオニズム運動をどう位置づけるかという彼の関心に基づいて構成されている。「一　シオン運動の背景」において古代以来のユダヤ人の離散状態を概観し、「二　シオン運動の主張並に批評」ではシオニズム運動に対する賛否の議論をこれまでの研究史を簡単に紹介しながら明らかにする。そして「三　シオン運動の植民的方面」においてはパレスチナにおけるユダヤ人入植地の現状を報告し、「四　シオン運動の政治的方面」ではイギリス委任統治下のパレスチナにおけるシオニズム運動が現地の人口の圧倒的多数を占めるアラブ人の反発を引き起こしていることを含めて政治情況を説明する。最後に「五　シオン運動の文化的方面」では、ヘブライ語復興運動やパレスチナにおける教育、そして正統派ユダヤ教などに触れつつ、シオニズム運動をより広い文脈で位置づけている。そしてキリスト者・矢内原のユダヤ復興論である。

「かくシオン運動は特異なる民族運動として興味あるのみならず、基督教の歴史観より見る時特にその意義が深い。ユダヤ人の復興は聖書の予言せる世界歴史発展の重要なる一項目であるから」（同上書、五三二頁）。

このようなユダヤ復興の認識のあり方は師である内村鑑三と共通しているし、福音派と呼ばれるキリスト教徒とも共有された考え方である。いわゆる「キリスト教シオニズム」であるが、この点については後ほど論じたい。

矢内原は解題の最後に「狡猾な高利貸のユダヤ人」や「ユダヤ陰謀論」といった誤解をきっぱりと否定して、シオニズム運動を対置することで積極的な評価を前面に押し出すのである。

「ユダヤ人とさへいへば冷酷なる高利貸か、或は世界転覆の陰謀団のやうに思ふ人々は、シオン運動に於ける彼等の建設的理想と活動とを見ることによりて、その誤解を一掃すべきである」（同上）。

矢内原のシオニズム論の詳細は後に紹介することにしたい。ただ、私自身がこの論文を読んで現在の研究水準からいっても矢内原が非常に重要な事実の指摘をしているので、その箇所を紹介したい。

「シオン同盟は民族郷土建設の目的の為めにはユダヤ人のパレスチナ移住の能ふ限り多きことを以て主要要件とする。即ちユダヤ人の植民地はユダヤ人の社会たらしめんことを欲する。それ故に同盟は在来の植民地が労銀の低廉なるアラビア人労働者を撰び、アラビア人の部落化することを防ぐがために、之にイエーメン人（Yemenites）の移住を計り、以てユダヤ的色彩の維持を計るの策を講じた。之は南部アラビアに住むユダヤ人の一種で、其生活の習慣及程度アラビア人に酷似するが故にアラビア人労働者との賃銀競争に堪へ、しかもアラビア人の如く種族的反感の衝動に支配せられる怖れがないから、彼等を補助的農業労働者として居住せしむるは、部落の安寧を維持する上よりいふも、又ユダヤ人社会建設の目的よりいふも有利であった」（同上書、五七〇頁）。

シオニズム運動がユダヤ人入植地におけるユダヤ人の自己労働を強調する「ヘブライの労働」運動を展開する過程で、アラブ人労働者を排除し、その代替労働力としてイエメン系ユダヤ人をパレスチナに大量移民させたのが二〇世紀初頭からである。この重大な任務を担ったのがウクライナ出身のシュムエル・ヤヴニエリ（一八八四〜一九六一年）であった。

パレスチナ人によるイスラエルへの「テロ」が問題になってから、パレスチナ人労働者がイスラエル市場から追い出されて、アジアや東欧からの労働者に代替されている現在の情況に呼応しているともいえるのである。

6　ユダヤ人入植事業に関心を示す

ユダヤ人の国際組織

一九九〇年初頭、家族とともにエルサレムに滞在した時、住んでいたアパートは西エルサレム、つまりユダヤ人地区のキング・ジョージ五世通りの西端であった。通りを隔ててグレート・シナゴーグ（ユダヤ教首席ラビ庁）があった。背後には独立公園があり、さらに向こう側は東エルサレム、つまりアラブ人地区が広がっている。

ジョージ五世はイギリスが第一次世界大戦中にパレスチナを占領し、委任統治を行った時のイギリスの国王である。キング・ジョージ五世通りは同国王を顕彰して名付けられた。この通りは西エルサレムのもっとも重要な通りである。イスラエル独立の一九四八年から第三次中東戦争が勃発した一九六七年まで、この通りにクネセト（イスラエル議会）があったからである。

旧議会の建物より西寄りにユダヤ機関（Jewish Agency）の本部がある。この建物は湾曲したファサードをもち、エルサレム・ストーンを使用している美しい歴史的建造物である。現在の正式名称はユダヤ機関＝世界シオニスト機構である。これから少々ややこしい話になる。世界に離散したユダヤ人とイスラエル国家との相互関係が関わってくるからである。

ユダヤ機関に関するいささかややこしい話に触れるのは、現在もこの機関が離散ユダヤ人のイスラエルへの移民を促進する政策を取り続けているからである。前節において、矢内原忠雄の論文「シオン運動（ユダヤ民族郷土建設運動）に就て」を紹介したが、矢内原は、移民と入植はシオニズムの中核であることを理解しており、社会主義的な理念に基づくシオニズム運動によるユダヤ人植民政策に対して並々ならぬ関心を示したのである。矢内原はこのユダヤ機関の設立までの歴史をこのシオニズム論文において次のように簡潔にまとめている。

「シオン同盟（Zionist Organization）はヘルツルによつて一八九七年に創立せられた。当初は政治的活動を主としたるものであつて、植民事業には関係する処なかつた。その始めて植民事業に着手せるは一九〇八年である。シオン同盟は一九〇一年にユダヤ民族基金（Keren Kajemeth Lejisroel, Jewish National Fund）を設けてユダヤ民族公有の為めの土地買入機関と為した。この基金は一九〇五年より一九〇七年に亘り、ガリラヤ湖の東南岸に沿ひて一帯の地を取得したが、何等使用する途を知らなかつた。一九〇八年に至りシオン同盟のパレスチナ部、即ちシオン同盟実行本部（Zionist Executive）をエルサレムに置き、パレスチナに於ける郷土建設事業に直接着手すると共に――シオン同盟の本部はロンドンに置かれてある――、パレスチナ拓殖会社（Palestine Land Development Co.）を創立し、パレスチナに於ける土地購入及び拓殖の実行機関と為した」（『矢内原忠雄全集』第一巻、岩波書店、一九六三年、五六七頁）。

矢内原のいう「シオン同盟」が、現在我々が「世界シオニスト機構」と呼んでいる離散ユダヤ人の国際組織である。また「シオン同盟実行本部」は「パレスチナ・シオニスト執行部」であり、後に「エレツ・イスラエル・ユダヤ機関」（一九二九年に改称）と呼ばれるようになるパレスチナにおけるユダヤ人の代表組織である。すなわち、この機関は、第一次世界大戦まではオスマン政府に対して、そして第一次世界大戦後はイギリス委任統治政府に対してユダヤ人を代表していた。

イスラエル建国後の組織

イスラエルが一九四八年に建国されてからは理論的にはイスラエル政府が国際的にイスラエル国民を代表するようになったので、ユダヤ機関は解消されたわけだが、しかし、現実には世界シオニスト機構と合体したかたちをとって現在に至るまでNGOとして存続している。イスラエル国家と離散ユダヤ人とをつなぐ橋渡しをする結節点として極めて重要な役割を依然として果たしているのである。したがって、イスラエルでも特別な基本法「世界シオニスト機構・ユダヤ機関（地位）法」を定めて、イスラエル国家と世界シオニスト機構＝ユダヤ機関との分業を明確にするための取り決めを行っている。その中でユダヤ機関は国家機関ではなく、全世界のユダヤ人に属する全ユダヤ民族機関と規定している。

さらに、イスラエルは一九六〇年にはこの基本法に次のような新たな条項を付け加えた。「イスラエル国はユダヤ民族全体の創設とみなされ、イスラエル国のためにユダヤ民族の統一を達成すべく、世界シオニスト機構からの支援を期待する」。世界シオニスト機構＝ユダヤ機関はユダヤ人全体を民族的に代表する性格を強めつつも、イスラエル国家と離散ユダヤ人社会を結びつけ、世界のユダヤ人の統一という目標を再度確認している。

以上のような複雑な話をしたのは、イスラエルというユダヤ人国家が離散ユダヤ人の帰還を前提として成立しているという認識があるからである。だからこそ、矢内原も「シオン同盟〔＝世界シオニスト機構〕は民族的郷土建設の目的の爲めにはユダヤ人のパレスチナ移住の能う限り多きことを以て主要要件とする。即ちユダヤ人の植民地〔＝入植地〕はユダヤ人の社会たらしめんことを欲する」（同上書、五七〇頁）という事実を強調する。

ユダヤ人入植地といえば、コミューン運動を志向した共同農場キブーツが有名である。矢内原も次のように説明している。「キブーツとは一団の労働者の共産的植民地で、土地建物家畜道具一切を共有にし各団体員平等の生計維持を立つる集合的経済を営む。親戚友人同郷等密接の関係にある者のみより成る団体を小キブーツ、団体員の範囲の広きものを大キブーツと呼ぶ」（同上書、五七一頁）。このキブーツ成立の背景を矢内原は次のように述べる。

「ロシアよりの移民は集合的経済に対し強き傾向を持してパレスチナに来つた。しかも彼等は無産の『開拓者《ハルチム》』であつた。彼等の多くは学生であり都市居住の小商工民であつた。農業の経験もなく、資金もなく、たゞ有するものは理想と努力の燃ゆる如きのみ、彼等が事情止むを得ずして資本家的植民地の賃金労働者化するほど悲惨なるはない。彼等は資本家的経営の弊害を欧洲に於て熟知した。彼等は之を逃れて彼等の理想とする新社会を建設する為めパレスチナに来り、しかも期せずして又之が賃銀奴隷たらねばならぬであらうか。非営利的団体たるシオン同盟が彼等の救援に来りしは正に相互の為めに如何ばかりの幸福であつたか」(同上)。

この一節に矢内原がなぜシオニズム運動に関心をもったかが如実に表れている。非営利的・非資本主義的志向がここにはあるからである。矢内原は「ハルツィーム(開拓者)」つまり英語的には「パイオニア」と呼ばれる青年運動の記述の後にキブーツの起源に触れる。

「一九〇八年農事に無経験なる二十名の青年を収容してキネレット『養成農場』が創《はじ》められた。翌年そのうち九名が分れて創始したるダガンヤ[=デガニヤ]植民地こそパレスチナ最初のキブーツであった。彼等は資金の供給者たるパレスチナ拓殖会社と簡単なる契約を結び、一ヶ月五十フランの労賃、及び純収入の半額を受くるの条件の下に、この小植民地の集合的経営を始めたのである。かくてキブーツは漸次各地に創められ、一九二一年迄はシオン同盟に属する植民地は凡てこの組織のものであつた」(同上)。

矢内原はキブーツの経営状態にも目配りをするが、たんに損益だけで評価すべきではないという立場からキブーツを位置づける。

「ユダヤ人の農業化及びユダヤ農民社会の建設に対するその教育的社会的効果は頗る大である。欧洲よりのユダヤ移民は殆んど農業的無経験者である。之が農民と化し、欧洲的生産程度を維持する農民社会をパレスチナに建設せんとするのである。之に必要なる犠牲的労働と犠牲的出資、前者は彼等『開拓者』によりて、後者はシオン同盟によりて与へられた」（同上書、五七三頁）。

矢内原のシオニズム運動への絶賛

さらに矢内原は世界シオニスト機構（＝シオン同盟）のアンブレラ的統括組織としての性格にも触れる。

「シオン同盟はそれ自体社会主義的団体ではない。如何なる組織の事業にてもユダヤ民族郷土建設の目的に適するものは之を援助する。社会主義的植民地もシオン同盟の発案したるものではない。植民者の欲する組織の植民を容認し之を援助せるに過ぎない。故に個人的事業それ自体に反対するものではない。たゞその事業がユダヤ人に職業を与へユダヤ人移住に貢献することを要求する。かゝる事業かゝる投資のみ民族公共的の意味に於て生産的なりと為す。然らざるものは如何に私的営利に合するとも不生産的なりと為す。民族郷土建設の理想は営利を排斥して犠牲を要求する。何よりもユダヤ人の居住による新社会の建設を要求する。こゝに於てかシオン同盟の民族的理想と、『開拓者』の社会主義的理想とが相結合するものとなつた」(同上)。

矢内原のシオニズム運動に対する絶賛の辞はさらに続く。彼は再び植林事業に注目する。「パレスチナは嘗ては樹木に蔽はれたる地であつたが、トルコの治下に濫伐せられてしまつたものだといふ」(同上書、五七四頁)とシオニストにも共有されている「トルコ暗黒時代」説に同調しつつ、一九〇四年の第六回シオニスト会議はヘルツルを記念して「橄欖樹財団」を設立し、オリーブを植樹することを決議する。そして一九二四年までにパレスチナに約三〇〇万本の樹木が植えられたのである。

さらに、一九二六年には材木樹一六万七〇〇〇本、果樹七万一二〇〇〇本に数えるに至ったと記す。沼沢地改良のためにオーストラリアよりユーカリ樹を輸入植栽した。そしてそれはアラブ人より「ユダヤ人の樹」と呼ばれるほどユダヤ人入植地と親密なものとなり、この植栽によりマラリアを撲滅したと矢内原は褒め称えて、「カウツキーはシオン運動の成功を否定する一の理由として、『ユダヤ人も他の凡ての人間と同じく其生計を大都市に求めて沙漠に求めず』と言つたが、シオン運動の『開拓者』は磽确地と沼沢地とをも敢て征服してこゝに植民せんとする」(同上)としてカウツキーの悲観的見方を矢内原は否定するのである。そして矢内原の賛辞は次のように結ばれる。

「イスラエルはイスラエルの地を恢復せんと努めて居る。その地の自然を、自然の美を。民族郷土の恢復は自然の恢復であり、人の恢復であり、而して理想の恢復である。かくの如き偉大――私は敢てかく言ふ――なる運動がシオン運動である。そは理想が現実を、人間が自然を征服し得るを示してくれた」（同上書、五七四～五七五頁）。

矢内原のキブーツ的なコミューン運動の絶賛は当初の段階としてはその通りであっただろう。しかし、二一世紀を迎えた現在、キブーツはすでにその歴史的な役割を終えて、イスラエル資本主義の中核的な生産の場として機能していることは最後に付け加えておきたい。

7　黒崎幸吉の『パレスチナの面影』におけるアラブ像

イラクについて言及した大川周明

一九九〇年代初頭にエルサレムに滞在した時には古本屋巡りを楽しみにしていた。といっても、稀覯本を探そうという気はまったくなかった。主に現代ヘブライ語で書かれた現代イスラエル関係の本を物色していたのである。そもそも当時イスラエルは五〇〇万人程度の人口規模であったので、古本市場が大きいはずもない。エルサレム中心部に当時あったのは四～五軒ほどにすぎなかったが（二〇一九年現在では一軒にすぎない）、驚くべきことに、様々な種類の古本があり、古本屋巡りは少しも退屈しなかった。さすがに、聖書の民であると思ったりもした。

当時は中東イスラーム世界出身のユダヤ人についての文献をもっぱら集めていた。特にイラク系ユダヤ人についてのヘブライ語の本がその中心的な収集対象であった。イラク系ユダヤ人はイスラエルでは「バビロン・ユダヤ人」と呼ばれている。ヘブライ語でもバビロンは「バベル」と呼ばれている。バグダード出身の知識人やラビによる著作がほとんどであった。イラク系ユダヤ人は約一二万が建国直後の一九五〇年から五一年にかけてイスラエルに移民してきた。イラク系ユダヤ人は当時のイラクではアラビア語で教育を受けたので、もっぱらヘブライ語は信仰上の聖書の言語だった。

このイラクについて第一次世界大戦直後に言及していた日本人がいた。イラクに相当する領域はイラク王国建国前だったので、当時はまだメソポタミア（チグリス・ユーフラテス両河川地域）と呼ばれていた。その人物は東京裁判で民間人として唯一のA級戦犯となった大川周明（一八八六〜一九五七年）である。大川は当時、松村介石（一八五九〜一九三九年）というキリスト者が儒教、道教などと融合させて設立した日本教会（後に道会）に所属していた。大川は道会が刊行していた『道』の実質的な編集長であった。『道』一七五号（一九二一年五月）に「英国は何故にメソポタミアに執着するのか」という論考を寄稿している。この論文はその後、大川の出世作となる『復興亜細亜の諸問題』に収められることになる。

大川はこの著作の「序」において、旧制荘内中学の同級生について言及している。友人たちが本書の刊行をもってインド哲学からアジアを中心とする国際問題の分析へと大川が学問上の関心を変えたのを「転向」だとして戒めているというのである。

「初め予の研究の転向するや予の諸友は之を以て邪路に踏み込めるものとなし、須《すべか》らく第一義の参究に復帰すべしと迫れること、ただに一再に止まらなかった。就中《なかんずく》当時住友の社員たり、今は内村鑑三氏の分身たる黒崎幸吉君が、国際問題に関する予の一小著に対し、切々として予が印度哲学より如是の研究に移るの非を諫めたる書面を送り来れることは、今尚感謝なくして想起し得ざる所である」（大川周明『復興亜細亜の諸問題』大鐙閣、一九二二年、三頁）。

この一節は大川が一九一三年に東京神田の神保町でヘンリー・コットン『新インド』という英語の著作に出会い、「白人に蹂躙される」植民地インドの悲惨な状態からの解放のために闘うアジア主義者になるきっかけとなった出来事を記した部分である。イスラームに関しても大川は「宗教と政治に間一髪なきマホメットの信仰に、いたく心惹かれ」るようになったと回想している。ここで大川が言及している人物が、無教会派キリスト者として著名な黒崎幸吉（一八八六〜一九七〇年）である。

キリスト教シオニスト黒崎

黒崎は庄内藩士を父として明治維新直前に鶴岡で生まれた。荘内中学、一高を経て、帝大法科に入学、学生時代に内村の聖書研究会に参加が許された。卒業後、住友本社に勤めて一九二一年に同社を退職、その後は生涯、無教会派のキリスト教伝道者として生きることになる。黒崎の生まれた武士の町・鶴岡は、同じ庄内でも大川の生まれた商人の町・酒田とは文化的伝統が異なっている（大川も元々は藩医という家系の出自ではある）。黒崎は内村と同様、明治維新後も独特の武士的エートスを残した庄内藩士の出自をもつ。庄内藩士は戊辰戦争時に寛大に対処してくれた西郷隆盛を崇敬して『南洲翁遺訓』を書き遺し、西南戦争でも西郷方に馳せ参じた人々をも生み出した。黒崎は父の猛烈な反対にもかかわらずキリスト者となった。

黒崎は大正時代末の一九二二年から二五年まで独仏英に留学、その帰路、パレスチナ・エジプトを旅して、念願の聖地巡礼を果たした。そして帰国直後の一九二五年末、向山堂書房から『パレスチナの面影』という旅行記を出版した。ところが、この本はたんなる聖地巡礼記ではない。というのも、前節まで述べてきた矢内原忠雄「シオン運動に就て」(『植民政策の新基調』一九二七年所収)とともに、委任統治領パレスチナのユダヤ人入植地を訪問して、具体的にその様子を記した日本で最初の単行本の一冊だからである。矢内原も黒崎と同じく内村門下であったが、大学卒業後、先輩の黒崎の後を追うかのように住友の別子銅山で勤務し、その際、黒崎主宰の新居浜での無教会派の伝道集会で聖書を講義した経験をもっている。

黒崎のシオニズム観にも、内村のそれを継承して、無教会派的な「キリスト教シオニスト」の見方が色濃く反映されている。この紀行文の「はしがき」は次のような一節から始まる。

「『言《ことば》、肉體となりて我らの中《うち》に宿りたまへり』。是れ古今に亘れる唯一の事實であつた。基督教の全眞理は此の事實の上に立ち、人類の救は此の事實に基いて居るのである。/『我らの中《うち》に宿りたまへり』、何處に宿りたまひしか、それはパレスチナであつた。『我を愛し我が爲めに生命《いのち》をすて給へる』主イエスを愛する者は、此のパレスチナに對して憧憬なきを得ない。彼の目に觸れし山河、彼の聲をきゝたる草木、此の祝福せられし山川草木を目のあたり見る事が出來る機會を與へられん事は予の多年の願であつた。此度此の願が許され充さるゝに至つた事は予に取つての非常なるよろこびである」（黒崎幸吉『パレスチナの面影』向山堂書房、一九二五年、一頁）。

黒崎はこのように述べた上で「本書の内容としては誇るべき何物も無いけれども」「巡禮の一日一日に經驗した此の心得を、其のまゝに記載した」本書は「著者の活きた實感の記録であると云う点に於て讀者に訴へる何物かゞある事と思ふ」（同上書、二頁）と記している。

そして自著の特徴を次のように自画自賛する。「此の書中に自然にあらはれた事實であり、且つ同種類の他の書に見出し得ざる點は、ユダヤ人の殖民其他ユダヤ人關係の事項であろう。是は大戰後の出來事であって、其以前に著はされし聖地の旅行記には之が記されて居ない事は勿論である」（同上）ともいうのである。

黒崎のユダヤ人観は次の一節に如実に表れている。

「パレスチナの將來の運命は果して幸福と希望とを以て充たされて居るであろうか、其の事は非常な疑問である。聖書の預言は寧ろ其の反對であり、メシアなるキリストを信ぜざるまゝに諸國より歸り來るユダヤ人も他の不信の諸國民と同樣に非常な苦難の時代を經過しなければならない事を敎へて居る。折角其の故國を回復し沙漠の如くに荒れて居るパレスチナの地を乳と蜜の流るゝ地たらしめんが爲に努力して居る是等の殖民の運命が結局患難と辛苦とであるならばあまりに可哀そうにも思はれる」（同上書、一一一頁）。

さて、先に述べたように、黒崎はヨーロッパへの留学の帰路、聖地に立ち寄った。フランスのマルセーユからエジプトのポート・サイード経由でパレスチナ入りしたわけである。

黒崎にみる日本の「帝国意識」

現在の旅行者もしばしば悩まされるのが、アラブ人の度を過ぎる「バクシーシ（チップ）」の要求である。しかし、バクシーシは現地ではザカートの一形態と理解されている。すなわち、ザカートとは「強制的喜捨」であって、ムスリム個々人の好意に基づくものではなく、義務としてアッラーより強制されているのである。したがって、バクシーシを要求する方も堂々としているのである。しかし、黒崎はこれには辟易している。

「九時頃ポートサイドに上陸した、上陸しない先から苦しめられ出したのは金錢のユスリである。上陸しても一刻も此のユスリや乞食から脱する事が出來ない。是ほど不愉快なものは又とは有るまい」（同上書、一二二頁）。

黒崎はアラブ人たちのユスリの様子を詳細に描写した上で、次のような結論に至るのも興味深い。

「實に圖々しいうるさい人間である。是等のアラビヤ人も相當の顔をして居り、そう馬鹿でも無さそうであるにかゝはらず、かゝる乞食根性ユスリ根性を出すと云ふ事は悲しい事である。／而もユスリ根性は小供にまでも及んで居る」（同上書、一二～一三頁）。

それからは子供の靴磨きが争っている様子の描写が続く。そして次のようにも語るのである。

「何と云ふ汚い不快な現象であらう、獨逸に居つた時は其の憎敵心の強いのに多大な不快を與へられ、英國に行つては其の外交政策のづるいのに憤慨して英國を嫌ひになつたけれども、今朝からポートサイドに上陸して到る處でユスリと泥坊の世界の様な處に入つて見ると、始めて獨逸や英國の事を思ひ出して又夫等の國に歸り度い様に思つた。アラブ人と雖もそう劣等な人種では無い、唯國家の存在が不確實であり。《ママ》教育が行き届かず、政治が統一せられない爲めに、かゝる惡い性質を發達せしむる様になつたのであらう」（同上書、一四～一五頁）。

第一次世界大戦において敗戦国となったオスマン帝国領内のアラブ地域は戦後英仏による委任統治領となる。その時、旧オスマン帝国領はA式委任統治ということになる。ドイツ領アフリカがB式委任統治、ドイツ領南洋群島（ミクロネシア）がC式委任統治になる。このABCというのは戦勝国から見た民度（文明度）を基準としたランク付けである。旧オスマン領のアラブ人はアフリカ、南太平洋の人びとに比べるとAランクということになる。そもそも、日本が戦勝国として領有したミクロネシアは最低のCランクである。だからこそ、日本は直接統治を行ない、南洋庁を発足させる。黒崎の「アラブ人と雖もそう劣等な人種では無い」という感想は委任統治の方式に由来するものであろう。

「其以後も仝様《どう》の事の連續である。停車場へ往復の自動車や馬車、赤帽、案内者、皆同一の方法で同一の要求を持つて來る。殊に甚だしかつたのはエルサレム行の汽車が動き出してから一人の癩病患者が足の先が腐りかけたのをつき出して、居《ゐ》ざり乍《なが》ら二等列車の客室を廻《めぐ》つて金をねだつて歩いて居つた事である。かゝる不潔な病人乞食を汽車の中に入れて居るのは世界中茲《こゝ》で始めて出逢つた現象である。仝室《どう》のイタリヤ人はイムシ、と云つて居つた、「其方へ行け」と云ふアラビヤ語である。此の單語は予の習つた最初のアラビヤ語である。英國に行く人は何より先きに第一にサンキユーを覺える必要がある。パレスタインに來る人は第一にイムシを覺える必要がある」（同上書、一一五〜一一六頁）。

さすがに今は「イムシー（「立ち去れ」といった意味である）」というアラビア語の命令形を連発する外国人はいないだろう。しかし、当時アラブ諸国を訪れた日本人もまた欧米人と同様、命令形からアラビア語を学ぶ。このことに第一次世界大戦後に大国の仲間入りを果たした、当時の日本人の「帝国意識」（木畑洋一氏の用語）が表れている。

8　理想と現実の乖離

アルメニア虐殺とエルサレム

城壁に囲まれたエルサレム旧市街の南東部はアルメニア人地区である。もちろんアルメニア人が主に住んでいるからだ。ヤーファ門（ジャッファ門）から旧市街に入ると、まっすぐ行けばキリスト教地区に入るが、スーク（市場）のある街路に入らずに、城壁に沿ってダビデの塔を少し入ったところで右折すれば、左手がアルメニア人地区である。旧市街の中に自動車で乗り入れることのできる場所は限られているが、ジャッファ門と新門からは乗り入れ可能である。

このアルメニア人地区の中心には聖ヤコブ教会がある。この教会にはアルメニア虐殺記念館があった（現在は閉鎖中）。イランのテヘランにあるアルメニア虐殺記念館に比べると規模も充実ぶりもはるかに劣るものの、オスマン末期にアナトリア（現トルコ共和国）東部を中心に起こったアルメニア人虐殺を生々しく物語っている。

アルメニア人は教会と言語が一致している。もちろん、厳密にはアルメニア正教会（グレゴリオ派）から分かれてアルメニア・カトリック教会やプロテスタント教会が生まれたものの、アルメニア語は共通語である。

このアルメニア人地区には学校もあれば住居もある。この地区では日常生活が営まれているのである。アルメニア料理を出すレストランもある。元エルサレム・ヘブライ大学の人類学者でこの地区を調査したことのあるユダヤ人の某教授はたまたまトルコのイスタンブル出身であった。フィールド調査を行った際に最後まで自分がトルコ出身だという事実をアルメニアの住民に明かすことができなかったと述懐していた。虐殺がいまだにトルコ出身者に深刻な影を落としている。

旧オスマン帝国領内では大規模なアルメニア虐殺は三度起こったが、エルサレムはベイルートとともに避難先の一つであった。したがって、三回目の第一次世界大戦の時の虐殺までにエルサレム人口は増加したのである。

黒崎のアラブ人への両義的まなざし

黒崎幸吉のパレスチナ旅行記を読むと、ユダヤ人には知的な関心が注がれているが、現地のアラブ人は「高貴なる野蛮」のような両義的な目線が注がれていることが興味深い。これまでも何度か指摘したが、アラブ人にもキリスト教徒がいるにもかかわらず、ほとんどの日本人のキリスト教徒の関心の対象にはなっていない。聖地でのキリスト教徒との付き合いはほとんどが欧米出身者である。もちろん、『コプト社会に暮らす』(岩波新書、一九七四年)を著した村山盛忠牧師のような例外も存在することはここで強調しておく必要がある。

さらに付け加えれば、ユダヤ人にしても同様に登場するのは欧米出身者のみである。黒崎が英独仏への留学の帰路、パレスチナに立ち寄ったという事情からすればやむをえないともいえるが、それがゆえに黒崎の筆致は現地の人間に対して時折辛辣になり、しばしば素朴なまでの感情を吐露することになる。

先節では黒崎のこのような両義的な感情を「帝国意識」という用語でまとめてしまったが、ただ日本という「極東」の後進国からのキリスト者という立場を考えると、それだけでは割り切れないものがあるように思われる。

黒崎は一九二五（大正一四）年一月早々、エジプトから鉄道でパレスチナ入りを果たす。そしてエルサレムの第一印象を次のように記すのである。

> 「エルサレム――凡ての基督者《クリスチャン》に取つて特に親しみのある響を持つて居るエルサレムは是だつたのかと自分で問ひ自分で答へつゝ、しばらく之を眺めた。エルサレムの第一の印象は代赭色《たいしゃ》［代赭色とは茶みのあるだいだい色］の町であるとい云ふ事である。町の周圍を繞《めぐ》つて居る城壁、家の壁や屋根、土地の色、皆薄赤色に近い色彩を呈して居る。そして樹木は極めて少く英國に見る様な芝草などは全然之を見る事が出來ない、從つて市全體《まち》としては極めて赤い色彩を呈して居る」（黒崎幸吉『パレスチナの面影』向山堂書房、一九二五年、一二一～一二三頁）。

要するに、「エルサレム石」と呼ばれる若干赤みを帯びた石灰岩質の石が黒崎の目に入ってきたわけである。「倫敦《ロンドン》、巴里《パリー》、伯林《ベルリン》、の様では無い、勿論東京や紐育《ニューヨーク》の様でも無い、羅馬《ローマ》やヴェニスの様でも無い。世界の他の凡ての市邑と全然趣を異にして見えるのが此上も無くうれしかつた」（同上書、一二三頁）と他の都市とは全く違うエルサレムの個性をことさらに強調する。

「飽かず眺めて居る中にエルサレムは恰《あたか》も蜃氣樓の中にあらはれた町の様な感じがして來た。現實の世界から全然懸け離れた一の物語の町として予の眼前に顯はれて居るのを覺えた」(同上)。

黒崎は聖都エルサレムを、盛衰を繰り返す歴史物語を蜃気楼のような幻影の中に見たのである。そしてキリスト者としてパレスチナの特別な重要性に触れる。

「蜃氣樓の様に目の前に浮び出て居るエルサレムの趣味は單にそれだけでは無い、茲《ここ》でキリスト・イエスが十字架に懸けられ葬られ又復活し給へる事實が、エルサレムをして其の歴史的地理的の凡ての特徴以上に實に永久の邑《まち》として無限の價値あらしむる所以である。(中略)エルサレムの政治的權力は甲より乙へ乙より丙へと轉々《てんぐ》するであろう。乍併《しかしながら》靈界の王イエスの支配權は昨日も今日も永遠《いつまで》も變る事無く我等の靈を支配し、將來も永遠に人類の靈を支配するであろう。此の神の獨子《ひとりご》イエスの足跡を印し、其の十字架を見、其の屍《かばね》を埋《うづ》め其の復活を仰ぎ見たエルサレムは福《さいはい》である」(同上書、二一七〜二一八頁)。

しかし、黒崎はエルサレムの雑踏を歩きながらそんな幻影から現実に引き戻されることになる。鉄道の駅から馬車で旧市街の城壁の北側を穿って作られたダマスカス門にまでやってきて、いよいよ旧市街に足を踏み入れることになる。

「邑の中は車が通る事が出來ない。それは一は道が非常に狭いのと、一は至る處《ところ》急勾配で階段になつて居るからである。道路は極めて狭く、荷をつけた駱駝が一疋《ぴき》通る時には道が一杯になつてしまふ程である。道路は煉瓦大の白い石で鋪《ひ》きつめてあるけれども、凹凸多く、雨後には非常に不汚になつてしまう」（同上書、二八頁）。

さすがに現代のエルサレム旧市街ではラクダが通ることはもうないが、それでも荷物を満載したロバは時おり見かけることがある。黒崎はこんな旧市街の雑踏を歩きながら、中国や日本の農村の光景を思い出すのである。

「兩側の家は古く小さく汚なく殆んど支那街を思ひ出す程である。店鋪は道路に向つて開放してあり。商品も不體裁に羅列してある。日本の田舎の農村の店鋪とあまり大したちがひを認める事が出來ない。道路の上は往々兩側の家を連結する建築物で掩《お》はれて居り、街路と云つても恰《あたか》もトンネルの中を通る様な箇所も澤山にある」（同上書、二八〜二九頁）。

第一次世界大戦の記憶

黒崎はさらに旧市街を歩いている人びとの服装の多様性が気になっているようなのであるが、概して汚い印象である。

「此の中に動《はたら》いて居る人間は大體皆汚い着物を着て居り服装は極めて種々雑多である。男には土耳古帽を被つて洋服の汚いのを着た者が可なり多く、其他白布で頭を被ひ其上に毛の縄で造つた輪を二つ戴いて居るのも澤山に居る。是等は皆永い着物を着て居り、時には打掛けの様なものを引掛けて居る者もある。是等は大抵アラビヤ人種である。女の方にも普通の洋服を着て居る者、上から下まで皆眞黒な衣服を着黒布を頭から被つて顔を全體隠して居る者、額から鼻及口へかけて澤山の金貨や銀貨を珠數つなぎにしてぶら下げて居る者、赤や青の種々《いろ〳〵》の色のパレスチナ特有の衣服を着て居る者、また聖母マリアの様に青い布を頭から被つて居る者等を見受ける。清潔な着物を着て居る者はあまり多く見當らない」（同上書、二九頁）。

黒崎はこの「かゝる街路とかかゝる群衆の中を縫つて歩くこと數分にして町の中央に近い獨逸人經營の小ホテル」（同上書、二九〜三〇頁）に到着するのである。第一次世界大戦が終わって五年近く経過しているものの、まだ戦争の記憶は生々しかったのであろう。敵国ドイツの帝国民は戦中にはエジプトで抑留されることになったエピソードが語られる。

「［ホテルのドイツ人の］主人は八歳の時からパレスチナに住み今は七十四歳だと云つて居る。獨逸語はやはり忘れないと見えて自由に話して居る。歐洲戰爭に際英軍に捕虜となつてエジプトに送られたとの事である、八十幾歳かになり、もう耄碌した婆さんも其の捕虜の中にあつたそうである、其の婆さんは氣が狂つたのか耄碌したのか『自分はハイフアに行くハイフアに行く』と云つてさけびつゞけ、途中人が氣がつかない中《うち》に汽車から下りて砂漠の中に迷ひ出し商隊に助けられてハイフアに送られ、其處から又エジプトに捕虜になつて行つたそうである。英軍の残酷な例としてこんな事を述懐談として話して居つた」（同上書、三〇頁）。

異質なものへの不寛容

これまで何度か触れたように、ドイツとパレスチナとの歴史的な関係は深い。とりわけ、テンプラーと呼ばれるドイツ人入植者たちはパレスチナ近代史の主役の一人である。そんなドイツ帝国が第一次世界大戦で敵国に回ると、その帝国臣民も過酷な運命が待ち受けていたということになる。黒崎はそんな歴史的な一齣をさらりと記述している。彼はそれから旧市街の散策を始めるのである。

「直《たゞち》に宿を出て地圖をたよりにエルサレム城内の市街を歩き始めた。見る物皆新奇であり二千年前と少しも變わらない様な生活狀態を示して居る。中に近代歐洲式の店舗や人間も居るけれども大體に於て最も原始的な生活を送つて居るものと云ふ事が出來る。そろ〳〵歩いて居る間に澤山の案内人がやつて來てエルサレムの案内をしてやると申出《まをしい》で何處迄もついて來るので五月蠅《うるさ》い事限り無い。夫故其中の小供一人を撰んで午後二時から驢馬に乗つてベツレヘムに行く事にきめた」（同上書、三〇〜三二頁)。

黒崎が本書でエルサレム旧市街の様子を叙述するのは以上の理由からパレスチナの他の都市を回ってから後になる。それにしても、以前紹介した徳冨蘆花にしろ、またこの黒崎にしろ、初めて見るエルサレム旧市街はまことに不潔であるという印象に尽きるようである。我々自身の生きる日本という場における清潔さへの偏執的なこだわりに起因するのであろうが、時代を超えて共通する門切り型といってもいい見事なくらいの符合である。

さらに指摘できるのが、エルサレムのアラブ社会に二〇〇〇年前のイエスの生きた時代を投影していることである。それはエルサレム旧市街を「二千年前と少しも變わらない様な生活状態」と黒崎が表現しているところに現われている。イエスの時代を現代アラブ社会として描くことによって具体的にイメージ化することをオリエンタリズムとして批判することは容易である。むしろ問題はおそらく、我々自身がもうこのようなイメージ化に疑問すらもたない状況になってしまっているということにあるのだろう。

9　ユダヤ人入植地を描く

イスラエルの小宇宙・キブーツ

イスラエルにおけるユダヤ人入植地の代表格であるキブーツ（生産手段と生産物の私有を否定した集団農場）にかつて泊まったことがある。そのキブーツはイスラエル北部にある港湾都市ハイファの近くにあった。シオニスト左派のマルクス主義政党であるマパム（統一労働者党）が建設したキブーツだった。キブーツはかつてコミューン運動として脚光を浴びたことがあった。キブーツ内では生産手段と生産物は一切共同体に属しており、家族という単位は否定され、食事も一緒に食堂で取り、子供も親とは切り離されて一緒に育てられた。

こんな初期キブーツの強烈なイメージがあったため、最初にこの集団農場を訪れた時あまりにも意外だった。第一印象がリゾート地といった感じがしたからである。緑豊かな敷地内にはプールやスポーツなどの遊興施設もあり、クリニックなどの福祉も充実していて、人びとはゆったりと暮らしていた。

訪問したのは一九九〇年代初頭だったが、キブーツの集団的性格は急速に失われつつあった。家族という単位は復活し、寝食も家族ごとになっていた。そのメンバーに話を聞くと、キブーツは工場や農場を経営する母体となって、むしろかれらは工場や農場の経営者として参加し、そこで働く労働者は近くのモシャーヴ（生産手段・生産物が家族単位の集団農場）からやって来ていた。また、外国からキブーツに憧れてやって来る若者たちがボランティアとして労働していた。

キブーツはイスラエルという資本主義体制下の市場経済に組み込まれ、その歯車として機能していたのである。キブーツは都市在住のユダヤ人が田園的雰囲気を味わうために休暇を過ごすリゾート地に変身していた。したがって、キブーツはもう「ユダヤ人労働者国家」イスラエルを象徴する「小宇宙」としての役割は終えていたのである。

イスラエルは現在、グローバル化した市場経済において先進的な役割を果たしており、キブーツそれ自体がすでに時代遅れの代物になってしまっている。そんなキブーツの矛盾を鋭く描いた映画もあった。一九九四年のドロール・サウル監督作品『甘い泥』である。映画は第六回アジア・フィルム・フェスティヴァルの一環としてＮＨＫと共同制作され、同監督が生まれ育った一九七〇年代のキブーツでの体験に基づいていた。

この映画で描かれたキブーツは貧富の格差をなくして平等を実現した理想郷ではなかった。むしろ個人の自由に対する共同体の介入があり、その介入が閉鎖的な共同体を構成する人びとの個々の生活にとってすでに桎梏以外何者でもなくなっていた。そんなキブーツから脱出しようとする主人公の少年と、共同体での生活で精神的に病んでしまった訳ありの母親との母子関係を中心に描いている。未亡人である母親が、柔道の欧州チャンプであった非ユダヤ人のフランス人と再婚しようとしたがそれもかなわなかった。結局、病気が再発した母親が、息子の晴れの舞台であるユダヤ教的成人式（バール・ミツヴァ）のスポーツの祭典で「ここから逃げなさい」と叫んで、再び病院に送られる。そんなストーリーの映画である。

黒崎の見た生気帯びたキブーツ

キブーツは現在のイスラエル社会においては過去の輝かしい歴史の一コマになって、シンボリックな存在にすぎなくなっている。しかし、黒崎幸吉がその紀行文『パレスチナの面影』において描いた一九二〇年代中ごろのキブーツはまだ生成・発展期であり、実に生き生きしたものであった。

黒崎はヨルダン峡谷とエルサレム近郊にあるキリスト教関係の聖地を訪ねた後、エルサレム以外の場所を見ようと鉄道に乗ってヤーファーに訪れた。ところが、誤ってテル・アヴィヴで途中下車してしまい、それと知らないままに、このユダヤ人新興都市で宿を取るはめになる。

「プラットフォームに下車して馬車屋に友人から紹介された宿屋の名を云つてもそんな宿屋は知らないと云ふ。他の人々にきいても知つて居らないらしい、不思議なこともあるものだと思ひ且つ夜になつたので一切見當が分らずまご〱して居る間に宿引が來て獨逸語で自分の宿に來る様に話しかけて來た。止むを得ず其の男と共に馬車を走らせた。馬車は大きい新しい立派な通りを走つて行く。元來ジャフアは最も古い町の一つであり、かゝる新式の街路があろうとは夢にも思はなかつたので何だか狐に撮《つま》まれたのでは無いかと云ふ様な心持がして來た。やがて馬車は大きいホテルについた。處《ところ》がホテルの看板にはヘブル語（ユダヤ語）の文字でホテルバルフリアと書いてあり、英語では何も書いていない。それで是は猶太《ジュー》人専門の宿屋である事が分つた」（黒崎幸吉『パレスチナの面影』

向山堂書房、一九二五年、六七～六八頁)。

黒崎は到着後、早速食堂に下りて行って驚く。一〇人ほどの客がいて喋っているのであるが、耳をそばだてて聞くと、共通語であるヘブライ語のみならず、英仏独伊の各言語、そしてギリシア語までもが飛び交っている。そのため、黒崎は「ユダヤ人が其の本國を失つて各國に流浪して居る結果か、る有様となつたのかと思ふとそゞろに哀れを催して來る。全然ユダヤ人のみの中に飛び込んだのは是が始めてゞありいよ〳〵奇妙な心持がして來た」(同上書、六八頁)のである。

黒崎は、自分は日本人として欧州人のようにはユダヤ人に「先天的憎悪」をもち合わせていないという自覚をもっている。だからこそ、ユダヤ人を第三者的立場から見ることができると確信しているようである。

黒崎のユダヤ人入植地へのまなざし

黒崎は翌朝、ホテルから海岸線に出て、自分が行こうとしていたヤーファーの街がはるか南方の海岸線に見えることを発見して、間違ってテル・アヴィヴに宿泊したことにようやく気づくのである。その日はヤーファーの街を見物して、同じホテルに戻ってくると、新たなユダヤ人の来客と出会うことになる。

「此時新たに食卓に顔を出した若い落付いた青年が居つた。獨逸コンスタンツに生れたジューでドクトルピッカードと云ふ。地質學のドクトルでありフライブルグで勉強したとの事である。互に獨逸語で話しを始めた。此のピ氏もユダヤ人の植民事業の爲めに働いて居るのであるとの事である。そしてアフーレ驛に近い處に面白いコロニーが二三あるから是非見に來いと云ふので翌々日を期して行く事に約束しシャロームと云つて別れを告げた」（同上書、八七～八八頁）。

黒崎はハイファを回ってエズレル峡谷の中心都市アフーレでそのドイツ人青年と再会することになる。彼は黒崎を駅まで迎えに来てくれて、「クツアールのコロニー」（少なくとも現在のイスラエルの地図上ではこのような名前のユダヤ人入植村は確認できない）に連れて行ってくれた。

「是は主として露西亞《ロシア》又はポーランドの猶太人の若い人々が一の理想を以て結合して移住した村であり、一の團體を形成して共に働き共に衣食し、全然共產的組織の下に生活し、之によつて一方猶太人の祖國を其の荒廢より救ひ、其人民を他人種の迫害から免れしめ、同時に自分等相互が理想的社會を組織しようとの考でやつて居る。か丶る人々であるから皆理想家である。猶太人の新しい村とでも稱したら適當であろう。團員も多く若い青年男女で是迄は相當の暮しをして居つた人々も多數にあるとの事である。員數は四十餘名とか云つて居つた樣に記憶する。移住してから未だ幾年にもならないそうである」（同上書、一〇四～一〇五頁）。

黒崎はキブーツという共同体が掲げる理想主義、とりわけ若者たちに深い感銘を受けているようである。しかし、同時に困難さもよく認識している。マラリア、水不足、資金難等である。

「理想は美《うる》はしいけれども實際は中々そう容易に行かないのは洋の東西を簡《えら》ばない。彼等理想に燃えた青年男女はやがて此の平原の眞中に殖民して見るとそう中々容易にはやつて行けず、多くの困難が之に伴つて居るらしくあつた。先ず第一に多くの疫病殊にマラリヤが彼等をなやました。併し今は種々の設備をして之に打ち勝つたとの事である。水の不足には非常に苦しめられ遠方の井戸から鐵管を引きポンプで水を送つて居る。又是迄鋤鍬を手にした事の無い連中が始めて之をやり出した事故、其處《そこ》には大なる困難が伴つて來る。牛馬の飼育、養鶏等もやつて居るけれども是も不慣れの仕事で成績が不充分である。女子は女子相當の仕事を受持つて居るけれども是も材料の不足やら交通の不便やらで非常に惱まされて居る。凡ての點で此の仕事は中々容易で無く一時悲観的氣分が非常に多かつたそうである。殊に財政上の困難は最も甚だしいらしい。それで多くはユダヤ人の有志の寄附によつてやつて居る様子であつた」(同上書、一〇五〜一〇六頁)。

黒崎もこんなユダヤ人入植がアラブ人との軋轢を引き起こしていることもしっかりと記している。

「併し近來は次第に經驗も積み、成績もよくなり次第に有望になつてきたので一時は殖民した人々か又其の元の國々に歸つて行くのが中々多かつたそうであるけれども、近頃はドシ〳〵渡來して來るそうである。そしてユダヤ人の殖民地が非常な勢で増加しつゝあるので又アラブ人との間の問題などが起りかけて居る様子である」（同上）。

同時に、黒崎はユダヤ人入植地がパレスチナの光景を一変させつつあり、とりわけアラブ人の「不規則な汚い」村落との新旧の対照性を彼なりの清潔さの観点から指摘するのである。

「ユダヤ人の殖民地が非常に増加して居る事は汽車でパレスチナを通つて見れば直に之を知る事が出來る。現に此エスドレロンの野だけでも汽車の沿線に處々に此の新しい白壁赤屋根の家の四五十の一團が認められる。是は皆ユダヤ人のみの殖民地であり最近二三年間に急速の發展をなしつゝある事實を見る事が出來る。ユダヤ人の殖民とアラブ人の村とは非常なコントラストをなして居る。アラブ人の村は古い不規則な汚い村で、石と土とで固めた四角な箱を地上に置いた様な家ばかりであり、道路も狹く、耕作法も原始的である。之に反しユダヤ人の村はバンガロー式の洋館で家並も整頓し、道路も廣く作り中には運動場を造つて青年や子供がフツトボール其他の遊戲等をして居るのを時々見受ける。給水の設備其他凡てが新式であり、歐洲の技術と經験とを茲《ここ》に持つて來ようとして居るのである」（同上書、一〇六～一〇七頁）。

近代的な先進性を体現するユダヤ人の入植地と中世的な後進性を体現するアラブ人とが対照性をな

していると指摘する。現在まで続く問題である。

第三章　国家主義者の中東観——大川周明・満川亀太郎

1　大川周明のシオニズム論

ベイルートのペントハウス

二〇一〇年四月から半年間、東地中海に位置する「白い国」レバノンの首都ベイルートに滞在した。レバノン山脈は夏でも頂上に雪が積もっているので「白い国」と呼ばれる。レバノンの語源である「ラバン」はセム語系言語では、アラビア語では「（白い）ミルク」の意味だし（ただし、アラビア語の国名はルブナーンで少々発音が異なっている）、ヘブライ語では形容詞「白い」の意味になる。フェニキア人が住んでいた国は「白い国」だったのである。

ただ、私が住んでいたのがベイルートで春から夏にかけてだったせいかもしれないが、レバノン山脈は首都からはるか遠くにあるといった印象で、山の頂に雪を抱くという光景はついに見ることはなかった。レバノンは一九七五年に内戦になってしまうのであるが、それ以前、ベイルートは「中東のパリ」と呼ばれていた。レバノン観光局のポスターには水着を着てスキーをする姿を描いていたなどということも聞いたことがある。レバノン山脈では夏でもスキーができるというのが「売り」だったのである。

実は私は二〇一〇年四月から半年間、ホテルの最上階にあるキッチン付の部屋で過ごしたのであるが、このベイルートではベランダから漏れてくる街の喧騒を耳にしながら、もっぱら一冊の本を執筆していた。『大川周明――イスラームと天皇のはざまで』（青土社、二〇一〇年）である。大川は最近では、国家主義者あるいはアジア主義者としてのみならず、イスラーム研究者としても注目を浴びている。私自身も出版を通して、その流れに掉さす役割の一端を担ったと思っている。

大川周明にとってこのレバノンというフェニキア人の文明は彼の「東西対抗史観」の歴史的な出発点である、ペルシア帝国と対抗したギリシアを生み出した。「フェニキアは決して純乎たる亜細亜国家に非ず、また其の文化は亜細亜的特色を具へたるものではなかった。……さり乍ら［ギリシアとの］此の角逐も、フェニキアが自国文明並にエジプト・バビロニアの古文明をギリシアに伝へ、その影響と刺激とによって、強国ギリシアを出現せしめたることに於て、疑ひもなく世界史的意義を有して居る」（『大川周明全集』第二巻、八一三頁）と『大東亜秩序建設』の「亜細亜・欧羅巴・日本」において述べている。大川はレバノンを「非亜細亜国家」だと規定しているが、レバノンには古代フェニキア人の末裔だと信じる人も多くいるのである。

削除されたシオニズム論

さて、大川周明の出世作は第一次世界大戦後の一九二二年に出版された『復興亜細亜の諸問題』であることは論を俟たない。実はこの本の初版本に収められている第一三章「猶太民族の故国復興運動」はもともと道会雑誌『道』第一四〇号（一九一九年一二月）と第一四一号（一九二〇年一月）に掲載された論文「猶太民族の故国復興運動」（上下）を加筆・訂正したものであった。『道』での論考と『復興亜細亜の諸問題』初版とのもっとも大きな差異は節の分け方である。すなわち、いずれも「一　パレスティナ（『道』では「パレスティナ」）と猶太民族」「二　シオン主義の沿革」「三　パレスティナに於ける猶太人の経済的発展」までは共通しているが、後者の初版本では「四　パレスティナの経済的価値」が三の後半を独立させた節として新たに立てられている（臼杵陽「大川周明のシオニズム論――道会雑誌『道』と『復興亜細亜の諸問題』初版本のテクスト比較」『日本女子大学大学院紀要』第一五号、二〇〇九年、七三～九三頁参照）。

そもそも、アジア主義者の大川周明が第一次世界大戦直後、シオニズム運動に関心をもっていたこと自体が驚きである。しかし、大川自身は当時、陸軍参謀本部に翻訳係として勤務しており、そこで閲覧したドイツ語文献に依拠しつつ、シオニズム論を執筆したと考えられる。大川はユダヤ人の故国復興運動であるシオニズムを、パレスチナという「復興アジア」のナショナリズムとして位置づけている。もっとも、彼は『復興亜細亜の諸問題』を一九三九年に再版するにあたり、このシオニズムに関する章を何の説明もなく削除してしまったのではあるが。

なぜ大川がシオニズム論を削除したかは、本人がまったく説明していないので、想像の域を出ない。しかし、大川は一九三〇年代にはすでにシオニズムをイギリス帝国主義に寄生する反動的民族運動と考えていたのかもしれない。大川はシオニズム運動を、パレスチナにおけるアラブ民族運動の勃興を目の当たりにして、アジア復興のための革新的民族運動とはすでにみなさなくなっていたということなのであろう。

ユダヤ人の「三位一体」、日本人の「王政復古」

さて、大川は『道』の論考でも初版本でも、そのシオニズム論をほぼ同じように次の一節から始めている。なお、大川はパレスチナを論文では「パレスティナ」、刊行本では「パレスティナ」と表記している。

「猶太民族が聖地パレスティナを失ひてより既に二千年、その間或は諸國政府の苛酷なる抑壓を受け、或は諸国人民の激烈なる迫害を蒙り、不斷に一切の艱難困苦と戦ひつゝ、尚且民族本來の風俗習慣乃至血統を維持して今日に至れることは、實に世界史上の一驚異である」(大川周明『復興亜細亜の諸問題』大鐙閣、一九二二年、三六二頁)。

大川はユダヤ人の苦難の歴史とその闘いの継続を「世界史上の一驚異」と表現する。大川のユダヤ民族およびユダヤ教に関する理解の仕方の特徴は、イスラエルの神に対する信仰と神の選民たるイスラエルの民の永遠に対する信仰だとする次の一節に端的に現れている。

「猶太民族に與ふるに、斯くの如き執着力を以てせるものは、イスラエルの神の獨一に對する信仰、並に神の選民としてのイスラエルの民の永遠に對する信仰に外ならぬ。而して此の宗教的信仰は、イスラエルの故國郎ちパレスティナが、他日必ず彼等の手に復歸す可しとの信念を伴ふが故に、著しく民族的色彩を帯びて居る。洵にイスラエルの民、イスラエルの神、及びイスラエルの國てふ三個の觀念は、猶太民族の根本生命であつて、一切の信仰・傳説・儀禮・乃至風俗習慣は、悉く之を根柢として形成せられ、且發達せしめられたるものである」(同上書、三六二〜三六三頁)。

大川はこの中で、古代イスラエルの神(宗教)、民(民族)、国(領土)を、根本生命を構成する「三位一体」として捉える視座を提示している。だからこそ、ユダヤ人は「能く独自の民族的生活を継続し、依然として猶太人としての面目を今日に保持するを得た」(同上書、三六三頁)と大川は結論づける。

この点において、大川が天皇を中心とする日本民族の歴史を念頭に置きつつ、ユダヤ人を引き合いに出していると考えるのは牽強付会であるともいえないであろう。ユダヤ人の神・民・国の「三位一体」が近代に蘇るシオニズム運動のプロセスを、日本の明治維新以降の王政復古と並行するナショナリズム現象だとみなしているからこそ、当初はシオニズムを「復興アジア」の一事例として論じただろうからである。

ユダヤ人と国土

大川は雑誌『道』での論考では続けて、近世におけるユダヤ人のもっとも重要な中心はポーランドだと指摘して、ポーランドを中心とする東欧諸国のユダヤ人、つまりアシュケナジーム(ドイツ系ユダヤ人、広義には欧米のユダヤ人)の状況を略述する。その上で、ユダヤ人の弱点を国土がないことであるとシオニズムに関連させて説明する。以下、若干長いが引用してみる。なお、大川はシオニズムを「シオン主義(パレスティナ回復運動)」と呼んでいる。

「蓋し猶太人の民族的生活に於ける最後の弱點は、其の東歐に於けると西歐に於けるとに論なく、實に彼等自々《じしん》の國土を有せざるに存する。猶太人は國なき民として、其の民族的性格を發展せしめ、其の理想を實現す可き重要の根柢を欲いて居る。これ在來の歴史の常に明白に證明する所であって、而して世界大戰の最も有力に裏書せる所である。されば猶太人が其の長き放浪の間に於て、或は沈痛なる祈禱に或は悲壯なる詩歌に、限り無き故国思慕の情を洩らし來れることは、毫も異《あやし》とするに足らぬ。而して是《か》くの如き慕郷の至情が、猶太人の民族的理想として其の具體的運動を見るに至ったものが、取りも直さずシオン主義即ちパレスティナ回復運動である」（大川周明「猶太民族の故国復興運動（上）」（道会雑誌）『道』第一四〇号、一九一九年一二月、四一頁）。

しかし、当時の大川でさえも、シオニズムには相応の理解を示しながら若干の距離を置いている。すなわち、「シオン主義の運動は、パレスティナに猶太民族の故国を復興し、多数猶太人を招致して、民族本来の性格及び理想を実現すべき生活の根底を築かんとするものである」（同上論文、四一頁）としつつも、続けて次のように、すべてのユダヤ人をパレスチナに移民させることはできないとして、シオニズムの理想と現実の乖離を厳しく見つめているからである。

「固より此運動は、世界に散在する全猶太人を盡くパレスティナに糾合せんとするものでない。是くの如きは縦令望ましきことであるにしても、到底不可能のことに屬する。最も悲慘なる境遇に呻吟する東歐猶太人と雖も、悉く之をパレスティナに移住せしむるが如きは、決して實現すべからざる理想たるに過ぎぬ」(同上論文、四一～四二頁)。

それ以上に大川は、ユダヤ人問題の解決はユダヤ人が住んでいるそれぞれの場所における同化によって達成すべきであって、シオニズムのようにユダヤ人をパレスチナに移民・入植させることによってだけでは解決できないことをはっきりと指摘している。

「東歐猶太人の政治的並に經濟的問題は、彼等の大多數を他國に移植することによりて解決せらるべきものではなく、唯だ彼等が現に生活して居る國土に於て解決せらるべきものである」(同上論文、四二頁)。

さらに、西欧のユダヤ人を東欧のユダヤ人とは明確に区別して、西欧社会において同化の進んだユダヤ人が自ら苦難の道を選択してパレスチナに移民・入植するシオニズムを支持するはずがなく、シオニストが西欧社会のユダヤ人の中では少数派であることをはっきりと述べている。

「況んや西歐猶太人に在りては、之を物質的方面より觀察すれば、彼等が現に國籍を有する諸國に於て概ね安全なる生活を營みつゝあるが故に、彼等が既に獲得せる地位、現に享受しつゝある幸福を棄て、、猶且パレスティナに移住せんとするやうな者は、其數決して多くはあるまい」（同上）。

にもかかわらず、大川はユダヤ人の間におけるシオニズム運動への支援が増える可能性を否定しておらず、ユダヤ民族の国土を獲得しようとする熱望を彼なりに評価するのである。

「然れども翻って東歐並に西歐猶太人を通觀するに、若し適當の機會だにあらば、猶太民族の國土を獲得し、以て新しき民族的生活の基礎を築かんことを熱望し、その實現の爲に努力又は援助を吝《おし》まざる多數の猶太人があることも亦拒むことが出來ぬ。シオン主義者は、實に是くの如き機會を作らんが爲に努力して來たものである」（同上）。

2　大英帝国の欺瞞を非難する

エドワード・サイードの生家跡

一九九〇年代初頭、エルサレムに住んでいたころ、毎週のように通っていたのがエルサレム・シネマテークと呼ばれるフィルム・アーカイヴズだった。その劇場は自宅から歩いて一五分くらいのところにあったので散歩がてら通うといった感じだった。この場所は西エルサレムのベカーという地区で、イスラエル建国前にはアラブ人のキリスト教徒ブルジョアジーが住んでいた高級住宅街でもあった。『オリエンタリズム』で著名なパレスチナ人の故エドワード・サイード元コロンビア大学教授が生まれた旧宅もこの地域にある。

この劇場でずいぶんと黒澤明監督の映画を観た。黒澤映画は当時、日本ではほとんど観る機会がなかった。にもかかわらず、エルサレムではずいぶんたくさんの作品を鑑賞した。例にもれず、イスラエルでも黒澤人気は絶大であった。そんな折に観たのが八つのテーマで構成されるオムニバス形式の作品「夢」(一九九〇年)であった。この映画に描かれた原発事故のエピソードは、三・一一のような悲惨な事態になるとはそれこそ当時は夢にも思わなかったのである。

それはともかくとして、異国の地で観る黒澤映画を通して「日本文化」のあるべき姿を改めて考えさせられることになった。とりわけ、最後のエピソード「水車のある村」は印象深かった。安曇野でロケが行われたこの場面は、笠智衆の翁役に代表される役柄のように、日本的な桃源郷の生活を表象したものだった。この夢の楽園のような場面を観ながら、テロが頻発する紛争の只中にあったエルサレムでは何となく居心地の悪い気分になったことを記憶している。

黒澤監督は映画という手段を用いて「日本的」なるものを描いて、国内よりもむしろ海外で高い評価を受けた。西洋が生み出した撮影技術で東洋の一端を担う「日本」を映像化したわけである。実は大川周明もアジア主義者、日本主義者、さらには天皇主義者の右翼といった具合に、様々なレッテルが貼られてきた。しかし、「国粋主義者」とみなされる大川のイスラーム研究に関する情報源はすべてヨーロッパのイスラーム学者の著作なのである。とりわけ、英独仏蘭の研究者たちの著作にそのほとんどを依拠したといってもいい。

大川はある意味では語学の天才であった。横のものを縦に書き換える文才は際立っていた。漢文で培った流麗な文体は読者を惹きつけてやまない。政治学者の丸山眞男をしてこの超国家主義者を「右翼の中でも最も西欧的教養の濃い、いわばバタ臭い方なのです」(丸山眞男『増補版　現代政治の思想と行動』(未來社、一九六四年、四四頁))といわしめた所以である。大川はヨーロッパのレンズを通してイスラームを理解していたわけである。同様に、これから論じる大川のシオニズム論もドイツ語文献に全面的に依拠していたのである。

シオニストに同情的

だからこそ、というべきだろうが、大川はヨーロッパの植民地主義的な野望を見抜く点では群を抜いていた。大川はシオニズムを利用しようとする大英帝国の欺瞞を非難するが、バルフォア宣言自体の機会主義的な動機を見抜いており、この宣言が「巧妙なる口實の下に」「一片の空紙」になると予言しているのである。大川はシオニストを引用しつつ次のように指摘する。

「今や世界大戰は漸く終局を告げ、パレスティナは土耳古《トルコ》の支配を離れて、其の統治は英國の手に委任せられんとして居る。然れども英國が果たして其の聲明せる所に忠實なる可きや否やは吾人の逆睹し難き所である。英國にして若し欲しなば、巧妙なる口實の下にバルフオア聲明を一片の空紙たらしめるであらう」(「猶太民族の故国復興運動(上)」(道会雑誌『道』第一四〇号、一九一九年一二月、四三頁)。

大川は第一次世界大戦直後の時点においては民族解放のために戦うシオニストたちに同情的だったのである。この事実はいくら強調しても強調しすぎることはないだろう。

「現にイスラエル・ツアングキル［ザングウィル］の如き、最近英國シオン主義者團によりて擧行せられたる文豪クックス・ノルドウ［マックス・ノルダウ］の七十歳の祝賀會に於て、シオン主義者の間に英國政府の聲明に對して何等の期待を有せざる者あるを述べ、英國は其の戰況の甚だ非なりし時に於て秋波をシオン主義に送つたけれど、既に之によりて其欲せる利益を獲得し了つた今日に於ては、また曩日の聲明を實行するの意なしと信ずるものがあると言つて居る」（同上）。

大川が名前を挙げているイズラエル・ザングウィル（一八六四～一九二六年）は当時イギリスのシオニズム運動の指導者として知られ、ヘルツル流のユダヤ人国家の場所はパレスチナでもそれ以外でも構わないという考え方をもっていたため、ヴァイツマンらの主流派とは対立していた。ただ、ザングウィルは『メルティング・ポット（「人種の坩堝《るつぼ》」という用語の由来となる）』に代表される戯曲なども著して、好評を博していた。また、マックス・ノルダウ（一八四九～一九二三年）はヘルツルの盟友として世界シオニスト機構の設立に貢献したハンガリー出身の医師であった。

イギリスに対しての罵詈雑言

ところで、大川は批判の矛先をイギリスに向ける。帝国の利益のためにシオニストを利用しようとしているイギリスに対して罵詈雑言を投げつける。

「吾等は英國政府の道義なるものに信頼せざることに於て、決して人後に落ちざる者であるが、それ程までに無恥陋劣《むちろうれつ》を敢てしやうとは思はぬ。必ず何等かの形式に於て先の聲明を實行するであらう。尤も其の實行が飽迄も英國自身に都合よき形式に於て爲さる可きことは、夜の晝に續くが如く明かである」（同上論文、四三～四四頁）。

イギリスへの非難とは対照的にシオニズム運動には温かい応援のエールを送る。この一節にこそ、第一次世界大戦直後の大川が民族運動としてのシオニズムの精神に「復興亜細亜」の精神と同質のものを見出しているからである。

「然れども猶太民族故國復興の最後の力は、英國乃至他國の外援に存せずして、實にシオン主義其のもの、精神に存する。而して之を過去に於ける努力に顧み、且現在に於ける形勢を察して吾等はシオン主義今後の發展が最も有望なることを信じ、戰後に於ける重大なる國際的運動の一たるべきことを信ずるものである」（同上論文、四四頁）。

さて、大川は本論文の後半において「シオン主義の沿革」と題して、シオニズム運動の歴史を繙く。やはりその特徴はたんに通時的に運動史を追うのではなく、大川自身が東京帝国大学法学部に提出した博士論文『特許植民会社制度研究』の関心と沿うものであった。ちなみに、意外に思われるかもしれないが、博士論文の指導教官は民本主義で知られる吉野作造（一八七八～一九三三年）であった。また、このような研究の方向性は、大川が当時入所したばかりの東亜経済調査局の設立目的にも沿うものであった。すなわち、その目的は、シオニズム運動という植民運動の経済的基盤の探求なのである。ちなみに、東亜経済調査局は一九〇八年に満鉄の東京支社の管轄下にある調査機関として発足し、大川が一九二九年に理事長に就任してからは満鉄から独立することになる。

「シオン主義者團［世界シオニスト機構］は、該團體の目的に賛同し、會費年額一シエケル（約五十錢）を納むる猶太人を以て組織し、團員代表者によつて隔年一回開催せらる、大會によつて監理されて居る。團の經濟機關としては一八八九年に組織せられたる『猶太移民トラスト』あり、資本金二千萬圓、本部を倫敦《ロンドン》に置いて居る。該トラストは『英國近東銀行』及び『英國パレステイナ會社』を機關として近東に活動して居る」（同上論文、四七頁）。

この論文では以上のように簡単に説明されているが、『復興亜細亜の諸問題』初版本では、世界シオニスト機構はその理想を実現するための実行機関として「パレスチナ局」を地中海岸の港町ヤーファ（ジャッファ）に設置したことを指摘した上で、このパレスチナ局はシオニスト機構小委員会に直属しており、同機構のパレスチナにおける活動本部であることを明記している。このパレスチナ局は一九二九年には「ユダヤ機関（Jewish Agency）」と改称され、イギリス委任統治政府との交渉窓口となる。

さらに、ユダヤ機関は建国後にはイスラエル政府に発展していくのである。

大川はアングロ・パレスタイン・バンク（大川は「英國パレステイナ會社」と表記しているが、後に「銀行」と改称）にはヤーファ、エルサレム、ヘブロン、ベイルート、ハイファ、サファド、ティベリアス、そしてガザに支店があることも記している（『復興亜細亜の諸問題』三七八～三七九頁）。ちなみに、このアングロ・パレスタイン・バンクはイスラエル建国後、民営化されて「バンク・レウミー」として現在に至るまでイスラエルを代表する銀行として存続している。

ユダヤ人入植のための土地や住宅

大川は続けて、世界シオニスト機構によって設立された金融機関とその他の土地購入機関との関連を明らかにする。すなわち、当然ながら、パレスチナへのユダヤ人移民・入植にとって重要な土地購入機関や住宅建設の基金についても言及することになるのである。

「猶太民族の不動産として、パレスティナに於て土地を買収するの目的を以て、一九〇二年『猶太國民財團』［ユダヤ民族基金（ケレン・カイエメット）］を創立し、廣く世界の猶太人に寄附金を募集し、拂込金額三百萬圓に達して居る。之に附屬して更にパレステイナに於ける殖林事業を目的として、一九〇四年に設立せられたる『オリーヴ樹殖林財團』及び一九〇七年にパレステイナ移住地に於ける勞働者家屋建築の目的を以て設置せられたる『ダヰツド及びフアンニー・ウオルフゾーン財團』が存在する」（大川周明「猶太民族の故国復興運動（上）」『道』第一四〇号、四七～四八頁）

大川が最後に挙げているダヴィド・ウォルフゾーン（一八五六～一九一四年）とは、ヘルツルの側近中の側近であり、ヘルツル亡き後に世界シオニスト機構議長の座を継承して、第二代議長（任期一九〇五～一九一一年）を務めた人物である。

続けて、大川は世界シオニスト機構によるパレスチナにおける土地買収についても触れる。

「右の外に『パレスティナ土地發展會社』は、一九〇八年資本金十七萬五千圓を以て設立せられ、パレスティナに土地を買収して、之を移民に分賣するを以て目的とする」（同上論文、四八頁）。

大川は付け足しのように土地購入機関を加えているが、正確にいえば、この土地購入会社は「設立基金（ケレン・ハイェソド）」と呼ばれ、一九二〇年に英シオニスト連盟が設立したものであり、設立時点では世界シオニスト機構とは別組織であったが、後には同機構の下部組織に位置づけられることになる。

大川は最後に、世界シオニスト機構が農業協同組合あるいは文化・出版事業の奨励のための財団を設立したことを次のように述べて、論文の上巻の筆を擱くのである。

「またパレスティナに於ける農業並に共働組合奬勵の目的を以て、一九一〇年に創立せられたる『フレッヅ・イスラエル移民財團』あり、同じくパレスティナに於ける猶太文化の奬勵保護を目的として、一九一二年に創立せられたる『ケデム猶太文化財團』あり、最後に該運動全般の出版部として、獨逸伯林《ベルリン》に『猶太出版部』がある」(同上)。

3　シオニスト・ユダヤ人とジャッファ・オレンジ

市場で「アガラー」を押す　エルサレムのユダヤ人地区(西エルサレム)にはマハネ・イェフダーという市場がある。「市場」はアラビア語ではスーク、ヘブライ語ではシュークという。両言語とも同じ語源である。エルサレムに住んでいるころ、毎週週末にアガラーと呼ばれるキャスター付の手押しカゴをもって買い出しに出かけた。市場は週末には買い物客でごった返す。

週末というのはキリスト教暦のように土曜日ではなく、ユダヤ教暦だと金曜日の日没までである。ユダヤ教では一日の始まりは日没であり、金曜日の日没とともに土曜日の安息日、つまりシャバトに入ってしまうからである。クリスマス・イヴというクリスマス前夜にキリスト教的な前夜祭が行われるのも、日没を一日の始まりとするユダヤ教暦の名残である。シャバトに入るとバスなどの公共交通機関はストップし、ほとんどの商店も閉まってしまう。もちろん、これはエルサレムだからであり、不夜城の商都テル・アヴィヴの様子はだいぶ異なるようである。それでも建前としては安息日には神のために祈るだけで、基本的には自分のための労働はしないことが原則としてある。だからこそ、シャバトにはエレベーターは自分でボタンを押さなくていいように、すべて各階止まりとなる。ホテルなどの高層ビルでは高い階に行くのもたいへん苦労するのである。

安息日の食事を準備するために人びとは市場に買い物にやって来る。市場がもっとも活気づき、同時に売り手にとっては稼ぎ時でもある。このマハネ・イェフダー市場にはアーケードのように覆いがあるので、冬になって雨が降っても大丈夫だ。数百メートルにわたるアーケード通りは、アーケードのない道路と並行しており、二つの道路の間を結ぶ路地でも店が押し合いへし合い建ち並んでいる。

市場では野菜、果物、肉、魚、卵、香辛料、ナッツ類をはじめとして、その他の食料品もほぼ何でも手に入れることができた。キリスト教徒の韓国人も多く住んでいるので、白菜までもが手に入る。柿は初期シオニズム運動期に移植されたことは以前紹介した。

晩冬から春先にかけて出回るのを楽しみにしていたのがジャッファ・オレンジである。もちろん、その他の柑橘類もあり、温州みかんに近いマンダリーナと呼ばれるマンダリン・オレンジもお気に入りだった。ジャッファ・オレンジも含めて、野菜や果物は市場ではキロ売りされるので、三〜四キロくらいは買って自宅でゆっくりと味わう。

ジャッファというのはオレンジを輸出用に積み出した港である。アラビア語ではヤーファー、ヘブライ語ではヤッフォである。一九三〇年代にテル・アヴィヴに港が建設されるまではジャッファ港がキリスト教徒の巡礼者がエルサレム詣をする際に上陸することのできた唯一の場所でもあった。ジャッファ港は現在ではむしろ漁港兼ヨット・ハーバーとして使用され、周辺には地中海の海産物が味わえるシーフード・レストランが林立する。前述したように敬虔なユダヤ教徒はイカとかタコなど背骨のない海産を宗教上の理由から食べることができないので、レストランの経営者の多くはジャッファに古くから住み、イスラエル建国後も当地に残っているアラブ人のキリスト教徒が多い。

オレンジの香りする土地

さて、ジャッファ・オレンジであるが、今ではもっぱらイスラエルの特産のように日本の市場では思われているが、もともとは一九世紀中葉にアラブ人が栽培し始めたものである。一九世紀終わりにシオニスト・ユダヤ人が東欧・ロシアからパレスチナに入植して来て、フランスのロスチャイルド（ロッチルド）卿の資本提供を受けて、農業の技術革新によって、ブドウ栽培と同じく、オレンジやレモンなどの柑橘類の生産量も拡大したのである。

大川周明はこのようなユダヤ人の農業の発展に格別な関心を寄せている。これまで紹介してきた大川の論文「猶太民族の故国復興運動」（『道』第一四〇号、一九一九年一二月、および第一四一号、一九二〇年一月）の後半部分はパレスチナにおけるユダヤ人の経済発展について述べられている。大川の本領発揮の部分である。この論文では出典がまったく述べられていないが、単行本として本論文を改訂・再録した『復興亜細亜の諸問題』（一九二二年）においてはパレスチナにおけるユダヤ人入植地の一覧表を作成して掲載している。その作成時の出典がドイツ語のフランツ・カール・エンドレス（一八七八～一九五四年）著『シオニズムと世界政治（Zionismus und Weltpolitik）』（ミュンヘン、一九一八年）であることから、大川はこの書籍を論文の種本としたと思われる。エンドレスという人物はドイツ帝国軍におけるオスマン帝国専門家であり、中東にも駐在した経験をもつので、大川が陸軍参謀本部の翻訳係としてアルバイトをやっていた時に本書に目を通したのであろう。

大川は『復興亜細亜の諸問題』においてジャッファ・オレンジの輸出について次のように述べている。

「パレスティナに於ける猶太人の農業移民は、多大の困難を克服して着々成功の運に向ひ、世界戦直前に於て、ヤッファ港を經てパレスティナより輸出せらるゝオレンジ金額の三割、並に葡萄酒金額の九割は、實に猶太移民地の產出であった。而してオレンジ並に葡萄酒は、ヤッファよりする全輸出の約半額を占むるものである。而も多數の猶太移民地に於ける柑橘樹並に葡萄樹は、植付早々なるが故に未だ十分に成長するに至らず、從って今日に於ては結實十分ならざるを以て、今後の生產額が、更に增加すべきは言を俟たぬ」(『復興亜細亜の諸問題』一九二二年、三九一〜三九二頁)。

大川は続けて、ユダヤ人経済の発展を例証としてペタハ・ティクヴァ(「希望の門」という意味のヘブライ語である)という最初のモシャヴァー(初期のユダヤ人入植地で後に都市へと発展する)について紹介する。

「今パレスティナに於ける猶太移民地の經濟的發達を示すために、ペタハ・ティクヴーの一例を擧げる。該移民地に一八七八年の建設にかゝり、一八九〇年頃には一エーカーの價格約三磅《ポンド》十二志《シリング》に過ぎなかつたが、今日に至りては約三十六磅に騰貴した。而して一八九〇年當時に於ては、該移民地の租税僅々數磅に過ぎなかつたが、一九一二年に於ては、其の生産額三萬六千磅に達し、土耳古政府の収入また三千四百磅に達した。一八八〇年當時の該移民全體の價額は、約千二百磅なりしに、今や少くとも六十萬磅の價額を有し、其の住民約三千三百を算するに至つた。以て其の長足の進歩を知ることが出來る」（同上書、三九二頁）。

大川はさらにオスマン末期におけるパレスチナの土地問題にまで踏み込む。この土地制度はイスラームに関わってくる。

「固とパレスティナの土地は、概ね大地主の所有に屬するか、又は村落の共有地なるが故に、個々の家族が其の要する小地區を購買するに困難なる事情がある。加ふるに回教徒の特別なる習慣は、土地の賣買を危險ならしめる。シオン主義者團は、此等の困難並に危險を除き、各個人をして所要の小地區購入を可能ならしめんが爲に、前述の如く『パレスティナ土地發展會社』を創立し、先づ會社の手にて廣大なる地域を購入し、適宜の設備を施したる後、之を分割して各個人に賣却する策を採つた」（同上書、三九二～三九三頁）。

大川はここで大土地所有について触れているが、パレスチナにおけるシオニストによるアラブ人不在地主から土地購入が活発化するのは第一次世界大戦後、イギリスによる委任統治が始まってからである。というのも、旧オスマン帝国領であったパレスチナ・トランスヨルダンとシリア・レバノンが英仏の委任統治領に分割されてしまったからである。不在地主でもっともよく知られているのが、フランスの統治下に入ったレバノンのベイルートに在住するスルスク家である。スルスク家はイギリス統治下のパレスチナのエズレル峡谷の土地を一九二〇年代前半にシオニストに売却してしまった。この売却によってそこに住むパレスチナのアラブ人農民が追い出された。パレスチナ現代史上、アフーラ事件（一九二四年）として知られるユダヤ人土地購入をめぐる農民との紛争に発展したのである。

そもそも、大土地所有制度に発展していく土地私有制が成立したのは一八五八年のオスマン土地法が公布されて以降である。それまで土地はイスラーム法に基づいて原則としてアッラーに帰属していたので、西洋近代法的な意味での私有地はなかった。しかし、イスラーム法の下でも占有権はミルキーヤ（現在では「所有」という意味のアラビア語）といって認められていた。一九世紀に入ってオスマン帝国にも西洋化の波が押し寄せてきて、「タンズィマート」と呼ばれる諸改革を行わざるを得なかったのである。

パレスチナ農業へのまなざし

さて、大川はパレスチナがユダヤ人の移民を収容できるかどうかの問題に答えるため、まず農業の現状について地域ごとに個別に述べて農作に適していることを強調する。

「若干の重要ならざる例外を除けば、パレスティナの土地は、地味極めて肥沃にして最も農作に適する。南方ガザ平野は、世界に於て最上の釀造用大麥の產地たり、シャロン平野〔地中海岸部〕は柑橘樹及び扁桃樹《アーモンド》の栽培を以て名あり、エスドレロン平野〔エズレル峡谷〕は古來胡麻《ごま》の產地として名高く、ユデヤ平原〔ナーブルス、ラーマッラー、エルサレム、ベツレヘム、ヘブロンを結ぶ地域〕も亦有名なる小麥の產地である。ユデアの產地に於ては、葡萄《ぶどう》・オリーヴ・及び無花果《いちじく》の栽培に適し、所謂ユデア沙漠は、名は卽ち沙漠であるが、實は豐富なる牧草地であつて、現に多數の羊及び山羊を牧し、ヨルダン低地は其の南端に於て地中海の水面より低きこと實に一千二百呎、而して此の特殊の地勢によつて其の氣候は殆どヌビア〔エジプト南部〕の氣候に等しく、爲に豐富なる熱帶植物の產地たり、北方ギレアド連山は槲《かしわ》及松の大森林を有し、更に北方のハウラン高原は地味甚だ膏膄《こうそう》にして有名なる小麥の產地である」（同上書、三九八～三九九頁）。

大川は続けて降水量と湖などの水源についてもそれなりに十分である事実を確認した上で、パレスチナの農業を人口増加に対応できるとして次のように結論づけるのである。

「パレスティナの農業が、適當なる施設の下に大いに發達すべきは疑を容れぬ。今日のパレスティナは、其の面積約一萬方哩、廣袤《こうぼう》（「面積」の意）殆どウェールスに等しくして、而も人口は僅かに七十萬を算するに過ぎぬ。都會以外に於ける人口密度は、平均一方浬二十人を出でない。多年パレスティナの實地調査に從へる英國コンデル大佐は、パレスティナは往時に於て少くも一千萬の人口を有せしことある可しと推定し、且今日に於ても直ちに現人口の四倍を容れ得べしとする。故に單に農業の發達にのみによるも、パレスティナは多數の移住者を収容し得る」（同上書、四〇〇頁）。

パレスチナにユダヤ人移民を受け入れることができるかどうか、少なくとも農業の生産力に基づく大川の判断に関して楽観的であるといわざるをえない。後々のイギリスによるパレスチナ委任統治期における土地をめぐるアラブ人とユダヤ人の紛争の激化を考えると大川の予測は甘かった。しかし、後知恵的に大川を論難したところで詮無きことであろう。

大川は農業の外にもパレスチナの産業の全般から議論を行っている。この点については次節で述べてみたいと思っている。

4　パレスチナの産業と鉄道

オリーブとアーモンド

エルサレムに住んでいるころ、休日には現地の友人に誘われて、よくピクニックに出かけた。私の小さな子供たちも一緒である。近郊の丘陵地帯には多くのオリーブの樹が植えられていた。ユダヤ人の多く住む西エルサレムでも、またアラブ人地区である東エルサレムでも、オリーブは同じように植えられている。アラビア語でもヘブライ語でも同じ語源のザイトゥーンあるいはゼイトである。

食卓でもオリーブ・オイルは欠かせない。伝統的なパレスチナ人の朝食はパンをオリーブ・オイルに浸して、ザアタル（乾燥ハーブ）をつけて食するというものである。オリーブのピクルスは食生活には不可欠な食べ物である。オリーブ石鹼も日常的に使われている。オリーブ石鹼の製造も、ヨルダン川西岸の北部にあるナーブルスという町の主要産業としてオスマン朝から連綿として続いてきた。最近ではフェアトレードの一環として日本でもパレスチナのオリーブは容易に手に入る。

オリーブの樹木はパレスチナの風景には欠かせない構成要素である。しかし、ヨルダン川西岸地区まで行くと、そんなオリーブ畑がイスラエル軍によって破壊されるという厳しい現実がある。というのも、パレスチナの農民たちが長年手塩にかけて育てたオリーブの樹木が、保安上、つまりセキュリティ（ヘブライ語ではビタホーンという）上の理由から根こそぎ抜き取られることがしばしばあるからである。パレスチナ人はイスラエル軍によるそのような措置に対して、何度もオリーブの樹を植えて抵抗の意志を示す。

オリーブの樹木がパレスチナの大地にしっかりと根づいているように、パレスチナ人たちもパレスチナの地に深く根を下ろして、イスラエルが追い出そうとしても、かつて難民になってしまった苦い経験を踏まえて大地に残り続ける。オリーブはそんな抵抗のシンボルでもある。アラビア語ではそのような抵抗を「スムード（steadfastness）」と呼んでいる。

春先にはアーモンドの花がいっせいに花開く。遠くから見ると桜花によく似ている。日本の春を思い出すのである。生のアーモンドも市場で見ることができる。アラブ人地区では街頭の露天商によっても売られている。緑色の生アーモンドの実を荷台に山盛りに積んで売り歩くのである。しばらくすると殻付きアーモンドとして市場に並ぶ。

赤ワイン・マカロニ・タバコ、そして毛織物

さて、大川周明によるパレスチナの産業論である。大川はパレスチナの農業と工業の有機的な関連性について具体的な商品を挙げて、その将来性を賞賛する。まず、オリーブとアーモンドが挙げられる。

「パレスティナは工業上の方面に於ても發達の可能あるか。曰く有る。第一にオリーヴ樹・扁桃樹の植林、及び胡麻・落花生の栽培は、油並に石鹼製造に向つて多大なる原料を供す可く、また現に香水並に香油の原料甚だ豊富である」（大川周明『復興亜細亜の諸問題』大鐙閣、一九二二年、四〇〇～四〇一頁）。

次に大川が挙げるのがブドウ栽培とワイン製造である。すなわち、「葡萄酒・ブランデー・乾葡萄の製造業が、將來葡萄園の増加と共に益々發展すべきことも亦言を須ゐぬ」（同上書、四〇一頁）と述べているのである。たしかに、赤ワインは出エジプトを祝うユダヤ教のペサハ（過越しの祭り）の際にセデル（正餐《せいさん》）の儀式において使用される。パレスチナの農業の発展を考える際、一九世紀中ごろからフランスのロスチャイルド（ロッチルド）卿がユダヤ人のブドウ園とそれに付設されるワイナリーの建設のために資金を援助したという歴史的事実からしても、ブドウ栽培とワイン製造はパレスチナの産業史においてワンセットで語られる。

　さらに、大川は話題を穀類の生産に移す。「而して穀類の産額増加すると共に、製粉業、澱粉及びマカロニ製造業も亦發達すべく、殊に現にパレスティナに於て消費する小麥粉の年額は、八萬磅を下らざるを以て、製粉業は最も有望である」(同上)と指摘する。ローマ時代からパレスチナを含む南シリア地域は小麦生産で知られており、ヨルダン川の東側に広がるトランスヨルダン(ヨルダン川東岸地域)、すなわち現在のヨルダン・ハーシム王国のヨルダン峡谷沿いの平地は、肥沃な土地でもあった。ヨルダンの首都アンマンやその北部にあるジェラシュにはローマ時代の遺跡があるが、これも農地を後背地としてもつ都市文明がかつて繁栄した名残である。

　さらに、大川は砂糖、たばこ、紙にも言及する。「またヤッファを經てパレスティナに輸入せらるゝ砂糖も、年額約八萬磅なるが、沿海平野及びヨルダン低地に於ては、甘蔗の發育最も良好なるを以て、製糖業の發達もまた有望なるべく、更に煙草及び製紙原料たるパピルスも盛んに繁茂するが故に、製烟業及び製紙業も發達するであらう」(同上)とする。タバコの栽培は現在に至るまで、イスラエル北部やヨルダン川西岸北部で盛んに行われており、地元の銘柄の煙草もある。ただ、パピルスはエジプトやパレスチナの原産とされてはいるものの、さすがにパピルスから紙を製造することは第一次世界大戦後の委任統治時代にはほとんどなかったようだ。

　そして大川は毛織物の輸入にも目を向ける。「而してヤッファを經由する毛織物の輸入年額は約二十四萬磅に達し、同時に多額の羊毛並に駱駝毛を輸出するが故に、此等の原料を用ゐてパレスティナ内に製絨業を起すことも出來る」（同上）と述べる。この評価は若干勇み足といえる。現在、羊毛とラクダ毛の輸出が盛んであるという話は寡黙にして聞かない。

英独への対抗としての鉄道

さらに驚くべきことに、大川はパレスチナおよびトランスヨルダンの鉱業にも関心を示すのである。「パレスティナが鑛産物に富むことも、また其の經濟的發展を有望ならしむるものである。トランス・ヨルダニアに於ては、到處燐酸鹽《りんさんえん》の產出を見ざるなく、死海は無盡藏の化學的寶庫として知られ、其水は二四・四六％の鹽分を含有し、其沈澱物には多量のポタシウム［カリウム］及びブロマイド［臭化物］を含有する。石油並に石炭の鑛脈［鉱脈］も亦甚だ豊富であつて、前者は殊にトランス・ヨルダニアに多く、後者は殊に北方シドン地方に多い。而してシドン地方には有望なる鐵鑛脈あり、ユデア山地及びヨルダン低地には多量の白堊［石灰岩の一種］及び石膏を產する」（同上）といった将来性を買う評価を縷々述べる。そして、「今日に於てパレスティナの鑛業は、尚未だ微々たるものであるが、十分に探鑛せられ且適當に投資せられなば、是亦大いに發達するであらう」（同上）とまで予想するのであるが、現在のイスラエルにおいて鉱工業の発展は大川の予測ほどではないという点は指摘しておく必要があろう。

大川は農工業の生産物の流通、そしてその流通網の基幹的役割を果たした鉄道の問題についても足を踏み入れる。

「農工業の發達が、商業の發達と伴はざるは更めて呶々《どど》する［くどくど言う］を要せぬ。而してパレスティナの地理的位置は、最も商業的發展に適する。蓋し此地は、古來亞細亞《アジア》・阿弗利加《アフリカ》兩大陸の聯絡路に當り、特殊の政治的並に商業的意義を有し、古代諸強國爭奪の衝となれるもの、今日英國の企圖しつゝある三C政策の發展は、必然パレスティナの經濟的發展を伴はずば已まぬ」（同上）。

一九世紀後半から二〇世紀における輸送に革命的インパクトをもたらした鉄道を、英独の帝国主義列強の三C政策と三B政策の対抗の中で位置づけ、パレスチナの地政学的重要性に言及するのである。

「所謂C三《ママ》政策とは、鐵路によつてケープタウンとカイロとを聯絡し、更にカイロとカルカッタとを聯絡せんとする大規模の計畫であつて、世界戰に於て英國が小亞細亞に占めたる勝利は、此の政策の實現に向つて多大の貢献を爲せるものである。一方獨逸《ドイツ》によつて計畫せられたるバグダッド鐵道も、必ずや何國かの手によつて早晩波斯《ペルシャ》灣頭に進出すべく、而してパレスティナを通過すべきカイロ・カルカッタ鐵道とバグダッド鐵道とが連結せらるゝ曉には、パレスティナは實に歐羅巴・亞細亞・阿弗利加三大陸の交叉點となり、三大陸貨物並に旅客の重要なる集散地たるに至るであらう」（同上書、四〇二～四〇三頁）。

さらに、大川はパレスチナにおける鉄道網の整備についても言及する。とりわけ、北部パレスチナの港湾都市として、また鉄道ターミナルとしてのハイファの重要性を強調することも忘れない。

「現在に於けるパレスティナの鐵道は、ヤツフア・ヱルサレム間、ダマスクス・エルムゼリブ間の兩線最も古く、共に一佛國會社の經營にかゝる。ヒジャーズ鐵道は、シリア及び亞刺比亞《アラビア》を連結する最も重要なる線路にして、土耳古《トルコ》政府が主としてメッカ巡禮者を目的として敷設せるもの、ダマスクス・メヂナ間は、已に一九〇七年に開通した。該鐵道はデラアより分岐して地中海沿岸ハイファに至る支線を有する。ハイファは北にアッカの岬角を有し、南はカルメル山に圍まれる一大灣頭に位する良港で、他日必ず大いに發展するであらう」（同上書、四〇三頁）。

大川が挙げている鉄道のうち、「ダマスクス・エルムゼリブ間」の後者の町は標準アラビア語ではアル・ムザイリブであり、シリア・ヨルダン国境の町ダラァの南西部にある。現在、パレスチナ人難民が居住していることでも知られている。

大川の予想通り、ハイファはイラクのキルクーク油田からの石油積み出し港として発展した。このパイプラインは一九三五年からイスラエル建国の一九四八年まで稼働した。

シオニズム運動への礼賛と反転

以上みてきたように、大川はパレスチナにおける経済発展に関してはユダヤ人の移民・入植によって可能になるということを自明の前提として述べている。そこで描き出されたパレスチナの将来像はあまりにも楽観的である。しかし、このようなシオニズム礼賛は必ずしも大川だけに限られた話ではない。以前にも取り上げた内村鑑三門下の矢内原忠雄も植民政策学の立場からシオニストによるパレスチナへの入植活動の成功を礼賛している。

大川も第一次世界大戦直後の時代状況において、復興アジアを代表する民族運動の一つとしてシオニズム運動に過度といってもいい期待をかけたのである。もちろん、大川のこのような評価はその後、反転する。というのも、前述の通り、『復興亜細亜の諸問題』を一九三九年に再版する時には、大川はこのユダヤ人復興運動を扱った章を何の説明もなく削除したからである。この事実こそは一九二〇年代以降のシオニズム運動に対する大川の評価が大きく変化していったことを物語っているのである。

5 「東洋」と「西洋」

中東のＦＩＦＡリーグ

エルサレムに住んでいたころ、子供たちがサッカー（フットボール）に興じていたのをよく見かけた。サッカーは中東ではもっとも人気のある国民的スポーツである。その点ではアラブ諸国もイスラエルもまったく同じである。衛星テレビが普及してからはサッカー専門チャンネルがよく観られている。もちろん、地上波のスポーツ番組の定番といえばサッカーである。みなサッカー場にもよく出かけ、サッカーファンとして熱狂し、ときには乱闘で憂さ晴らしをする。いずこも同じである。

国際サッカー連盟（ＦＩＦＡ）についていえば、イスラエルはヨーロッパ・リーグ、アラブ諸国はアジア・リーグに所属している。アラブ・イスラエル紛争という政治的対立がスポーツにも影を落とす典型的な事例だろう。イスラエルがイランやアラブ諸国のチームと戦ったらどうなるだろう。あるいは試合の流れによっては血を見ることになるかもしれない。もっとも、試合そのものがボイコットされてしまうだろう。

ＦＩＦＡに関してはもう一点、首を傾げることがある。それは北アフリカのアラブ諸国（モロッコ、アルジェリア、チュニジア、リビア、エジプト、スーダンなど）はアジア・リーグではなく、アフリカ・リーグに所属していることである。北アフリカはアフリカ大陸だから当たり前だろうと日本人の多くは思ってしまう。しかし、サハラ砂漠よりも北側の地域は地中海世界であり、サハラ砂漠よりも南の地域は「ブラック・アフリカ」とか「サハラ以南のアフリカ」と呼ばれたりして、北アフリカとは区別される場合が多い。気候も民族もちがう。したがって、両者は区別されるべきなのである。この点は個人的にはいささか腑に落ちない。もっとも、アフリカ統一機構（ＯＡＵ）があるではないかという反論も聞こえてきそうではあるが。

もう一つの事例としては、ヨーロッパとアジアにまたがるトルコである。トルコはイスラエルとともにＦＩＦＡではヨーロッパ・リーグに所属している。トルコはイスラエルとは国交をいち早く樹立した中東の国家であるが、かつてはＥＵ加盟を申請していたが、加盟の可能性はほとんどなさそうだ。もちろん、トルコは北太西洋条約機構（ＮＡＴＯ）の一員である。

東洋と西洋の境界

さて、中東の特定の国がアジアに属するのか、あるいはヨーロッパに属するのか、という問いは、東洋あるいは西洋に属するかという問いと同じように、両者の間の境界線をどこに引くかをめぐって混乱することになる。イランはアジアだといった時、ではイラクとイランがアジアとヨーロッパの境界になるのかというと、ほとんどの人がおかしいと思うだろう。現在トルコがあるアナトリア半島に当たる場所を「小アジア（Asia Minor）」と呼ぶのは、エーゲ海側から古代ギリシア人が「アジア」だと呼んだからだという説明もなるほどと思ってしまう。この呼び方に従うと、現在のトルコ・ギリシア間の国境あたりがアジアとヨーロッパを分ける境界線ということになる。

いずれにせよ、アジアとヨーロッパの境界線はどこかという問い自体がナンセンスといっていいのかもしれない。というのも、一説によれば、アジアは日の昇る場所、ヨーロッパは日の沈む場所という考え方もあるからである。観察者の立ち位置によって東西の境界線は常に変わるということになる。繰り返しになるが、アジア／ヨーロッパ、東洋／西洋という区別は、語源的には、日の出の場所／日の入りの場所に由来する。したがって、日の出、日の入りに基づいて東西を示す方向を決めるには、どこかに定点を決定しなければ、東西は定まらないということになる。現在はロンドンにあるグリニッジ天文台が経度でいえば〇度ということになり、同天文台を起点に東経と西経が決められている。つまり、一八八四年にこの地を通過する南北の経線を本初子午線と定めたのである。イギリスこそが世界の基準になるということの宣言でもあった。大英帝国が近代において世界の覇権を握ったという歴史的背景がある。

東西の問題は文化圏の確定というレベルでもいささか厄介な問題である。中国から見れば、日本こそが「東洋」である。日本も「日出づる処」と自称する。イスラームは民族を超えて広がる普遍宗教あるいは世界宗教なので、本来的にはグローバルな性格をもっている。したがって、イスラームが東西どちらに属する宗教かという問い自体が意味をなさない。

イスラームを「西洋的」と定義した大川周明

ところが、「イスラームは西洋的宗教である」という名言を吐いた人物がいる。それが大川周明である。大川が『回教概論』の中でさりげなく記した衝撃的な表現である。このイスラームについての概説書は太平洋戦争が勃発した翌年の一九四二（昭和一七）年に出版された。

大川がイスラームを「西洋的」と定義したのは、イスラームがまずヘレニズム文化圏に拡大したという理由からである。イスラームはアラビア半島西部のヒジャーズ地方で生まれ、まずは北方のビザンツ帝国領に拡大していったからである。イスラームはヘレニズムを受けて成立したローマ帝国領のうちのビザンツ的伝統を継承しているというのがその理由である。アラビア語で「ルーム」（ローマ）はビザンツ（東ローマ）帝国やギリシア正教徒を指す言葉である。旧来の歴史学の分類でもローマ帝国やビザンツ帝国は西洋史の分野である。現在までイスラームは東洋史の分野であることを考えるとなるほど卓見ではある。いささか長くなるが大川の文章を引用してみよう。

「回教は往々にして東洋的宗教と呼ばれ、其の文化は東洋的文化と呼ばれて居る。さり乍ら回教は、ゾロアスター教、猶太教・基督教を包擁する宗教群の一宗派であり、此の宗教群に共通なる根本信仰の上に立つて居る。そは決して印度又は支那の宗教群と同類のものに非ず、従つて若し印度及び支那を東洋的と呼ぶとすれば、明かに之と對立する西洋的性格を有つて居る。而して最初にアラビア人が進出せる地域は、謂はゆるヘレネ文化圏であつた。ヘレネ文化圏とは言ふまでもなくギリシア・ローマ文明の世界であり、回教徒の初期の征服は殆ど此の文化圏に限られて居た」(大川周明『回教概論』慶應書房、一九四二年、四〜五頁)。

イスラームが西洋的だというのはもちろん「西洋」の定義次第である。「西洋」がヘレニズム文化圏を含むというのであれば、次のようなヘレニズムの定義からして若干強引である気もしなくはない。すなわち、ヘレニズムとは東方文化と融合したギリシア文明のことで、歴史的にはアレクサンドロス大王の東征(前三三四年)または没年(前三二三年)からローマのエジプト併合(前三〇年)まで、地理的にはギリシア・マケドニアのほか、アレクサンドロスの東征区域を含んでいる。アレクサンドロス大王の東征区域となると、現在のアフガニスタンとパキスタンの国境に当たるカイバル峠をも越えてしまうことになる。となると、西洋はイラン辺りまでということになってしまうだろう。たしかに、東征区域はイスラームが広がった地域よりも若干狭い範囲ではある。最終的にはイスラームが中央アジアや東南アジアまで広がった歴史を考えると、ヘレニズム文化圏のみに限定してイスラームを「西洋的宗教」と呼ぶのはやはり無理があるといわざるをえない。

大川は『回教概論』を出版した時とほぼ同時期、すなわち、太平洋戦争勃発直後に行った講演「米英東亜侵略史」においても「東洋」と「西洋」を分ける地理的な境界を次のように説明し、「東洋」と

「アジア」の違いを明確にするのである。

「南はインダス河口から北はベーリング海峡に至るまで、亜細亜大陸は西南より東北に走る蜿蜒《えんえん》万里の山脈によって、まさしく両断されて居るのであります。この山脈は世界の尾根の長い長い棟でありますゝ而してこの屋根によって旧世界は東洋と西洋との二つに分たれて居ります。即ちこの屋根の棟の東南斜面が東洋であり西南斜面が取りも直さず西洋であります。……ペルシア・小亜細亜・アラビアの諸国は、亜細亜のうちに含まれては居りますが、之を地理学の上から見ても、また世界史の上から見ても、明かに西洋に属するものであり、真実の意味の東洋は、疑いもなくパミール以東の地であります」（大川周明「米英東亜侵略史」『大川周明全集』第二巻、七六〇～七六一頁）。

「東洋」より広い「アジア」

大川による以上のような定義にしたがって類推すると、大川は旧世界である「アジア大陸」を二分して「東洋」と「西洋」という区分を行っているようである。換言すれば、大川は「アジア」を「東洋」よりも広い地域概念として捉えていることがわかるのである。

そのために、大川の議論をさらに敷衍すれば、イスラームは「アジア的宗教」ではあるが、「東洋的宗教」ではないということになってしまうのである。ところが、現実には世界のムスリム人口の多数派を占めているのが、大川のいう「東洋」、つまり、南アジアと東南アジアであるという事実と合致しなくなる。ただし、大川が『回教概論』より二〇年前に出版した著作においては、アジアと東洋が相互に互換関係にあるかのような表現も見受けられるのである。

「歐羅巴に對して言ふ時は、亞細亞は渾然たる一如をなして、西洋文明と相對する東洋文明を成して居る。固より東洋精神は異なれる國土に於て異なれる表現をなして居る。而も其等は皆な一つ太洋に起伏する男波女波に過ぎぬ。亞細亞諸國の總ての文明は、皆な統一ある亞細亞を物語る。然るに此の『複雑の中に存する統一』を、殊に鮮かに實現して、亞細亞の一如を最も十全に發揮するのが、常に日本國民の光榮ある特權であつた」（大川周明『日本文明史』大鐙閣、一九二一年、八頁）。

大川がこの一節を書いているのは、大川にとってのアジア主義思想の先達である岡倉天心の「アジアは一つ」を説明するためである。したがって、大川はヨーロッパに対する「亜細亜の一如」の文脈で東洋をもち出しているにすぎないのではあるが、この点が大川の述べるアジアとイスラームの関係に齟齬をきたすことになるばかりでなく、しばしば読者に混乱をもたらす原因となっているのである。

大川がこのように太平洋戦争期にはアジアと東洋を使い分けている事実は、大川のアジア主義（そして太平洋戦争期の大東亜共栄圏構想）とイスラームの関係に言及する際、非常にわかりにくいものになっている。読みようによっては大川の大東亜共栄圏構想にはイスラームが積極的に位置づけられていないようにも解釈できるからである。実際、太平洋戦争中の著作においては『回教概論』を除いて大東亜共栄圏の文脈でイスラームを語ることはほとんどない。ただ、大川は『回教概論』では大東亜共栄圏にムスリムが多数居住しているという統計上の事実をきちんと認識した上で、帝国日本が戦争を遂行するに当たってのイスラーム研究の重要性を強調している。

「回敎の研究は、興味といふ點からも、または有益といふ點からも、十分に人の心を惹くべきものである。わけても大東亞戰によつて、吾が共榮圏内に多數の回敎徒を抱擁せんとする今日に於て、回敎研究は吾等に取りて必要欠き難き現實當面の問題となつた。吾等は基督敎傳道師に呼應して、徒らに此の偉大なる宗敎を罵詈することなく、自由にして先入主なき日本人の精神を以て、回敎に關する正しき知識を得ることに努めねばならぬ」（『回教概論』六頁）。

しかし、『回教概論』の内容はイスラームそのものの概要を述べているだけである。せいぜいが「吾が共榮圏内に多數の回敎徒を抱擁せんとする今日に於て、回敎研究は吾等に取りて必要欠き難き現實當面の問題となつた」と統計的事実に言及してイスラーム研究は現実に直面する問題となったとするのみで、大東亜共栄圏におけるイスラームの役割についてはこれ以上踏み込んで言及することはないのである。その点にこそ、大川周明が行った当時のイスラーム研究の時代的限界を見出すこともできよう。

6　満川亀太郎のアジア主義

ヘブライ大学のスコーパス・キャンパス

前にも触れたが、エルサレム・ヘブライ大学の文系キャンパスは旧市街の北西部に位置するスコーパス山上にある。この山は一九四八年のイスラエル建国時から一九六七年の第三次中東戦争までは東エルサレムを含むヨルダン川西岸といったヨルダン領内にある孤立したイスラエル領の飛び地として存在した。この期間中はスコーパス山のキャンパスは国連の管理下にあり、国連がイスラエル領の西エルサレムから同地域にまで物資・食糧などを運んだという。

前にも書いたように、私自身は一九九〇年から約二年間、この大学にある「ハリー・S・トルーマン記念平和推進研究所」の客員研究員として研究に従事した。トルーマン米大統領は一九四七年の国連パレスチナ分割決議で提案されたユダヤ人国家案に、国務省、国防省の反対を押し切って賛成した親シオニストの政治家である。イスラエルを世界で最初に独立国家として承認した大統領でもある。イスラエルからみれば「建国の恩人」なのである。

スコーパス・キャンパスはかつてヨルダン領内の飛び地であり、山裾に要塞のように貼り付いており、敵地のど真ん中にあったということにその特徴がある。バスで市内から大学に行くと、検問所で止まってセキュリティの係員がチェックをした上で、バスはスコーパス山キャンパス内のトンネルを潜って地下のバス停前で止まり、そこで全員降りて大学の建物内に入ることになる。当然、入り口では荷物検査がある。山上にあるがゆえに駐車場もすべて地下である。キャンパス全体が山に埋もれた感じであり、教室にもまったく窓がない部屋が多いのが特徴である。

そもそも、スコーパスという英語表現は「見る」というギリシア語起源の単語である。望遠鏡の意味をもつテレスコープという英語は同じ語源である。実際、このキャンパスにあるファカルティー・クラブ内の教員用レストランからは城壁に囲まれたエルサレム旧市街を眼下に一望できる。とりわけ、金色の円蓋で知られる岩のドームの美しさは際立っている。アル・アクサー・モスクや聖墳墓教会などの旧市街の壮大なパノラマを展望することができるのである。

アジア主義の提唱者・満川

トルーマン研究所は主に地域研究を行う研究機関である。したがって、中東、アフリカ、アジア、ラテンアメリカなどといった世界の各地域の専門家が大学の学部と兼任している。この研究所の日本研究者としては日本でもよく知られた人物がいる。二・二六事件でプリンストン大学から学位を取得したベン＝アミ・シロニー氏である。同氏はすでに定年でヘブライ大学名誉教授ある。同教授は日本ではまず国際基督教大学で学び、司馬遼太郎が『竜馬がゆく』を執筆する際に絶大な影響を受けたといわれる名著『坂本龍馬と明治維新』の著者であるマリアス・ジャンセン・プリンストン大学教授の下で学位論文を書き、博士号を取得された。

このシロニー教授の著書『日本とユダヤ――その友好の歴史』（河合一充訳、ミルトス、二〇〇七年）の中に「戦前にユダヤを理解した思想家・満川亀太郎」というクリストファー・スピルマン氏の論考が付記として掲載されている。

スピルマン氏は数年前まで九州産業大学で教鞭をとっていた日本思想史の専門家である。現在は帝京大学文学部で日本文化に関して教えている。氏はロマン・ポランスキー監督の映画『戦場のピアニスト』のモデルとなったピアニストの長男であることはよく知られている。というのも、氏には『シュピルマンの時計』（小学館、二〇〇三年）という著書もあるからである（父親の姓はポーランド語に近い表記であるシュピルマンとし、自分は英語の発音にしたがってスピルマンと表記しているとのことである）。スピルマン氏はポーランド出身であるが、イギリスとアメリカで高等教育を受け、この「戦前に猶太を理解した」満川亀太郎の研究の第一人者でもある。

ただ、満川亀太郎（一八八八〜一九三六年）といっても多くの人にとっては「いったい誰？」といったところだろう。実は、満川は北一輝と大川周明とともに、一九一九年に国家主義団体である猶存社を立ち上げた設立者の一人なのである。もちろん、北と大川に比較したら満川の知名度は落ちる。辞書に立項されているかどうかでその知名度を判断するのもいかがなものかとは思うが、北一輝も大川周明も『広辞苑第六版』には載っている。しかし、満川亀太郎の名前はない。猶存社の「三尊」の一人といわれた満川は立項されていないのである。

満川が現在あまり知られていないのは一九三六年に四八歳という若さで病死したということもその要因としてあるかもしれない。大川は五・一五事件の黒幕で、戦後東京裁判の被告になって東條英機の頭を叩いたということで有名になった。また、北は二・二六事件に連座して銃殺されたという悲劇のヒーローとして判官贔屓の日本人の間ではいまだに根強い人気を博している。やはり満川は大川・北といった国家主義者に比較すると知名度という観点からは対照的である。

満川は大川と同じく拓殖大学で教鞭を執っていた。その満川の代表作として一九二一年に広文堂書店から出版された『奪はれたる亜細亜』がある。その表題から明らかなように、第一次世界大戦直後のアジア解放運動の理念を高らかに訴えたものである。満川はアジア主義者でもあった。

アジア主義は大アジア主義とも呼ばれるが、明治維新以後の日本において欧米列強のアジア侵略に対してアジア諸国の連帯によって対抗しようとした思想・運動のことである。もちろん、昭和期になって日本軍部によってアジアへの膨張政策や大東亜共栄圏論と結びつけられたという過去があるためにアジア主義は現在ではすこぶる人気がないが、再評価の機運があることもたしかである。

本節ではユダヤ人をよく知る満川ではなく、このアジア主義の提唱者であり、活動家でもあった満川をもっぱら紹介することにしたい。ただ、重要な点は大川周明と同じように、満川もアジア主義者として第一次世界大戦直後はシオニズム運動をアジア解放運動の一翼として捉えていたという事実である。この事実は何度も強調しておきたい。

英露間の「グレート・ゲーム」

さて、満川の主著『奪はれたる亜細亜』は以下の八編から構成されている。すなわち、第一編「亜細亜解放運動」、第二編「大英世界政策」、第三編「南方亜細亜」、第四編「印度問題」、第五編「近東及中東」、第六編「日米問題」、第七編「阿弗利加」、第八編「亜細亜雑篇」といった具合に全世界の情勢を地域ごとに論じている。今風にいえば、まさにグローバルな視座から、イギリスに代表される帝国主義国からの民族解放の思想に目覚めたアジア・アフリカ地域の人びとを論じたものなのである。

ここで同書の中で特に注目したいのが第五編「近東及中東」である。この近東と中東の情勢について論じる同篇は以下の論考から構成されている。すなわち、「国際政局の新中心たる中亜」「波斯湾《ペルシヤ》問題」「波斯湾に於ける英露接衝史」「英国のバグダード鉄道史」「波斯湾の復古的形勢」である。

この構成から明らかなように、一九世紀末から二〇世紀初頭にかけてイギリスとロシアの間で展開された「グレート・ゲーム」と呼ばれた事態に満川は注目している。つまり、現在におけるペルシア湾情勢に加えて、イラン、アフガニスタンをめぐる両国の覇権争いに関する論考なのである。

歴史学における「グレート・ゲーム」とは、一九世紀初頭から一九〇七年の英露協商締結までの期間における英露間のアフガニスタンをめぐる勢力争いを指すことが一般的である。この時期、ロシアは不凍港を求めて中央アジアからインド洋を目ざして南下しており、それに対してイギリスはインドの植民地化を進めていたために起こった両勢力の衝突事件である。ロシアの南下政策はイギリスにとってたいへんな脅威であり、両国の緩衝地帯であったアフガニスタンにおいて、まさにチェスの勝負での駒を取り合うような「陣取り合戦」が行われたので、「ゲーム」と呼ばれたのである。いかにも大国の視点からの表現である。

もう一つの重要なテーマは、「瀕死の病人」であったオスマン帝国領をめぐる諸問題である。例えば、「亜細亜の西門」「英領たらんとする亜剌比亜《アラビア》」「東方問題の難関」などの論考が続き、そして最後に

「猶太民族運動の成功」という論考でこの第五編「近東及中東」が締め括られるのである。

ここで注目していいのは、第一次世界大戦という同時代における地域に関する名称の使用のされ方である。二一世紀の現在の方が地域名称に関してはその使用法において混乱が見られるかに思える。というのも、第一次世界大戦直後において満川は近東と中東をきちんと区別しているからである。その使用法は同時代的には正確であると評価することができる。

実は、第一次世界大戦までは、近東（Near East）といえば、旧オスマン帝国領を指していたからであるし、また中東（Middle East）といえば、先ほど挙げた「グレート・ゲーム」の舞台となったアフガニスタンからイラン、ペルシア湾までの英露間のパワーゲームの抗争地域を指していたからである。要するに、中東という地域名称の使い方は現在とは明らかに異なっているということになる。この「中東」という名称を当時提唱したのが、アメリカの軍事戦略家として知られるアルフレッド・マハン（一八四〇〜一九一四年）であった。

マハンは先ほども挙げた司馬遼太郎の代表作『坂の上の雲』の主人公の一人で、日露戦争における日本海海戦での参謀であった秋山真之（一八六八〜一九一八年）の師匠でもある人物である。マハンが一九〇二年に発表した論文「ペルシア湾と国際関係」という論考において初めて「中東」という用語を使い始めて、一般的に使用されるようになったのである。現代中東政治に関する教科書等には必ずといっていいほど言及される事実である。

満川は近東と中東を総称して中亜（中部アジア）と呼んでおり、その用語を次のように説明する。

「爰《ここ》に『中亞』と稱するは、將來列强の必争の中心地たる波斯の國都テヘランを中心とし、現在歐亞國際關係の禍心たるダーダネルス海峽への半徑を以て一圓を劃し、其圏内に入りたる諸國の物情及び列强關係に就て聊か研究の歩を進めんとするものに外ならず」（満川亀太郎『奪はれたる亞細亞』広文堂書店、一九二一年、二四二頁）。

「中亜」すなわち、中部アジア（当時「西トルキスタン」と呼ばれていたロシア帝国領の「中央アジア」とは区別しているようである）とは、満川の定義ではイランからペルシア湾をはさんで旧オスマン帝国（第一次世界大戦後はトルコ共和国）までの範囲なのである。当時の「中東」における問題のありようを実によく伝えている地域設定といえるであろう。

7 「楢太国」観はいかなるものか

コシェル以外喉を通らない

二〇一五年一月、シャルリ・エブド事件の際、パリのユダヤ人の食料品店も同時に襲撃された。ユダヤ人たちは宗教上の理由から厳しい食事規定をもっていることは広く知られている。そのため、ムスリムのハラールと同じように、敬虔なユダヤ教徒はコシェル（「（ユダヤ宗教法に照らして）適正な」という意味のヘブライ語で、英語的に「コーシャ」といった方がなじみ深いかもしれない）と呼ばれるラビの認証のある食品しか口にしない。だからこそ、こんなユダヤ教徒のための店舗が襲撃の対象になった。

コシェルといえば、イスラエルに住んでいる時、スーパーで売っているミネラル・ウォーターにまでカシュルート（「コシェル」であると認定すること）を出す首席ラビ庁の印証があったことに妙に感心した記憶がある。ほとんどの食品に宗教的に適正であるという認証がなされている。具体的には、豚肉、海老・蟹、昆虫などの不浄な動物は食べてはならず、牛肉と牛乳の組合せも禁止、そして動物の肉の屠殺方法なども厳密に規定されている。聖書に書いてあるというだけで、その理由は定かではないようだが、いずれにせよ、宗教的に清浄であるかどうかはラビによる認証が必要なのである。

エルサレム滞在中にユダヤ人の知人を食事に招待した時、あるいは敬虔なユダヤ教徒を日本に招聘した時にいちばん困るのが食べ物である。現在ではイスラエルにもアメリカの食生活の影響もあって、寿司、天麩羅などの日本料理店はかなり増えてはいるが、私がエルサレムに滞在していた一九九〇年初頭にはほとんど日本食は手に入らなかった。せいぜいアメリカ製造のキッコーマン醬油くらいだった。当時、日本料理レストランも商業都市テル・アヴィヴにはあったものの、宗教都市エルサレムにはまったくなかったのである。

そんな時、エルサレムの自宅に、自らは「世俗的」（ヘブライ語では「ヒロニー」という表現を使う）と自認するユダヤ人を食事に招待したことがある。そのユダヤ人は海苔にたいへんな関心を示した。海藻を加工して作る海苔は宗教的にどうなのかという話になった。もちろん、宗教的には問題ないのではあるが、ふと漏らした一言が実に印象的であった。世俗的であるにもかかわらず、コシェルでない食品は自分の意志にかかわらず喉を通らない、と実感を込めて語ったのである。この事実はまさに宗教的食事規定がユダヤ文化の一部として身体化されており、カシュルートの宗教文化的コードから外れると喉も通らないという生理的反応を起こしてしまうということでもある。いささか品のない表現を使えば、そのような食べ物は不浄なので理屈抜きに「気持ち悪い」ということである。

さて、ユダヤ文化については改めて語るとして、ユダヤ人への襲撃の問題に戻ろう。二一世紀の現在、イスラエルというユダヤ人国家が存在しパレスチナ人を占領下に置いているため、世界のユダヤ人が無差別的に、パレスチナのムスリムに連帯するイスラーム過激派に襲われる時代になった。

満川の人種差別撤廃に向ける考え

ところで、イスラエル国家の実現可能性がまだなかった一九一九年一月での話である。第一次世界大戦後、パリのヴェルサイユ宮殿で行われたパリ講和会議の場で日本の全権代表であった牧野伸顕（一八六一〜一九四九年）は欧米列強に対して、新たに設立された国際連盟規約に「人種差別撤廃条項」を入れるように要求した。しかし、この要求は、アジアからの移民問題や黒人問題といった人種問題を抱えるウィルソン米大統領が全会一致による採決を主張して拒絶したのである。ウィルソンが議長をつとめる会議の席上であった。

日本は第一次世界大戦で日英同盟にしたがって、英仏側に立ってドイツやオーストリアに宣戦布告した。その結果、当時長崎に在住していたユダヤ人はオーストリア国籍の所持者が多かったので、国外退去の処分となり、長崎のユダヤ人社会はほとんど消滅したといわれる。いずれにせよ、日本はこの第一次世界大戦の戦勝国になり、アジアの国として初めて列強の仲間入りをしたのである。新たに設立された国際連盟の理事国になったことも、また新渡戸稲造が国際連盟事務次長に就任したのも、その一例である。

満川亀太郎も当時の国際情勢について語っている。満川もアジア主義者として被抑圧民族への同情を隠さない。とりわけ、満川は後に『黒人問題』（一九二八年）を出版するような人物である。とりわけ、先述した、一九二一年に廣文堂書店から出版された『奪はれたる亞細亞』において、日本による「人種差別撤廃条項」の提唱についても触れている。満川にしたがえば、ユダヤ人も被抑圧民族の一つであるということができるのである。

満川は『奪はれたる亜細亜』では「猶太民族運動の成功」という章を立てて、日本とユダヤ人を比較しつつ、国家主義者らしい表現で次のように筆を起こしている。

「建國以來三千年の歴史を有する我々日本國民は、殆ど同數の年間地上に國家を有せずして、世界の各地に分離寄生しつつ、有らゆる迫害と侮蔑と壓制とに堪へ來たりし猶太民族の悲哀を痛切に味ふことなどは到底困難であらう」（『奪はれたる亞細亞』三二六頁）。

満川が、日本民族がユダヤ民族と同じくらい古い民族の歴史をもっていると信じていたことは間違いなく、同時にユダヤ民族が離散状態で迫害されてきた民であることがまず述べられているのである。

そして次のように前述のパリ講和会議にも触れるのである。
「去り乍ら這回《このたび》の講和會議席上、人種差別撤廢の大義を唱道したる我國の國民は、多年世界より穢多扱ひを受けつゝ、猶且つ其團結力と民族運動とに熱心鞏固なりし猶太人が今や漸く其希望を達して、三千年の故郷たるパレスチナの地に、猶太國を建設すべき曙光を見出したことは、深甚なる興趣を以て觀察せねばならぬことゝと思ふ」(同上)。

この一節からわかるように、満川は人種差別撤廃という日本の主導してきた立場から、離散状態のユダヤ人がパレスチナにユダヤ人国家の礎となるべき「ナショナル・ホーム(民族的郷土)」を建設することに関して、イギリスから賛同されたことを言祝いでいるのである。

「排セム人種主義といふ大旆を掲げて白人の人種的偏見に蹂躙し盡されたる猶太民族が、其種を亡さず、其根を枯らさずして、西方亞細亞の一角に彼らの所謂イスラエルの民、イスラエルの神、及びイスラエルの國を再現せんとするは、世界大戦の副産物として正に特筆大書に値すべき所である」(同上)。

満川のユダヤ陰謀論から自由な立場から当時のユダヤ人シオニストへの賞賛ぶりは、同じアジア主義者である大川周明とともに、突出している。この点については別の機会に論じたいが、満川の「猶太民族運動の成功」という文章は簡潔にユダヤ人の歴史と現状を巧みにまとめたものである。

残念ながら、満川がどのような文献に基づいて記述したのか具体的にはまったく触れられていないが、唯一触れられている名前がアルトゥール・ルッピン（一八七六～一九四三年）なので、当時すでに刊行されているルッピンの著作としては『現今の猶太種族』（大日本文明協会、一九一五年）がある。おそらく、満川はこの本に依拠しながら書いたものであろう。ちなみに、大日本文明協会は大隈重信が設立したもので、翻訳を多く出版しており、その編集長が早稲田大学の浮田和民（一八五九～一九四六年）であった。浮田は日本において最初に反ユダヤ主義を紹介した人物でもある。

「約束の地」としてのユダヤ人国家

さて、ここでは満川のユダヤ人の歴史と社会についての議論を詳しく紹介することはできないので、「猶太国」観に限定して述べてみたい。というのも、当時の日本人の知識人のほとんどがバルフォア宣言と同宣言に基づく国際連盟によるパレスチナ委任統治の成立をもって「猶太国」の建設の第一歩と捉えているからである。たとえバルフォア宣言の中では「民族的郷土」という表現しか使っていなくとも「猶太国」つまり「ユダヤ人国家」と読み替えて理解しているのである。

満川はこの「猶太民族運動の成功」の章の最後で出エジプトとの関係でユダヤ人国家について以下のように述べている。

「イスラエル民族の歴史に『出埃及記《エキソダス》』がある。百萬の大衆埃及の苦境を脱して約束の地カナーンに到らんとする途上の行路難を叙するものであつて、百萬の數は今日遽《には》かに信ず可らずとするも、神人モーゼが訓練なき烏合の衆を率ゐ、今日外敵の對抗に苦しめられ、明日民衆の不信に惱《なやま》され、千難萬艱相衝いで至ると雖も、堅く神の聖旨を奉じて一歩たりとも退轉することなく、夕に神に祈り朝に民に教へて、遂に其の使命を果たすに至りたる四十年の歴史は、幾千載の後讀者をして猶眼前の事實を見るが如き思あらしむるのである」（同上書、三三八〜三三九頁）。

満川は、イスラエル民族の歴史は世界文明史の一縮図であり、特に出エジプト記の一節は東西諸国における国民的発展の経験を象徴するものだ、と主張する。つまり、出エジプトを歴史の発展における国民革命の一段階だと理解するのである。換言すれば、一民族が意味のない国民的生活の眠りから目覚めて、統一性のある国民としての自覚をもつようになり、旧い領域を脱して、新天地の経営を始めることが、一種の「脱出」の歴史であって、その前途には必ずや「約束の地」があるはずであると考えるのである。

満川は「約束の地」とは国民がずっと熱望して一時も忘れることのない理想郷だ、と読み替えたわけである。したがって、満川はナショナリストとして、当然のことながら、ユダヤ人の出エジプトとしてのユダヤ人国家の誕生を、日本人の世界的な使命と結びつけて次のようにこの文章を締め括るのである。

「猶太の建國は、三千年前に於ける出埃及を繰返せるものである。固より猶太が再建せられたりとするも世界に於ける悉くの猶太人が、パレスチナに復歸し來たらんとするが如きは到底不可能である。然かも吾人は小なる猶太の出埃及に止まらず、更に大なる世界の出埃及に向つて專心留意せねばならぬ時機となつた。我が大日本人の世界に於ける使命は重大である。今や空前の世界的危局に當り、猶太國の再建せられしことは眞に偶然でないことを痛感する」(同上書、三三九頁)。

日本は「大なる世界の出埃及に向つて專心留意せねばならぬ」と述べて、日本は世界の危機に直面して重大な使命を果たさなければならないと強調するのである。

8 「ユダヤ陰謀論」批判

ユダヤ人の足跡

私が現代中東イスラーム研究だけではなく、それに加えてイスラエルに留学してから新たに現代ユダヤ・イスラエル研究を本格的に始めてからすでに四半世紀以上が経過した。ユダヤ研究を始めてから海外旅行をする場合にはシナゴーグ(ユダヤ教礼拝所)などユダヤ人やユダヤ教に関係する場所を訪れることが多くなった。そして少なくともヨーロッパ諸国を訪問した際に痛感することは、ユダヤ人がその足跡を残していない場所はほとんどないという厳然たる事実なのである。

今、たまたまこの文章はギリシアで書いている。ギリシア西部にあるイオアニナという都市を訪れたが、この町にもかつてはユダヤ人が住んでいた。今はほんの数十人しかいないようであるが、第二次世界大戦でのホロコーストの悲劇までは二〇〇〇人弱のユダヤ人が住んでいたという。ユダヤ人墓地も残っている。この町はアルバニアやマケドニアといったバルカン諸国との国境線に近いところにある。

ギリシア北部にはテッサロニキという港湾都市があるが、このギリシア第二の都市は、第一次世界大戦前まではオスマン帝国領だった。オスマン時代にはこの町はサロニカと呼ばれていた。かつてこの都市の人口の半数以上がユダヤ人だったという事実を知る日本人は専門家以外ほとんどいない。現在、この美しい港湾都市を訪ねてもユダヤ人がかつて住んでいた痕跡を見出すことは至難の業である。というのも、二回にわたる戦争の結果、ユダヤ人の人口がほぼゼロになってしまったからである。最初の戦争は、第一次世界大戦の前哨戦とも呼ばれた二次にわたるバルカン戦争である。第一次バルカン戦争の結果、サロニカはギリシア領に編入され、テッサロニキとギリシア風に改名された。そして追い打ちをかけるように、第二次世界大戦中、ナチス・ドイツがギリシアに侵攻してきたため、ギリシア系ユダヤ人のほとんどは絶滅収容所のガス室に送られたのである。

かつてナチスが占領したヨーロッパ諸国の諸都市を訪ねると、だいたいどこでもこのようなユダヤ人の悲史に直面することになる。そんな時にはただ絶句するしかない。なぜこんな悲劇が繰り返されているのか、と問わざるをえない。もちろん、反ユダヤ主義というキリスト教社会に巣食う根深い問題を考えざるをえない。キリスト教、とりわけカトリック教会や正教会が今でも引きずっている「イエス・キリスト殺しのユダヤ人」というようなユダヤ人排斥のための宗教的契機の問題も直視しなければならない。

このようなキリスト教社会における反ユダヤ主義の暴力に曝されながら生きてきたのがユダヤ人であった。文明的なキリスト教社会の陰画ともいうべきユダヤ人差別の実態はキリスト教から縁遠い日本からではあまりよく見えてこないのもたしかである。ただ、日本でも早い時期からユダヤ人問題に深い関心を寄せていた人物がいた。これまでも紹介してきた国家主義者・満川亀太郎である。

ユダヤ人の身上を嘆き悲しむ

満川は一九二九（昭和四）年に『ユダヤ禍の迷妄』を平凡社から刊行した。満川がユダヤ人問題について書き溜めてきた諸論考を一冊の単行本にまとめたものである。満川自身、「はしがき」で次のように同書の由来を説明している。

「一、本書は大正八年以來我が國に流行する『ユダヤ禍』の迷妄を打破する目的にて著はしたものであります。然かしそれがためにはユダヤ人に關する一と通りの正視を要します。前篇として概略ながらも『ユダヤ民族』の一章を挿入した次第です。二、序文にもある通り、ユダヤ民族研究に關するもつと纏まつたものを書きたいと思ひますが、今は到底その暇がありませんから永日を期します」（満川亀太郎『ユダヤ禍の迷妄』平凡社、一九二九年、二一一頁）。

ここで「大正八年以来」とあるのはロシア革命への干渉戦争であるシベリア出兵を機にロシア白軍将校を通じて日本に「ユダヤ陰謀論」が輸入されたからである。『シオンの長老たちの議定書』に記されたユダヤ陰謀論を満川は「ユダヤ禍」と呼んでいるのである。また、「ユダヤ民族研究に關するもつと纏まつたものを書きたい」(同上書、二一頁)とあるのは次のような個人的な事情が背景にある。満川は「自序」の冒頭において、なぜ自分がユダヤ人に関心をもったかを、次のように記している。

「少年時代、京阪の間に成長した著者は、毎朝小學校への通學に先ち、潛かに新聞の電報欄を讀むを習慣とした。今でも判然と事件の名を記憶してゐるもの、多い中に、フランスのドレフユース大尉事件と、ロシアのキシネフ虐殺事件とがあつた。その原因のユダヤ人に關聯してゐることは新聞によつて教へられたが、もとよりユダヤ人に關する特別の智識を有つてゐた譯ではなく、たゞユダヤ人なるが故に、かくも毀傷され、虐殺さるゝは何故ぞやと、彼等異邦人の身上を嘆き悲しんだのである」(同上書、一七頁)。

満川が挙げている「ドレフユース大尉事件」は現在ではたんに「ドレフュス事件」と表記するのが一般的であるが、一九世紀末のフランスの国論を二分した冤罪事件である。一八九四年にアルザス出身のユダヤ系陸軍大尉アルフレッド・ドレフュス(一八五九〜一九三五年)が、ドイツ軍のスパイ容疑で終身刑に処せられたが、一八九八年以来、「我、弾劾す」で有名になった作家エミール・ゾラなどの知識人がドレフュス擁護のため当局を非難し、軍部や右翼が反論して大論争になった。のち真犯人が明らかになってドレフュスは一九〇六年になってようやく晴れて無罪放免になった。

また、満川が「ロシアのキシネフ虐殺事件」と呼んでいるのは、現在では世界史の教科書では「ポグロム（破滅、破壊の意味のロシア語）」として登場する、ユダヤ人とユダヤ人の財産に対する集団的な襲撃・破壊・虐殺のことである。一八八一年以降ロシアで繰り返し起こった。「キシネフ」は、現在では「キシニョフ」と表記するのが一般的で、黒海の北西方にある都市であり、モルドヴァ共和国の首都でもある。

満川はさらに次のように述べてユダヤ人のような虐げられた民族や社会集団への同情の念を表明する。

「長ずるに及び、著者の志尙は著しく虐げられ奪はれたるもの、上に向つた。『破戒』や『火の柱』を讀んで切歯し、痛憤し、昂奮した著者は、必然國際的に抑壓され、誹謗さるゝ民族の上にその視野を展開して行つたのである」（同上）。

ユダヤ人差別と国家主義者

ここで『破戒』とあるのは、いうまでもなく、一九〇六（明治三九）年に刊行された島崎藤村の長編小説である。また『火の柱』は、木下尚江が一九〇四（明治三七）年に毎日新聞に連載した小説で、日露戦争前後のキリスト教社会主義者による反戦運動を描いた日本社会主義文学の先駆的作品である。満川はこのような先人の小説に触発されたのである。だからこそ、ユダヤ人問題で締め括る三部作を完成したく思っていたのである。

「かくて大正十年『奪はれたる亞細亞』を、大正十二年『黑人問題』を著はしたる著者は、三部作として殘れる『ユダヤ民族問題』をも早晩完成せざるべからざる責務を感じてゐた。然かも今かくの如き表現を以て讀者と相見やうとは、殆ど著者の豫期せざりしところである。何となれば民族の科學的研究を主位とせず、非科學的なる『ユダヤ禍問題』に關して執筆するが如きは、甚だしく著述の行程より逸脱せるものであるからである」（同上書、一七～一八頁）。

満川を右翼だとか国家主義者だとかいった色眼鏡だけで見ていると、彼の「民族の科学的研究」に代表される、以上のような発言の真の意図が見えなくなってしまう。

「然かし乍ら、近世ヨーロッパの最大迷妄たる『ユダヤ禍』は、大正八年シベリア出兵の土産として輸入されし以來、かつては『過激派討伐』の有力たる資料たり、今は一部の國粹家によつて『赤化防止』の具に供されてゐる。その世界顚覆の陰謀といふもの、その世界に散在せる祕密結社といふもの、痴人夢を語ると評するの外なきは論なし」（同上書、一八頁）。

満川は「ユダヤ禍」に関する論文を執筆した理由を三つ挙げるのである。第一がユダヤ人陰謀論が司法省までに影響を与えているという点である。

「何事ぞ。将軍といひ、學者といひ、宗教家といひ、教育家といふもの、一虚萬實を傳へて滔々天下に喧囂《けんごう》す。遂に昨秋司法省主催思想検事講習會を開きて『ユダヤ人の世界赤化運動』を講ずるに及び、ユダヤ禍の禍亦極まれりと謂ふべしである、是れ著者が執筆理由の第一」（同上）。

第二にはユダヤ禍、つまりユダヤ陰謀論を喧伝する論者たちへの徹底的な反論のためである。

「筆者筆に口にユダヤ禍の迷妄を説くこと多年、然かも未だ甚だ詳かならざるの遺憾があった。蓋しその一々を論駁するの煩に堪へなかつたからである。頃日福岡のユダヤ禍論者、事に勢を得て挑戰し來る。著者敢て一二の挑戰者に應答するといふに非ず、一切論敵の迷妄を科學的に打破せんがために、決然こゝに起たざるを得ざるに至つた。是れ理由の第二」（同上）。

第三に挙げるのが、アジア主義者らしく日本人としてユダヤ陰謀論への義憤であり、世界の悪夢といっていいユダヤ人差別に決然と戦う意思表明である。

「ユダヤ民族、國を喪ひてより世界に漂泊すること二千年。ヨーロッパ人は彼らを無告の境地に陥れ、剰《あまつさ》へその上に『ユダヤ禍』の石を投じて、ひそかにこれが報復を恐れてゐる。今再びユダヤ禍説が高からうとも、そは畢竟白人の迷妄である。然るを口に『外來思想の撲滅』を絶たざる者、自ら這《こ》の外來思想に迎合して怪まざるが如きは、眞にこれ日本民族の恥辱ではないか。今日の急務は東海日出國民の義憤を以て、世界の惡夢を覺破せしむることに在る。是れ理由の第三」（同上書、一九頁）。

人種主義への徹底的な批判というのは当時のアジア主義者の特徴といってもいいが、ユダヤ人差別に関してここまで踏み込んで述べる国家主義者は満川をおいて他にはいないといっていいだろう。「福岡のユダヤ禍論者」というのは、松居錬石という人物で『猶太民族の大陰謀とは何ぞ』を著している。満川によれば、松居は「明治四十一年出身の京大法學士で、現に福岡縣飯塚町の鑛業中野家の支配人であるといふ。筆者の如き熱心なるユダヤ禍論者があり、筆に口に宣傳是れ寧日なしといふ結果であらうか、北九州の一角にはユダヤ禍を信ずる人々が相當澤山あるらしく思はれる」（同上書、九六頁）状況なのである。

9　吉野作造との関係

記憶としての地震

二〇一六年四月一四日、熊本で震度七の強い地震が起き、一六日には本震が同地域を襲った。熊本県、大分県のすべての被災された方々に心からお見舞いを申し上げたい。

私の専門としているパレスチナ／イスラエル地域も地震多発地帯である。海抜下にあるヨルダン峡谷のガリラヤ湖、死海、ヨルダン川、そしてシナイ半島東側のアカバ湾は、大地溝帯の一部をなしている。このヨルダン地溝帯においては、アフリカ・プレートとアラビア・プレートがぶつかる断層が走っている。したがって、この地域に住む人びとも歴史を通じて何度も大地震を経験している。中東においても地震は決して他人事ではないのである。

また、アラビア・プレートとアナトリア・プレートとがぶつかる構造線上に位置するトルコや、同じアラビア・プレートがユーラシア・プレートと衝突する断層上にあるイランでも大地震がしばしば起こっている。この事実は日本でもよく報道されており、この中東も日本列島同様、地震が多発する地域として私たちの記憶に刻まれている。

熊本ゆかりの蘆花・蘇峰・大川周明

私自身は運よく、中東地域での長期滞在中に大地震に遭遇することはなかった。しかし、例えば、約二年住んだエルサレムでも近い過去に何度か大地震が起こっている。その際、聖墳墓教会の一部が倒壊し、その修理費をめぐってキリスト教宗派間の紛争が起きている。諸教会は政治的影響力を増大するためにお金を出したがるからである。地震が宗教的な政治問題を引き起こすのである。

さて、これまで取り上げてきた人物の中にも今回地震の起きた熊本県にゆかりのある作家がいる。二度のエルサレム巡礼を果たした、水俣生まれの徳冨蘆花がその代表例である。後述する蘆花の兄である蘇峰も熊本県生まれである。また、熊本は国家主義者とも接点がある。大川周明は、生まれは山形県庄内の酒田ではあるが、五高出身で旧制高校時代を熊本で過ごした。大川が在学中の一九〇六年、当時許されていなかった五高から一高への転校が栗野昇太郎という学生に許された。その転校は、政治的影響力をもつ政府高官であるその学生の父親と文部省との間の情実で行われたとされた（栗野事件）。大川は学生による反対運動の急先鋒だったということで五高の歴史にその名前を残しているそうだ。

さて、大川周明は東亜経済調査局時代に博士論文を執筆して、それを『特許植民会社制度研究』を一九二七年に寶文館から刊行している。大川が東京帝国大学法学部に博士論文を提出した際、博論受理に尽力してくれたのが、意外に思わるかもしれないが、大正時代に一世を風靡した民本主義で著名な吉野作造（一八七八～一九三三年）だったのである。この博士論文は、大川が五・一五事件に連座して下獄中に執筆した学問的著作の代表作である『近世欧羅巴植民史』として結実し、一九四一年に慶應書房から出版された。吉野から大川に宛てた手紙が、酒田市にある大川家に残っている。

吉野作造は宮城県生まれであるが、同志社の総長となる海老名弾正（一八五六～一九三七年）によって受洗したキリスト者である。海老名は蘆花の兄、徳富蘇峰らとともに熊本バンドを結成した際のメンバーであった。大川がわざわざ五高に進学したのも尊敬する横井小楠（一八〇九～一八六九年）の存在が大きかったが、その息子である横井時雄（一八五七～一九二七年）も熊本バンドのメンバーであった。大川は鶴岡にある旧制荘内中学校時代に鶴岡カトリック教会でフランス語を勉強しており、キリスト教にも関心をもっていた。大川の場合、キリスト教を学ぶ過程で、もっぱらカトリックよりもプロテスタントに惹かれたらしい。

ちなみに、熊本バンドとは、札幌バンド、横浜バンドとともに、日本におけるプロテスタント・キリスト教の三大源流の一つである。熊本バンド自体は、熊本洋学校の生徒有志が一八七六（明治九）年に熊本城外の花岡山で祈禱会を開き、キリスト教奉教趣意書に署名したことに由来する。その多くはその後、新島襄の設立した同志社に転校するのである。

ユダヤ・フリーメーソンリーと吉野作造

吉野作造は、同時代のユダヤ・フリーメーソンリー陰謀説に対して厳しい批判を展開した論者として知られていた。とりわけ、第一次世界大戦後、「マツソン秘密結社なるものについて」（『中央公論』一九二〇年一月号）、そして「所謂世界的秘密結社の正体」（『中央公論』一九二一年六月号）の二回にわたってその論考を世に問うていた。要するに、フリーメーソンはユダヤ人の陰謀だという、当時の日本社会に流布されていた俗説を、荒唐無稽だとして一蹴したのである。

そもそも、日本人が日本にほとんど存在しないユダヤ人について詳しく研究して十分に知っているかというと、ほとんど知らないのが現実である。「猶太人について多く知る所なく、而かも猶太人には警戒せよ警戒せよと云ふのだから可笑しい」（同上）と吉野は一笑に付すのである。日本はユダヤ人が存在しないにもかかわらず反ユダヤ主義が蔓延する類稀なる社会なのである。吉野は、ドイツ啓蒙主義の劇作家としてドイツ近代文学の基礎を築いたと評価されるレッシング（一七二九～一七八一年）の作品「賢者ナータン」についても論評を書いている。

さて、満川亀太郎が一九二九（昭和四）年に平凡社から『ユダヤ禍の迷妄』出版したことは前節でも述べた。満川は同書の第四章「我國に於けるユダヤ禍説反對」において最初に取り上げている論者が吉野作造なのである。満川は「我が國に於けるユダヤ禍説に對し、眞先きに反對の聲を擧げたのは、私の知る限りにては吉野作造博士であった。博士は大正一〇年六月發行の『中央公論』雑上、「所謂世界的秘密結社の正体」と題し、四十餘頁に亘ってフリー・メーソンのために可なり詳しく辯護の勞を取られた」（同上書、一〇一頁）という書き出しで始める。満川は吉野の次の文章を引用する。

「一體マッソン結社といふ名からして可笑しい。フリー・メーソンリーは時としてマソニックといふ形容詞で呼ばる丶事はある、併し何うもぢつてもマッソンといふ發音は出て來ないのである。甚しきは英國では此結社をフリー・メーソンの名稱で呼ぶが、獨逸、佛蘭西方面ではマッソン結社と云ふなど丶出鱈目を云ふて居るものもある。獨逸ではフライ・マウヱ《ママ》ラ《ママ》イ、佛蘭西ではフラン・マソンヌリーで、マッソンとは何うしても讀めないのである」（同上）。

そもそも、吉野が英仏独の呼び方の違いを鼻先でせせら笑うように述べた些細な部分を満川がなぜわざわざ引用したのであろうか。それは吉野論文が次のような経緯から書かれたためである。すなわち、一九一九年一〇月頃に『東京朝日新聞』に掲載された次のような記事が吉野の目に留まった。それは、東北の某県で『過激派の陰謀』と題する出版物がその県下の役場、学校、図書館などを含めて民間の有志に広く配られ、その出版物の中であらゆる新しい運動が罵られているというような批難の記事であった。吉野がその記事について調べてみると、県庁の肝煎りで指名された「民力涵養委員」なるものが、中央のある筋から配布された『過激派の陰謀』という出版物を見て、時勢に適切かつ有益だとみなし、公費をもって多くの部数を複製し、わざわざ書面を添えてこの出版物を配ったということがわかったのである。ここでいう「過激派」とはユダヤ人のフリーメーソンということになる。

過激派＝ユダヤ人のフリーメーソン？

このような荒唐無稽の説を流布するために公費を濫費するのはとうてい許されることではない。この問題が表沙汰となって、「民力涵養委員」の代表者が出版法違反に問われ、罰金刑に処せられたというのである。この根も葉もない陰謀論が東北の僻地まで、かなり広く伝わったことに吉野は強い危機感を覚えたので、反論を執筆した次第なのである。「所謂世界的秘密結社の正体」という論文はこの『過激派の陰謀』という出版物への微に入り細を穿つ具体的な反論なのである。

当然のことながら、吉野はその論文で、英仏独などの呼び方の違いを取り上げて、それでもなお「マッソン結社」と呼び続ける反ユダヤ主義者をせせら笑っており、そのような吉野論文の語り口は、ユダヤ陰謀論者に感情的なレベルでの反発を買うことになる。満川はユダヤ陰謀論者の怒りを淡々と紹介しているのである。

「[吉野作造の]この論文は烈しくユダヤ禍論者の怒を買つたものであつた。北上梅石氏は『猶太禍』の中に曰く／吉野君はフリー・メーソンなるものはあるがフラン・マッソンなる語は何處から出たものであるかとの疑念を起し、祕密結社としてのマッソン結社の實體が無いとの様な口吻を漏して居ますが、吉野君の如く英語一天張で英語の外に名稱が有り得べからざるものと信じて居らるる人には、斯かる主張は尤もの次第であります。然るに豈計らんやフリー・メーソンなる名稱は英語丈けであつて、歐洲大陸卽ち佛語でも獨逸語でも露語でも此の結社はフラン・マッソンと呼ばれて居るのであります。吉野君の知つて居らるゝ英語にフラン・マッソンなる名稱が無いからと云つて結社の實在をも否定する様な筆法で行きますと、吾人の祖國日本をも否定せねばならぬことになります。如何となれば英語にはジヤパンなる國名はありますが、日本（ニッポン）なる國名が無いからであります（二二七頁）」（同上書、一〇二頁）。

ここで取り上げられている北上梅石は樋口艶之助のペンネームであり、『猶太禍』という書籍は一九二三年に出版された。樋口も日本の反ユダヤ主義者の例に漏れず、ロシア語通訳としてシベリア出兵に従軍しており、ロシア白軍将校から『ユダヤの長老たちの議定書』を教えられて翻訳をしている。この『猶太禍』という著作はユダヤ陰謀論を最初に紹介した「先駆的」な書籍と位置づけることができるのである。

満川は続けて、前に紹介した酒井勝軍や松居錬石といったユダヤ陰謀論者による吉野への反論を紹介しつつ、最後に吉野を擁護するのである。すなわち「問題の中樞は、フリー・メーソンなる團體が果してユダヤ人の世界破壊を企らむ秘密結社であるや否やという點である」とした上で、吉野が「常識から考へても猶太人が一人残らず斯ういふ陰謀に關係あるとか、又斯ういふ陰謀の遂行の目的ですべての猶太人が固く結束してゐるといふやうな事はあり得べきこと、は思はれない」(同上書、一〇四頁) と述べているのは「ユダヤ禍論者の急所を衝いてゐる」として高く評価する。ただ、満川は次のように文章を終える。

「博士が動もすれば國賊扱ひを受けかねまじきユダヤ禍反對論者の魁をなしたのは、何としても沒すべからざる功績である。たゞ惜しむらくはその後博士がユダヤ禍に對する言論に寂として接せざることや。若しも頑迷の徒相手にしても致方ないといふ態度を取つて來たものとすれば、ユダヤ禍説今日の蔓延に對しまことに遺憾な次第である」(同上書、一〇四〜一〇五頁)

要するに、吉野がその後、ばかばかしいとしかいいようのない反ユダヤ主義者たちの吉野の攻撃をまったく無視して相手にしなくなったことが、逆に反ユダヤ主義の広がりを許してしまったことこそが遺憾だと満川は考えているのである。

10 ソ連のユダヤ人自治州への洞察

ヘブライ語学校でのバクー出身の青年との出会い

四半世紀以上前の話である。エルサレムのヘブライ大学に付設されたウルパン（ヘブライ語学校）に通っていた。イスラエルはユダヤ人の移民国家なので、ユダヤ人とはいっても全員がはじめからヘブライ語を理解できるわけではない。当時、旧ソ連からのユダヤ人移民が圧倒的多数であった。私が通ったウルパンでもほとんどが旧ソ連出身者であった。当然、教室内ではロシア語が飛び交い、ロシアのユダヤ人社会が再現されているような雰囲気だった。

あるヘブライ語のクラスでアゼルバイジャン共和国のバクー出身だという若者が話しかけてきた。私がアラビア語を勉強し、話もするということをたまたま知ったからだった。彼はちょっとはにかみながら、実は自分の父親はムスリムだが、母親はユダヤ人だと「告白」したのである。私はなるほどと感心した。というのも、イスラエルに移民することのできるのは「母親がユダヤ人であるか、あるいはユダヤ教徒である」からである。これはイスラエルに移民して国籍を取得できることを規定したた。

「帰還法」にも明記されており、そのユダヤ人規定はユダヤ宗教法と同じである。帰還法は後になって改訂されて「他宗教に改宗していない者」という新たな条項が付け加えられることになる。ここでは紙幅の関係上、省略するが、この改訂によってユダヤ人規定がより宗教的性格を強めることになった。

ところで、旧ソ連では宗教は公的な場では禁じられていた。にもかかわらず、イスラエルへの移民の際には「ユダヤ人」であることの証明書をラビ（ユダヤ教の宗教指導者）からもらわなければならない。となると、当然、ユダヤ人であることの偽造証明書が横行することになる。私がイスラエルに滞在していた一九九〇年代初頭、新移民を管轄していた内務大臣が、新移民の半分以上はユダヤ人ではない、という爆弾発言をしたのもそんな背景があった。要するに、あわよくばソ連を脱出してイスラエル経由で欧米諸国に渡ろうとした、旧ソ連からの自称「ユダヤ人」が「偽ユダヤ人」の摘発の標的になったわけである。

旧ソ連系ユダヤ人新移民の中でもとりわけ老人たちは「約束の地」である新天地で、わざわざ苦労して新たにヘブライ語を勉強する気などさらさらなく、ロシア語でそのまま生活をしていた。そんなこともあって、当時のイスラエル社会ではロシア語が事実上の「公用語」の地位を獲得したのである。ロシア語放送もあれば、ロシア語新聞もあった。おまけに、イスラエル市民権をもつアラブ人の中には、ロシア正教会と同じ東方正教会に属していて兄弟関係にあるギリシア正教徒もたくさん住んでいるのである。ロシア出身のロシア正教徒とイスラエルに住むギリシア正教徒は、同じ正教徒としていろいろな接点ができたそうである。イスラエルのテレビではコメディ番組が盛んでこんな正教徒同士の恋話を含めて笑いの対象になっていた。

満川の偏見から解き放たれたユダヤ人観

さて、くだんのバクー出身の「ユダヤ人」青年である。彼はイスラエルの帰還法の母親がユダヤ人であるというユダヤ人規定にしたがって、イスラエルに移民してきたわけである。しかし、ムスリムである父親は移民の対象にならない。なるほど、イスラエルはこうまでしてユダヤ人の人口を増やさねばならないのかと感心したことを覚えている。その後、どんどんとユダヤ人規定の適用範囲が広がっていって、アジア地域に住んでいる「ユダヤ人」とおぼしき集団までもがことごとくイスラエルへの移民を認められるようになった。

例えば、ミャンマー（ビルマ）に角のように食い込んだインド領であるナガランド出身の伝説の「ユダヤ人」の移民がその典型であった。アジアのモンゴロイドのような顔をした「ユダヤ人」なのである。私自身、かつてインドのムンバイのユダヤ関係施設を訪問した時、ナガランド出身の「ユダヤ人」が職業訓練を受けており、近々イスラエルに移民するなどといったことを記憶している。

私がイスラエルに滞在した期間はちょうどソ連崩壊期であったので、ロシア系ユダヤ人移民との付き合いはそれなりにあった。当然、ロシア出身のユダヤ人にも関心をもつようになった。満川亀太郎もロシアへの関心は並々ならぬものがあった。というのも、ロシアにおけるユダヤ人迫害こそが、満川にユダヤ人への関心をもたせる最大の要因になったからである。

満川の著書『ユダヤ禍の迷妄』もそのようなロシアのユダヤ人への関心が通奏低音のように流れて

いるともいえる。当時の日本における反ユダヤ主義論者は、ユダヤ人＝共産主義者という図式の下に、ロシア革命はユダヤ人の「陰謀」で起こったと考えていたが、満川はこのような荒唐無稽なユダヤ陰謀論に基づく偏見からは自由であった。

「一九一七年レーニンのロシア革命によつて、壓迫されたる諸民族の解放を見た。そはボルセウィキ［ボルシェヴィキ］の戰術であったと否とに拘らず、大膽に異民族が解放されたことは事實である。ロシアの社會民主黨の人々が祖師と仰ぐカールマルクスはユダヤ人であつた。而してロシアに於けるユダヤ人は近世に於て帝制政府から極度の壓迫を受けたのであるから、彼らの中からマルクスの理論に走り、ロシア革命に參加せしものあるは敢て説明の要なきほどである。それ故レーニンの革命成功するや、多くのユダヤ人は勞農政權の中に入つて行つた。然かしそは飽くまでも『多く』であつて、『大部分』といふ意味ではない。勞農政權の大部分は依然としてロシア國民中最大多數を占むるスラヴ人であつたのである」（満川亀太郎『ユダヤ禍の迷妄』平凡社、一九二九年、三七頁）。

満川は革命前のロシアにおいてユダヤ人が抑圧された少数民族であることを、統計学的な数字を挙げながら論じ、ユダヤ人が数字の上で増加したのは革命で解放されたためだと評価しているのである。もちろん、反ユダヤ主義者は相も変わらずユダヤ人が革命を引き起こしたと主張し続けていることも満川は承知している。

「ユダヤ人は最初ロシア革命を起してロマノフ王朝を倒壊したる元兇の如くに宣傳された。ソヴエト［ソヴィエト］政府はロシアの政府に非ずして『ユダヤ政府』であるかの如く云為《うんい》された。『ユダヤ人はすでにロシアを占領して過激派政府を建てた。この上何を苦しんで狭隘なるパレスタインの天地を固執する必要があらう』とは一部の排セム主義者が異口同音に叫んだところである。然かも事實は決してかくの如きものではなかった。ユダヤ人がロシア革命によつて解放されたることは疑ないが、依然として社會的排斥の悲境に沈淪してゐることも事實である。ソヴエト政府の基礎が固まれば固まるにつれて、この傾向はます〳〵甚しきを加へて來た」（同上書、三九頁）。

ロシアでのユダヤ人社会への洞察

満川はソ連のユダヤ人の政治的現実についても冷静に観察している。したがって、建前としてインターナショナルを唱える共産党指導部においてユダヤ人が占める政治的比重についても「寂寥たるもの」として、ほとんど期待していない。

「ロシア共産黨内部に幹部派反幹部派の爭が激烈であつたのも、この根本的原因は共産黨内に於けるユダヤ人排斥にあった。かくてトロツキー、ジノヴイエフ、ラデック、カーメネフ等のユダヤ人は共産黨から排斥されたのである。それ故今日勞農政府の中に、ユダヤ人が幅を利かしてゐるのは、たゞ商業部と駐外外交官位なものである。共産黨内に於いても氣の利いたユダヤ人はトムスキー一人位なものであらう」（同上書、四〇頁）。

満川は、革命前から多民族国家として知られるロシアの統治の難しさについては承知している。だからこそ、革命後民族自決の原則にしたがって民族共和国を認めていったことを、「民族自決を以て最初よりの政綱としたりしとはいへ、ソヴエト政府組織に當り、直ちに民族主義を採用して各共和國を建設し、その未だ獨立の能力無きものは本國に直屬する自治州とし、全體を合せて所謂ソヴエト聯邦をしたのは賢明なる政策」（同上書、四二頁）であったとして高く評価する。ただし、ユダヤ人に対しては革命後すぐに民族自決の原則は適用されなかったので、極東に位置するビロビジャンの「ユダヤ人自治州」におけるユダヤ人植民の可能性についてはソ連における反ユダヤ主義を理由に留保している。

「ひとりユダヤ人に至つては從來都市に密集せし關係なりしとはいへ、久しく自治獨立の一國を與へられなかつた。その後大に省察するところあつて、一度びクリミヤの地に割き與へんとしたが、ロシア人の間に反對意見などが起り、その計畫は行詰つたので、今回新に極東ハバロフスクの西方黒龍江沿岸二百五十萬ヘクタールの地たるビル・ビヂヤン［ビロビジャン］にユダヤ人共和國の植民地を建設すること丶なつた」（同上）。

満川は、現在ではビロビジャンと表記されるのが一般的になったこのユダヤ自治州の首都名を「ビル・ビヂヤン」と表記して、旧ソ連と中国との国境を流れるビラ川とビジャン川の両河川を組み合わせた命名であることをきちんと示唆している。さらに、ビロビジャン自治州を「第二のパレスチナ」とまで呼んで「安住の地」とみなす。もちろん、「完成は決して容易なことではなかろう」（同上）という、もっともな条件を付している。

「ソヴエト政府當局者は、一は以て國内に於けるユダヤ人排斥の風潮を鑑み、一は以て彼等ユダヤ人の將來を案じて、遂に第二のパレスタインを極東に建設すべき案を創めたのである。／ロシアに於けるユダヤ人は、革命後十年にして漸くこゝに安住の地を見出さんとしつゝある。然かもこれが完成は決して容易なことではなかろう」（同上書、四三頁）。

さらに当時、この地域は満蒙問題との関連で一般国民にも関心が高かったのであろう。ビロビジャンの位置と境界線とを、村名を含めて微に入り細を穿って説明しているのは興味深い。

「今少しく問題のビル・ビヂヤン地方を檢するに、その境界は大體に於て黑龍江の南境としてペトロフスコエ村より河を溯り、バシコウオ村に至つて北東に折れ、黑龍鐵道オーブルチエ驛に出で、北境線路より二十露里の北方を線路に沿ひて同驛より東に走り、約二百二十五キロにしてイン驛に達し、それより南下して黑龍江岸のペトロフスコエ村に歸着する線である」（同上書、四三頁）。

ソ連政府がビロビジャンにかなりの予算を割いていることにも注目する。

「ロシア官憲の報道によれば、同地方には豊富なる森林、石炭、鐵等の鑛区があり、ユダヤ人永遼の安住地とせんがため、政府はすでに右植民地の開墾費として一九二八年に於て三百十萬ルーブルの支出を行つた外、道路の新設並に修築費、移民用家屋建築、用具購入等の豫算をも決議し、將來十萬戸のユダヤ人をこゝに移住せしめ、ユダヤ人の自治共和國として恥づかしからぬ新國家を建設せんとするにある」(同上書、四三〜四四頁)。

とはいいながら、この自治州については欧米に居住するユダヤ人からも関心を引いているものの、その成否については議論が分かれている。現在では二〇〇〇人ほどのユダヤ人しか住んでいない現状から、この試みは失敗であったと事後的に断じることは簡単ではあろう。しかし、当時国際社会の注目を浴びていた計画であったことはたしかである。

「ビル・ビヂヤン地方が果して宣傳さらるゝが如きユダヤ人の植民地として、更に一歩を進めてユダヤ共和國の建設地として好適の地であるや否やは、今少しく藉《か》すに時日を以てせなければならぬ」(同上書、四四頁)。

11　日猶同祖論者・酒井勝軍

日本人とユダヤ人
――日猶同祖論

「二つのJ」といえば内村鑑三のJapanとJesusが有名だが、国際的な嫌われ者の「二つのJ」はJapaneseとJewsだと喝破したのは、日本研究者のベン＝アミ・シロニー、エルサレム・ヘブライ大学名誉教授である。日本人とユダヤ人は似た者同士なので、「類は友を呼ぶ」というべきか、あるいは「同類相憐れむ」というべきか、いずれにせよ、この二民族はすぐに親しくなるという。また、双方共々、優秀な民族で商売も上手なので、周囲から嫌われ、国際的に孤立してしまい、嫌われ者同士がお互いに近づく、というわけである。

イザヤ・ベンダサンこと山本七平氏が著した『日本人とユダヤ人』は一九七〇年代にベストセラーになった。その当否は別にして、日本人とユダヤ人とを比較の俎上にあげること自体が両民族の共通性が強く意識されている。とりわけ「外国人」による「日本人論」が大好きな日本の読者だからこそ同書が広く受け入れられたのであろう。もっとも、山本氏の目ざすところは、敵国に囲まれたイスラエルと違って、水と安全はただだと思っている日本人の安全保障と危機への意識が希薄なことへの警告であった。同書に対する批判も数限りなくあるが、ここでは両民族の比較に注目してみたい。

この二つの民族の比較という観点から思い出すのが、いまだに絶大な人気を誇る日本人のルーツはユダヤ人であるという「日猶同祖論」である。この同祖論が事実かどうかなのはここではまったく問題にならない。むしろ、このような議論がいまだに真面目に語られているところに、日本人が自らのアイデンティティをいまだに模索し続けているのかとつい思ってしまう。日本語起源説の論争とも相通じるところがある。

日本人とユダヤ人は共通の祖先をもっているという「日猶同祖論」は、古代イスラエルの失われた一二氏族の伝承に基づいている。明治初期に来日したスコットランド人ニコラス・ノーマン・マクラウドが一八七八年に長崎で出版した英語の著作『日本古代史要説』において展開した説である。古代史は依拠できる史料が極端に少ないがゆえに、まさに逞しい想像力をともなう「ロマン」なのであろう。しかし、実態は妄想に近いと私自身は考えている。

さて、英語版ウィキペディア「日猶同祖論」の項目を見てみると、その分量はわずか四ページほどの短いもので、ヨーロッパ帝国主義者のエージェントが唱え始めた俗説として一貫して懐疑的な論調で書かれている。しかし、日本語版ウィキペディアとなると「日ユ同祖論」の項目は実に饒舌である。二一ページにもわたり微に入り細を穿って記述されている。ここにも日本人の「日猶同祖論」への暗い「情熱」を垣間見ることができよう。

神がかり的日猶同祖論者
――酒井勝軍

これまで取り上げてきた満川亀太郎は自著『ユダヤ禍の迷妄』の巻末に、一九二八年一一月に行った座談会「ユダヤ問題に関する平凡座談会」を再録している。座談会の司会が同書の発行元の平凡社の創業者で社長である下中彌三郎（一八七八〜一九六一年）であり、出席者は満川のほかに、信夫淳平、酒井勝軍、大竹博吉、樋口艶之助、大石隆基といった面々である。ここでは日猶同祖論者として令名を馳せたキリスト伝道師、酒井勝軍《かつとき》（一八七四～一九四〇年）と満川の発言を中心に見てみよう。酒井勝軍は、冒頭で触れた満洲の河豚《ふぐ》計画で知られる安江仙弘《のりひろ》が一九二七年に聖地パレスチナを訪問した際に英語通訳として同行した人物である。安江の河豚計画とは、対米関係改善のためにヨーロッパからユダヤ難民を旧満洲国に受け入れて、そこにユダヤ人国家を建設して、アメリカのユダヤ資本の投下を促そうという試みであった。

酒井勝軍で思い出すのは、前述のシロニー教授のヘブライ大学の研究室をかつて訪れた時、シロニーさんが酒井の著作のコレクションの一部を見せてくれたことである。酒井は一言でいえば、神がかりといっていいオカルト的な日猶同祖論者である。シロニーさんは酒井の独特の親ユダヤ的主張に興味をもっていた。

前述の座談会で司会者の下中は酒井がどんな仕事をしてきたのか、水を向けている。酒井は史上名高い反ユダヤ主義の偽書『シオンの長老たちの議定書』について次のように述べる。

「この書物が僞書であらうが、本物であらうが猶太人ならば今の世界を叩き潰すぐらゐの事は遣りかねないと考へて段々調べてみたところ、恐るべきは猶太人ではなく、ロシア人とアメリカ人であることが判つて來た。私の結論としては、猶太人は世界の毒素という如き質の悪い民族ではない。最後は必ず日本と握手せねばならぬ民族であるが、現在世界を統一して行かうといふには、自然日本にも手を觸れなければならぬ。彼等としては歐洲を覆滅することが目的であるが殊にロシアのロマノフ王朝を最も憎んでゐた。日露戦争の時シツフ〔米国のユダヤ人銀行家シフ〕が單獨で日本の軍事公債に應募したのは、大に日本の手でロマノフロシアを破つて貰ひたかつたからだ。明治天皇は畏くもシツフに勲二等の勲章を授けてゐられる」（満川亀太郎『ユダヤ禍の迷妄』平凡社、一九二九年、二五三頁）。

ヤコブ・シフが日露戦争時に日本の国債を購入して日本の武器購入の手助けをしたという逸話はよく知られている。ロシアがポグロム（組織的ユダヤ人迫害）でユダヤ人を虐殺してきたからである。「敵の敵は味方」という論理に基づいて日本を支援した人物である。

また、酒井の発言はロシアとパレスチナの「共産主義」を比較する議論に移っていく。つまり、ユダヤ人シオニストの共同農場であるキブーツをユダヤ人の「共産主義」として語るのである。

「元來猶太人の共產主義は公產と譯すべきものだらう。パレスタインへ行つて猶太人の殖民地を見ると涙のこぼれるほど成功してゐる。そして猶太人は皆日本の古武士に見るが如き立派な人物で金を貸しても決して利息など取らぬ。それだからロシアの共產黨は貧民が騒いで金持から奪らうといふのだが、パレスタインの猶太人は有產階級が騒いで金のある者が出さうといふのだ。その相違がどこから來るかと言へば神を信ずると信じないとの相違である。極端に言へば神を信じない者は猶太人ぢやない。勿論ロシアの共產黨や革命運動に參加した者の中に猶太人は居ることは居るが、そんな意味で猶太人であるといふことは出來ない。つまり割禮をして神を信じてゐる者のみが猶太人であつて、陰謀などをする者ではない」（同上書、二五三〜二五四頁）。

この箇所に酒井のユダヤ人理解の特徴が表れている。ユダヤ人を、神を信じる信仰者としてのみ位置づけようとしているからである。このようなユダヤ人理解は狭すぎると批判することは簡単であるが、酒井の思想的変遷を考えると次のような発言から、なるほどと納得することができる。

「猶太人の理想は神政復古であるが、それには先づシオニズムによって猶太の國家を造ることが必要だとしてゐる。猶太人は最早自分の國が出來たので英國人を前に置いて、我々東洋民族は大に奮起せねばならぬなどと氣焔を揭げ、日猶握手論を唱へる者もあるほどです」（同上書、二五五頁）。

酒井のユダヤ人理解のキーワードは「神政復古」にあり、そのような理解が「日猶握手」を通じて日本の「神政復古」と重ね合わされていくことになるのである。そのような酒井の理解に対して満川は水を差すように次のように発言する。

「私はパレスタインに於ける猶太の建國運動は非常な困難に陷つてゐるやうに聞いてゐる。同地の人口八十萬中六十萬人までが囘教徒たるアラビヤ人で、あとの二十萬人が猶太人と基督教徒たる歐洲人とである。そこで三つの異つた宗教と人種とが混雑してゐるので、英國などもバルフオーア宣言を出したことは出したが今では大いに手古摺つてゐる。それからも一つはパレスタインが聖書で想像するやうな肥沃の土地ではないので、農業になれてゐない猶太人の植民政策は旨く行かぬらしい」（同上書、二五六頁）。

日本陸軍内部の反共と結びついた反ユダヤ主義

満川は一九二〇年代終わりのパレスチナ情勢を踏まえて論じているのであるが、満川の同時代人としての状況判断の方がはるかに現実的であることがわかる。しかし、酒井は満川に対して英国の反ユダヤ主義的風潮を背景とした英国陰謀説ともいうべき持論を掲げて反論する。

「それ［植民政策の成功］は猶太人の非常な努力を要する點でせう。英國政府などもアラビヤ人を煽動して猶太人が成功しないやうに騒がしてゐる。その著しい例は十年前エルサレムのお城の中で猶太人が数十人虐殺されたことがある。それはアラビヤ人が遣つたのだらうと思つてゐたが、今度行つて見ると豈に圖らんや英國の反猶太主義者が英國國旗の下でやつた仕事であつたことが分つた。反猶太熱は英國のみでなく全歐洲に行き亘つてゐるのだから、どの位猶太人が憎まれてゐるかゞ分かります。殊に歐洲の耶蘇教信者の裏面を探つて見ると彼等は随分非道い罪悪を行つてゐる」（同上書、二五六～二五七頁）。

酒井が発言の中で指摘している、一〇年前のアラブ人によるユダヤ人の虐殺とは一九二〇年四月に起きた「ナビー・ムーサー事件」を指しているのであろうが、私自身は英国の反ユダヤ主義者が引き起こしたことだという事実は寡聞にして知らない。ただ、酒井がヨーロッパのキリスト教徒の反ユダヤ主義的な態度の指摘は正鵠を得ているといえよう。そして、酒井は日本がユダヤ人と親しくせねばならぬと唱える。

「そこで今日までの見込は兎に角、今後若しも日本が何處かの國と戦争をしなければならぬといふやうな場合、何處から軍費を仰ぎ、材料を持つて來るか。私はそんな點から考へても今後は大に猶太人と親しくして行くより外に途がないと思ふ。今度出版した拙著『橄欖山上疑問の錦旗』に詳しく書いて置きました」（同上書、二五七頁）。

酒井の著作については別途議論するとして、座談会の話題は日本陸軍内部における反共と結びついた反ユダヤ主義の蔓延へと進み、満川はこの反ユダヤ主義を「ロシア革命＝ユダヤ人陰謀論」として一蹴するが、酒井もそれに同調する。

「［シオンの長老たちの］議定書の陰謀とシオニズムを一緒にしては不可ない。議定書を全譯した包荒子［前述の安江仙弘］もパレスタインを實際見てから考が變つて、あの書物はもう出版してしまつたのだから致方もないが、もう古くて駄目だと言つてゐる」(同上書、二五八〜二五九頁)。

満川は次のような批判を世界破壊の大陰謀だと騒ぎ立てる日本の反ユダヤ主義者に投げかけるのである。

「それなら世界破滅の大陰謀だなど、騒ぎ回つて何も知らぬ田舎の人々を驚かし、可憐なる猶太人を傷つけた猶太禍論者は何の顔を以て罪を天下に謝するのです」(同上書、二五九頁)。

第四章　大日本帝国軍人の中東観――安江仙弘・四王天延孝

1　安江仙弘の著した『猶太の人々』

ダーレトで出会ったヘブライ語教師

初めて短期でイスラエルを訪問した時、たいへんな緊張を強いられたことを覚えている。イスラエルは国民皆兵なので兵役に就いていて休暇で里帰りしている兵士たちが軍服のまま小銃を携えて街を歩いているからである。場合によってはバスなどで隣り合わせることもあった。だからこそ、武装したユダヤ人国家に対して何となく身構えていた。漠たる恐怖も感じた。もちろん、それは私自身の思い込みに由来するにすぎなかったのであるが。

そんな警戒感もエルサレムに長期間にわたり滞在するようになってからは薄れていった。エルサレム・ヘブライ大学のウルパン（新移民のためのヘブライ語学校）に通い始めてから、個人的にユダヤ人の知り合いも増えた。シオニズムというナショナリズムに対しても肩肘を張った構えもなくなった。イスラエル人はみなシオニストだという思い込みも現実離れしたように思い始めて、何となく肩透かしを食った感じをもち始めたのである。

ウルパンでの現代ヘブライ語の授業は約三カ月ごとのセミスター制で各段階のクラスより構成されている。ヘブライ語アルファベットの名称に従って、アレフ（Ⅰ）、ベート（Ⅱ）、ギーメル（Ⅲ）、ダーレト（Ⅳ）、ヘー（Ⅴ）、ヴァーヴ（Ⅵ）の六段階である。教師もコースごとに変わる。サマー・ウルパンでは海外からも多く参加するため、院生のアルバイト教師も動員されたりする。

そんな中で一番印象に残っているのは、たしか第Ⅳ段階だったか、私とほぼ同世代のヘブライ語男性教師であった。その教師の話を聞いてから、そうかと合点がいったのである。

物静かな人だった。現代イスラエル文学を専攻していると話していた。おそらく、彼は一九五〇年代の中ごろの生まれだろう。この世に生を受けたのはイスラエル建国から一〇年ほどたったころである。日本でいえば、経済企画庁が一九五六年に経済白書を発表して「もはや戦後ではない」と宣言して、流行語になった時代である。イスラエルは建国のための独立戦争から八年ほど経過した一九五六年に再びスエズ戦争（第二次中東戦争）を起こしたころでもある。西ドイツからの賠償金のおかげで経済的テイクオフを経験し、国家として安定し始めた時代なのである。

一九五〇年代中ころ生まれの世代のイスラエル人は二〇歳前後で一九六七年の第三次中東戦争を迎えた。その時、イスラエルはヨルダン川西岸・ガザ、シナイ半島、ゴラン高原といった広大な占領地を獲得して軍事大国になった。一八歳になって約三年間の兵役に就くころには一九七三年の第四次中東戦争に従軍することになる。この世代に属する人びとは、兵役終了後の一九七〇年代終わりに大学に進学することになる。そして一九八二年のイスラエル軍によるレバノン侵攻（レバノン戦争）で予備役として再び動員されることになるのである。レバノン戦争はイスラエル現代史において初めて侵略戦争かどうかで国論が二分した。それまでの戦争は防衛戦争と認識されていたからであった。

レバノン戦争を経験した世代の若者たちは建国時の熱狂とはすでに無縁である。建国時に生まれた少し上の世代、つまり日本でいえば「団塊の世代」あるいは「全共闘世代」と呼ばれる世代は兵役のときに六日間戦争（第三次中東戦争）を経験して、「強いイスラエル」を実感した。しかし、一九七三年のヨーム・キプール戦争（第四次中東戦争）ではイスラエルはアラブ諸国から先制攻撃を受け、緒戦では敗戦の可能性すらもあった。そしてレバノン戦争はイスラエルにとっては敗北すらも含意しており、アメリカのベトナム戦争に相当する。そんな苦い戦争の経験をしている。だからこそ、戦争を正当化するイデオロギー的な熱狂に対しては極めてシニカルな知識人を生み出していったのである。

年齢的には私と同じくらいのくだんのヘブライ語教師は次のように静かに語った。「われわれの世代は、シオニズムなどといった大上段に構えたナショナリズムのイデオロギーにはもう心から熱狂できない。ぼくがいま関心のあるのは、日常生活のなかのごく些細なことなのです」。この「ごく些細なこと」というヘブライ語を直訳すると「小さなこと《マ・シェ・フー・カタン》」ということになる。こんな表現に大義なき戦争であるレバノン戦争を経験した世代の人びとの厭戦の気分を表わしているように感じた。同世代の人間として彼に共感しつつ、同時に彼のこの一言が私自身のイスラエル社会への偏った見方を大きく変えることになったのである。

旧日本陸軍軍人の猶太問題専門家

自分のイスラエル観の変化について、くどくどと述べたのは、実は旧日本帝国陸軍の軍人で「猶太問題専門家」と呼ばれた安江仙弘も同じような経験をしているからである。この点についての詳細は追々述べていくことにしたい。

ところで、日本軍の「猶太問題専門家」と呼ばれる軍人たちの共通点としては、シベリア出兵を経験していることである。シベリア出兵とは一九一八〜一九二二年、つまり大正七〜一一年の期間に行われたロシア革命への干渉戦争である。日本は、チェコ軍を救援する名目の下にアメリカ・イギリス・フランス・イタリアなどとともにシベリアに出兵した。日本軍は他国の撤退後も単独駐留したが、結局は失敗に終わった。この時、皇帝派で反革命軍でもあった白軍のロシア人将校の中には反ユダヤ主義的な考え方をもつものがいて、日本軍の特務機関で働いていた将校にも反ユダヤ主義に影響を受けたものがいたのである。

安江も前章で述べた通り、そのようなロシア経由の反ユダヤ主義に影響を受けた一人であり、包荒子というペンネームでユダヤ人陰謀論を展開した悪名高き偽書『シオンの長老たちの議定書』を『世界革命之裏面』というタイトルで翻訳した人物でもある。そんな安江は一九二七年にパレスチナへの出張を命じられ、酒井勝軍を英語通訳として現地視察を行っている。帰国後、『猶太国を視る』という著書を昭和五（一九三〇）年に織田書店から出版した。さらに昭和九（一九三四）年に軍人会館事業部から出版したのが『猶太の人々』である。しかし、この著作は昭和一二（一九三七）年には『革命運動を暴く——シオニズムの本源』といささかセンセーショナルに改題されて再版された。

安江の著作『猶太の人々』の「自序」は次のような一節で始まる。

「私が茲《ここ》に在郷軍人會本部の御依頼に依って、猶太民族に關し、私の研究の一端を說述する機會を與へられたことは、眞に光榮と存ずる次第である。／猶太人に關する問題は、世界の經濟、思想、外交等各種の方面に關係を有し、而も其の範圍は、猶太民族が地球の有らゆる方面に分散して居ると同樣、地球全面に亘つてゐる廣範な問題である。從つて猶太民族に關する總ての方面に立ち入り深く檢討することは、素より此の小冊子の許す所ではない」（『猶太の人々』五頁）。

『猶太の人々』の中にみるユダヤ人陰謀論

そして、日中戦争直前の非常時の緊迫感を反映して、「世界の各種方面に隠然たる大勢力を有する、不可思議なる猶太民族」（同上書、一一八頁）の実相を、世界の指導的民族である日本人は知らねばならぬと安江は力説するのである。

「併しながら、日本人が、永く小島國に蟄居してゐるならば格別であるけれども、今や大和民族は、其の國是たる天業を恢弘《くわいこう》すべく、既に大陸に乗り出し、我が日の本の光は皓々として、東洋の一角から世界を照らし始めてゐる。我々大和民族は、最早單なる東洋の一島國人ではなく、之から有らゆる障碍を排除し、盤根錯節［混み入っていて解決のむずかしい事柄］を超へ、我が國の使命遂行に向つて邁進し、依つて以て世の有らゆる邪惡を芟除《さんじょ》［刈り除く］し、全世界の人類の爲に、皇道に立脚する眞の世界平和を招來せしめねばならぬ。此の意味に於て、世界の各種方面に隠然たる大勢力を有する、不可思議なる猶太民族に就て、我々が其の實相を捉へておくことは、極めて必要なことであると思ふ」（同上書、五～六頁）。

安江のユダヤ人観を象徴的に示す表現として「隠然たる大勢力」があるが、これは「ユダヤ陰謀論」と呼べるような見方に簡単につながってしまう。事実、安江はユダヤ人を、国家をもたない「国際的民族」だからこそ、日本人の耳目には触れないとみなしているのである。

「猶太問題は、世界的には最も古い問題ではあるが、我が國にとつては、極めて新しく、又極めて重要な問題である。從來猶太民族に關する研究は、彼等猶太人が顯然たる國家を有せず、且つ其の活動が直接吾人の耳目に觸れないのと、今一つは彼らの國際的民族なる爲め、其の影響を吾人の日常生活の利害の上に、直接認識し得ない所から、問題の無い所に態々《わざわざ》問題を作るが如く考へ、或は全く無關心に之を看過する人々も尠くなかつた。併しながら最近猶太勢力が、國際聯盟の日支交渉問題に於て顯然として現はれ、又思想、經濟問題に於て、彼等の活動が明かに認識されるに及んで、今更の如く、猶太民族の勢力を、人々が感得するやうになつた。私は今迄隠れたる猶太人の勢力に就て、本書の許す限りに於て、研究の一端を紹介しようと思ふ」（同上書、六～七頁）。

安江は、例えば国際連盟はユダヤ人に牛耳られていると考えており、国際連盟での日中交渉は日本対ユダヤの対立だとまで言及している。このように、ユダヤ人が日本とも接点を持つようになって、ユダヤ民族を知ることが急務になるという認識の下に『猶太の人々』の執筆の姿勢を、「ユダヤ陰謀論」であるがゆえに公正なる客観性にあると強調する。

「私は本書を借りて猶太民族を呪咀しようといふのではない、又親猶太主義を鼓吹しようとするのでも無い。私の観察して居る猶太民族を、ありのまゝ読者の前に展開し、猶太民族に關する認識を、多少なりとも深からしめたいと思ふのである。從つて全く公正なる立場に於て、親疎何れにも與《くみ》せず、本書に筆を執る次第である」（同上書、七頁）。

安江は『猶太の人々』を次のような章別構成にしている。すなわち、「一、國際聯盟日支問題に於ける猶太人の活躍」「二、フリーメーソンと猶太人」「三、猶太民族の歴史的觀察とシオニズム」「四、猶太人口並に其の世界分布」「五、革命と猶太民族」「六、獨逸に於ける猶太人」「七、猶太人の財的勢力と其の影響」「八、猶太人の言論機關の掌握」「九、映畫、ジャズ等による猶太人の破壊的宣傳力」「一〇、勞働祭《メーデー》の起源は何か」「一一、我が国と猶太民族」といった具合である。この章別構成は安江のユダヤ人観を見事に表している。次節以降、安江の「ユダヤ陰謀論」を具体的に見ていきたい。

2 パレスチナ訪問記

シリアの軍港タリルトゥース

イスラエル北部にある天然の良港ハイファァについては、本書においてはこれまでも何度か言及した。この港はイスラエル海軍の基地であると同時に、米海軍にもその施設の一部を提供している。米海軍第六艦隊の拠点の一つでもあるのだ。米海軍の第六艦隊は東大西洋地域および地中海を守備範囲としているので、ハイファァは東地中海の米軍の軍事的要ということになる。米軍はこの軍港から中東地域の有事の際には出撃してきた歴史がある。レバノン危機、第四次中東戦争時のソ連と対峙の際、リビア内戦などである。

ハイファァからレバノンを挟んで二五〇キロメートルほど北側の東地中海岸にはシリアの軍港タルトゥースがある。タルトゥース港は、旧ソ連以来、ロシア海軍がこの軍港を使用している。実際、現在でもロシア軍はアサド政権側に立ってこの軍事基地を拠点にしてシリア内戦に深く関与している。換言すれば、ハイファァ港は米ソ冷戦以来、ロシアとの最前線といってもいい、戦略的に重要な位置にあるということである。

かつてハイファァを訪れた時、カルメル山頂の飲食店街に「アメリカ海軍第六艦隊歓迎」といった英語の横断幕が掲げられているのを目にしたことがある。米兵たちがハイファァの歓楽街で骨休めをするのだなと、むしろ沖縄や横須賀など日本にある米軍基地を抱え込む都市の街並みを思い出したことを記憶している。

実は、アメリカと中東とのつながりは、軍事的対立という側面をもつ負の歴史を含めてとても長い。というのも、米軍の「海兵隊賛歌（Marines' Hymn）」の冒頭に中東にある地域名が出てくるからである。それは現リビアの「トリポリ」という地名である。というのも、アメリカはイギリスからの独立戦争後、それまでは英海軍の庇護下にあった状態から自立せざるをえなくなったからである。同賛歌では「モンテズマの間からトリポリの海岸まで我らは祖国のために戦う（From the halls of Montezuma, To the shores of Tripoli, We fight our country's battles）」とあるからである。

このトリポリの地で米海軍の敵となった相手というのが、北アフリカの地中海岸に跋扈していた「バルバリア海賊」と呼ばれる連中である。さしずめ現在でいえば、ソマリア沖に出没する「海賊」である。日本はその「海賊」退治のためにジブチに自衛隊を派遣している。一九世紀初頭の米海軍の話と二一世紀初頭の自衛隊の話が重なってしまうのである。

安江のパレスチナへの興味

さて、前節においては、帝国陸軍の安江仙弘が『猶太国を視る』という著書を昭和五（一九三〇）年に織田書店から出版し、また『猶太の人々』を昭和九（一九三四）年に軍人会館事業部から出版したと述べた。『猶太国を視る』を出版した当時、安江の肩書は「近衛歩兵第四連隊陸軍歩兵少佐」であった。この肩書は同書の中表紙に記されている。安江は「自序」を次のように書き出している。

「私が小亞細亞よりバルカンを經て、歐洲旅行中見聞したことは色々あるが、就中《とりわけ》最も印象の深いものは、パーレスタインに於ける、猶太の建國運動と諸國に於ける猶太民族の狀態である」(『猶太國を視る』一頁)。

安江は一九二七(昭和二)年に実施した視察旅行において最も印象に残ったのがパレスチナであることを明言している。もちろん、これは安江がシベリア出兵以来、旧満洲(現中国東北部)で培ったユダヤ人への関心の延長線にあると考えていいだろう。というのも、この視察の経験を通して、安江の陸軍内における「猶太問題専門家」としての地位が名実共々揺るぎないものになるからである。

「我が國に於ても、數年前一時猶太問題の研究稍々勃興《しょうじょう》し、可なり著述も現れたが、一方に猶太の思想や資本の侵略を警告すれば、他方にはそれは杞憂に過ぎないと、譯もなく打ち消す人もあつた。勿論日本には歐米諸國のやうに、猶太種族たる國民もなく、又猶太問題なるものもない。且つ一般の人々は、猶太人と直接何等交渉をもたない。此が爲め一部の人々の甲論乙駁も一般には無關心で過ぎた」(同上)。

安江が数年前のユダヤ人への関心とその研究への高まりがあったというのは、前述の通り、シベリア出兵で日本軍人がロシア革命から逃れてきた白軍ロシア人将校から「ユダヤ陰謀論」なるものを知ることになったからにほかならない。また、日本社会にはユダヤ人が存在しないがゆえに、直接ユダヤ人と接触する機会もない。

「然し私が旅行中見聞した處から觀れば、猶太民族を吾々と沒交渉な民族として取扱ふことは出來ない。殊に近頃我が天孫民族は猶太系なる說さへ出づるに至つた折柄、私の旅行中の見聞を經《たていと》とし、今日迄の研究の一部を緯《よこいと》とし猶太民族の實相を述べることは、あながち徒爾《とじ》ではあるまいと信じる」(同上)。

この一節から読み取れるように、日本人とユダヤ人は共通のルーツをもつという「日猶同祖論」などという珍説まで登場する日本社会である。だからこそ、安江はこの本の構成を、前半はパレスチナ視察での見聞を記した紀行文、後半はユダヤ民族に関して自らの見解を披露するという内容にしているのである。

「私は、本書の第二篇及び第三篇に就て一言して置く必要がある。此の二篇は私の旅行中の見聞とは全然別のものである。謂はゞ猶太民族を窺ふ爲の一端であると同時に、思想問題研究の一資料である。若しも思想が傳統と環境から生ずる產物であるならば、吾々は社會主義、共產主義及び革命主義を研究するよりも先きに、之等の熱心なる唱導者であり、且つ實行者である所の猶太民族を知らねばならぬと思ふ」（同上書、一～二頁）。

この一節にも安江のユダヤ人観が表れている。ユダヤ人が社会主義、共産主義、そして革命主義の唱道者であるがゆえに、このようなイデオロギーを知るにはまずユダヤ人を理解しなければならないという認識を前提にしているからである。

「猶太民族を解する爲には彼等に一貫するシオニズムを知らねばならぬ。シオン主義は即ち猶太主義である。所謂世界の流浪者として各國に分散居住し、虐げられたる彼等民族は、唯此のシオニズムに依つてのみ更生し復活しえたのである」（同上書、二頁）。

「流浪の民」から「パレスチナへの帰還」へ。これがシオニズムの中核にある考え方だと安江は考えている。ここで安江が使っている「猶太主義」という表現はドイツ語の「ユーデントゥーム（Judentum）」の訳語として使用しているのであろう。英語でいえばJudaismである。もちろん、この表現は「ユダヤ教」とも訳すことができるが、「（ユダヤ人の文化的社会的基盤としての）ユダヤ精神」「ユダヤ民族」といった幅広い意味をもつ。ヘブライ語では「ヤハドゥート（Yahadut）」という。安江はこの言葉が複合的意味をもっている点に注目している。だからこそ、シオニズムはユダヤ主義である、と言明しているのであり、ユダヤ民族復興運動の根幹をなすのがユダヤ主義なのだと考えているのである。

「今や猶太民族は憐むべき世界の賤民族ではない。既に自らを解放して自由に活躍し、其の富は世界の半を握り、其の思想は世界の人心を支配して居る。又其の故國パーレスタインは、既に英國の保障に依つて猶太國再興の基礎を造り、其處への歸國者は逐年増加すると共に、諸國に在住する猶太人は、『猶太人は一國民なり』といふ確固不抜の信條の下に、全世界を包繞するシオン網の大組織を通じて一致協力相互扶助し、猶太聖典《タルムード》の理想に向つて自己の向上に努めて居る」（同上）。

この一節から安江はシオニズムをその前提となる「ユダヤ主義」として理解していることは興味深い。シオニストはタルムード（ユダヤ教の口伝律法を体系的にまとめた注釈書）という理想に向かっているというのである。そもそも、当時のパレスチナにおけるシオニズム運動は、世俗的な社会主義シオニズムが主流であって、決してユダヤ教が前面に押し出されていたわけではなかったにもかかわらずである。

「シオン運動の目的は、猶太國家の復興建設にあるのだが、併し其の實際的効果は、一九一七年英國外相バルフオアをして猶太民族の祖國建設に關する宣言書を發せしめたのにあるのではなく、寧ろ猶太人自身を猶太人として覺醒せしめたのにある。従つて諸國に於て解放されたる彼等は、事實上全世界を我が家とし、猶太人なる誇を以つて自由に活躍し得る天地を開拓し得た、即ち彼等はシオニズムに依つて、實際世界唯一の國際民族になり得たのである」（同上書、二〜三頁）。

安江は非常にわかりにくい表現を使ってシオニズムの歴史的意義を語っている。すなわち、シオニズムというナショナリズムを通じてパレスチナという土地を祖国として獲得することによって、インターナショナルな「国際民族」となることができたと述べている。離散ユダヤ人の民族的一体性と同時にその民族的中核としての祖国パレスチナをことさらに強調する立場である。このようなシオニズム評価から安江の独特のパレスチナ観が出てくる。その考え方が同書の構成にも表れることになる。

「シオニズムを研究する爲には、テオドル・ヘルツル博士の彼等同族に發したる「猶太國」Iuden Staat《ママ》なる檄文を一讀する必要がある。併し之れは餘りに專問的であるから、本書の編纂に當つて其の重要なる章のみを摘録して、巻末に置き、其の前にベルンシュタイン博士のシオニズムに對する解説の概要を置いた」（同上書、三頁）。

安江はテオドール・ヘルツル『ユダヤ人国家』があまりに専門的であると評価を下した上で、唐突にベルンシュタイン博士の名前を挙げている。しかし、その原著の書名についてはこの自分の著作が一般向けだということで具体的にはまったく言及していない。しかし、現在はネット時代である。インターネットで検索すれば、たちまちそのドイツ語の原著名は明らかになる。それはシオニスト機構コペンハーゲン事務局が編集した、S・ベルンシュタイン『シオニズム――その本質とその組織』(S. Bernstein, *Der Zionismus, sein Wesen und seine Organisation.*)（フランクフルト、一九一八年）である。この本から次のことがわかるという。

「之に依つて猶太民族の状態及び思想の歴史的變遷が能くわかり、且つ第三者から見て、猶太人として飽くまで生存せんとする努力、聖地に對する戀々の情、全世界に散在する猶太人が相連繋して、共の心は常に一であること丶、延いては彼等今日の成功を齎《もたら》したる所以を窺ふに都合よく、且つ又頗る興味あるからである」(同上)。

安江は自著の第二篇「シオニズムに就いて」は、このドイツ語の本を種本として執筆している。その内容は、「一、猶太解放觀念の歴史的發達」「二、十九世紀に於ける猶太人の重大時期」「三、猶太人の國民的社會的復興としてのシオニズム」「四、統制ある猶太人の勢力素因としてのシオニズム」「五、國際デモクラシーの目に映じたるシオニズム」「六、社會政策的再興の途上にあるパーレスタイン」なのである。

3　キブーツでの体験

エルサレムとテル・アヴィヴの対立

イスラエルに滞在している時によく耳にしたのが、エルサレム出身者とテル・アヴィヴ出身者の対立である。エルサレムっ子は、テル・アヴィヴをユダヤ教の律法を守らず、宗教的に堕落した世俗的な街だとして軽蔑している。他方、テル・アヴィヴっ子は、エルサレムを宗教的な厳しい規範に束縛された住みにくい街だと毛嫌いする傾向がある。

私自身はエルサレムに住んでいたので土地勘もあり、多少の不便は別にして、古都エルサレムが気に入っていた。シャバト（ユダヤ教の安息日で金曜日の日没から土曜日の日没まで）の際に公共交通機関はすべてストップし、ユダヤ人の店はすべて閉店になる。時折、大都会テル・アヴィヴに行くとお上りさん的な気分になってしまい、その喧騒のため、すぐにでもエルサレムに戻りたくなったものである。テル・アヴィヴは地中海岸にある二〇世紀初頭に建設された超近代的な商業都市であり、イスラエル総人口約八二〇万人のうち四割強がテル・アヴィヴ大都市圏に住む。他方、エルサレムは古代からの宗教都市であり、いわずと知れたユダヤ教、キリスト教、そしてイスラームの三つの一神教の共通の聖地でもある。この二つの都市はハイウェーで結ばれているが、私はもっぱら両都市間をシェルート（サービスの意）と呼ばれた乗り合いタクシーで移動していた。

この両都市は日本でいえば、かつての商都・大阪と古都・京都との対比に相当するのであろうか。

アメリカにベンジャミン・バーバーという政治学者がいるが、彼は九・一一事件を予言したとして話題になった『マックワールド対ジハード――市民社会の夢は終わったのか』（鈴木主税訳、三田出版会、一九九九年）を著した。米ソ冷戦の終焉は、新たな混乱と無秩序の時代の始まりだとして、世界中で噴き出した地域主義、民族主義、そして部族主義、さらには宗教的原理主義の波（これを「ジハード」という言葉で代表させている）と、市場経済が急速に拡大したグローバル化の波（この現象を「マックワールド」と呼んでいる）が衝突しながらも、相互に依存し合っていく姿を鮮やかに描き出したというのが売り文句であった。同書にしたがえば、九・一一事件は「ジハード」による「マックワールド」への挑戦だということになる。

社会主義経済体制をとっていたソ連の崩壊後、市場経済が世界を席巻し、その世相を説明するために「グローバリゼーション」といった言葉が流行するようになった。イスラエルでも一九八〇年代半ば以降、ネオリベラリズム（新自由主義）的政策の実施によって、ハイパーインフレとともに民営化の波が押し寄せてきた。そんな中でテル・アヴィヴとエルサレムの都市の間で顕著になった対立を「マックワールド対ジハード」で説明するようになった。テル・アヴィヴはグローバル経済を基軸とするマックワールドの巨大都市に急速に変容していったのである。

そもそも、イスラエル建国のイデオロギーとなったシオニズムは基本的にはユダヤ人のディアスポラ（離散）の否定という政治課題がずっと優先されてきた。ユダヤ人は離散の地では都市民として生きてきており、農村での生産活動とは無縁の生活を送ってきたからである。シオニストは、都市と農村の対立を、離散と定着の対立として捉えていた。したがって、シオニズム（この場合、「社会主義シオニズム」に限定しなければならないが）の政治目標は、根無しの都市民から農村で農業労働者として再生し、「労働民族」のためのユダヤ人国家イスラエルを建国することとしていたのである。

そんなことを考えると、テル・アヴィヴとエルサレムの両都市の対立という構図自体が、農村を拠点としてきたイスラエル社会自体が急激に都市化する中で、かつて離散ユダヤ人が抱え込んでいた都市民としての実存的な問題に先祖帰りしたといえなくもない側面もあるのはまことに皮肉である。

イスラエル訪問が変えた安江の認識

さて、前節において帝国陸軍少佐の安江仙弘がパレスチナ訪問記である『猶太国を視る』という著書を昭和五（一九三〇）年に上梓したことを記した。その際、安江がシオニズムとはユダヤ主義であるという理解をもっていたことにも触れた。そこから窺える安江のシオニズム認識の特徴は、流浪と離散の都市的なユダヤ人とは対極的に、民族再興のために定住・定着を志向するナショナリズムとしての農村的なシオニズムを高く評価している点である。安江自身がシオニズム認識を大きく変えたのが、パレスチナにおいてシオニストの集団農場を訪問したことを契機にしてであった。

安江はイスラエル訪問までは、シベリア出兵で培ったユダヤ陰謀論といってもいいような反ユダヤ主義的な考え方をもっていたが、シオニズムの理念に基づいて建設された農村（キブーツやモシャーヴに代表される私的私有を否定した集団農場に代表される）を視察して、離散ユダヤ人とシオニズムとを区別して考えるようになったのである。

「シオン團［世界シオニスト機構］はパーレスタインの買収地に世界中から來る移民を移殖し、現在百二十個の猶太移民村を出現するに至つた。其の中テル・アヴイヴとかペタテクワ［ペタハ・ティクヴァ］とかリシヨン・ル・チオン［リショーン・レ・ツィヨーン］等は既に村落の形を脱して一市街を成すに至つた。殊にヤフア［ヤーファ］の港に續くテル《マ》アヴイ《マ》ヴの如きは人口約四萬最新式の歐式家屋が櫛比《しっぴ》し、綠の熱帶植物は市街を包み、夜は電燈の光眩ゆく地中海の滑らかな水に反映して、猶太民族の繁栄を誇つて居る。此の猶太移民村は一般の村落とは非常に趣を異にし、猶太獨特の氣分を遺憾なく發輝して居る。從つて此の猶太村に就て觀察することは、猶太研究上極めて趣味のあること丶思ふ」（『猶太国を視る』織田書店、一九三〇年、六九頁）。

安江はパレスチナにおけるユダヤ人農村を共産村、個人村、協同村の三類型で説明し、キブーツのことは共産村と呼んでいる。おそらく、モシャヴァーを個人村、モシャーヴを協同村と呼んでいるのであろう。

「共産村の組織は、露國の共産黨などよりはずつと以前にパーレスタインに出現したもので、歐洲大戰前特に流行した猶太移民村の一形式である。其の主旨とする處は『團員の必要を充實する方針を以て相互協力することを主義とし、團員各自は親交を基礎として社會的に一大家族を構成する』にあるといふ。私は數個の共産村を視たが、その中代表的なガラ《マ》リヤ［ガリラヤ］湖西南方にあるエンハロードの共産村に就て述べよう」（同上書、七〇～七一頁）。

安江は、ヘブライ語高級紙『ハ・アレツ』の記者に案内されて、キブーツの一つであるエンハロード（エイン・ハロード）を訪れることになる。このキブーツはシオニズム史を考える上でも重要であり、ガリラヤ（北パレスチナ）のエズレル峡谷のギルボア山近くにあり、戦略的にも極めて枢要な位置にある。一九二一年に主に第一次世界大戦後にポーランドを含む旧ロシア帝国領からパレスチナにやってきた社会主義シオニストのユダヤ人移民によって設立された。安江は訪問したキブーツの概要を次のように説明する。

「エンハロード共産村は、今から九年前に主として波蘭《ポーランド》猶太人に依つて創設されたもので、目下男子百四十名、女子百十名、合計二百五十名の人口を有して居る。萬事純然たる共産主義であるから村長とか助役などゝいふ角張つた役人は勿論無い。其の代り年長古參の者が自ら古參者《スタルシー》として立てられ、全村の謂はゞ家長として之を統率し、村長格の仕事をして居る。いくら共産主義でも、人間が集まつて一つの集團を爲し、殊に此の集團が一定の主義の下に進んで行く爲めには、矢張り統治者が入用なのは自然であると見える」（同上書、七一頁）。

安江が「年長の古参者」とロシア語風に呼んでいるのはシオニズム用語では「ヴァティキーム」と

呼ばれ、新参者の「ハダシーム」と対語で使われる。すなわち、旧移民と新移民である。とりわけ、社会主義シオニストの間では、いつパレスチナにやって来たかはその経験が豊かかどうかの観点から重要である。

「併し共産村であるから其の名の如く土地、家屋、家畜、農具、機械、種子等凡てが村の共有財産である。一般の村長は各々其の能力に應じて仕事をして居る。例へば牧畜の心得のあるものは牛馬の飼育を爲し、農夫は農耕に従ひ、靴屋は村人の爲め靴の製造を爲す等、各々其の分に應じて働いて居る。又村内の設備としては病院、小學校、幼稚園、育兒所、製粉所、製革場、洗濯場、遊戯場等凡そ生活に必要な一切の施設が出來て居る。そして村長の衣食住は一切村より支給さるゝのであるから、村全體として外部に對しては金錢が必要であるが、村内に於ては金錢の必要更になく、従つて各自は金錢を持つて居ない。併し他出する場合等で金の入用なときには、村の會計係から金を貰ひ受け、歸つて來て剰れば之を返納するのである」（同上書、七一〜七二頁）。

このようなコミューンとしての理想的共同体の抱え込む矛盾を安江は正確に指摘している。というのは、あくまで安江のいう「共産主義」は共同体内部で機能しているにすぎないからである。だからこそ、ソ連の共産主義との区別をことさらに強調するのである。この共同体の外に出る場合、現金をもっていかなければ何も買えないのである。

キブーツの資本主義化
――共産主義の内部崩壊

換言すれば、イシューヴ（パレスチナのユダヤ人社会）での資本主義システムの内部に「小宇宙」として建設されたのがキブーツなどの共同農場である。イスラエルは社会主義シオニズムに基づく労働者国家という理想の「大宇宙」を建設することをその目標としたのである。しかし、建国後、キブーツが資本主義的イスラエル国民経済の歯車として動き始めるとその矛盾が露呈していった。

というのも、キブーツ自体が、自己労働と並行しつつ、生産力が上がっていくと、国外からのボランティアに加えて、キブーツ外からの労働者（特に一九五〇年代後半から新たに移民してきたモロッコ系ユダヤ人など）をも雇用することになっていったのである。キブーツは農工業分野における資本主義経済を支える基幹的な機能を果たすことになって、共同体内部で「共産主義」的理想に基づく共同生活を続けることが著しく困難になっていった。その過程で、家族という単位も共同体内部で復活して、キブーツの崇高な理念は内部崩壊していったのである。

4 「幻のユダヤ人国家」

パレスチナのユダヤ人移民

このところ、いろいろな用事ができて長野県を訪れることが多くなった。その際、第二次世界大戦前、長野県が旧満洲（中国東北部）に開拓団を全国でもっとも多く送り出した県であることを知った。満洲開拓記念館などもある。とりわけ、「満蒙開拓青少年義勇軍」などの武装移民について文献で読んだ時、パレスチナにおけるユダヤ人移民を思い出したりした。一九三一年に勃発した満州事変以降の満洲とイスラエル建国前のパレスチナにおける移民を比較するという視点は以前紹介した矢内原忠雄などの植民政策研究に典型的に見出だされる。パレスチナにおける社会主義シオニストあるいは労働シオニストは武装移民の典型である。入植した村を守るために武装するのである。シオニスト・ユダヤ人の移民は明治初期の北海道移民の屯田兵のような役割を果たしていたが、むしろその性格からいえば、満洲移民との比較の方が適切かもしれない。実際、そのような観点から分析された研究も少なからず存在する。

さて、帝国陸軍少佐の安江仙弘がかつて包荒子のペンネームで反ユダヤ主義に基づく翻訳書などを刊行していたことはすでに指摘した。ただ、安江は現在では陸軍のユダヤ問題専門家として、日産コンツェルン創始者の鮎川義介が創案した満洲における「河豚《ふぐ》計画」の実務に携わった人物として知られている。

「河豚計画」とは、満洲にヨーロッパからのユダヤ避難民を受け入れる見返りとしてアメリカのユダヤ系資本家に満洲への投資を持ちかけ同時に対米戦争を回避する仲介の労を在米ユダヤ人に期待した「幻のユダヤ人国家建設計画」であった（「河豚計画」についてはとりあえず、M・トケイヤー、M・シュオーツ共著、加藤明彦訳『河豚計画』日本ブリタニカ、一九七九年を参照）。ただ、この計画では、ユダヤ人を「美味しいが毒があって危ない」フグに譬えるあたりは、計画者の反ユダヤ主義的な発想を反映しているといえよう。

とはいえ、日本におけるシオニズム論をパレスチナの場から再考するという観点からは、安江が本名で出版した『猶太国を視る』（織田書店、一九三〇年。同書は安江が「猶太国視察談」と題して同年六月十日、陸軍将校の親睦団体であった偕行社で行った講演記録に基づいている）は貴重である。同書におけるパレスチナのユダヤ人集団農場（安江は猶太移民村と呼んで共産村、個人村、協同村に分類した）などの具体的な描写は、前節でも紹介した。

本書については、是々非々の立場から改めて読み直されてもいいだろう。というのも、安江は現地視察という実体験によって少なくともパレスチナにおけるシオニストの活動すべてを「ユダヤ陰謀論」から説明するような反ユダヤ主義的な姿勢からは、ある程度は自由になったからである。実際、安江自身も次のように述べているのである。

「［ユダヤ陰謀論者のヘンリー・フォードのいう］インターナシヨナル猶太人の問題は、シオニズム本來の目的ではない。彼等がシオニズムの會合を利用した裏面的の問題であるが、之を事實とするならば陰謀といへよう。そして此等のことがシオン團が本來陰謀團であるかの如き誤解を生じた原因であらう。兎に角猶太陰謀のあるなしに拘らず、シオニズムに陰謀の意味なく、シオン團は陰謀を目的として組織されたものではないから、之を混同して考へることは大なる誤である」（同上書、六頁）。

反ユダヤと親ユダヤが雑居する日本軍部

以上のように、安江はシオニストのユダヤ人と「国際ユダヤ人」とは明らかに区別して述べているのである。ただし、安江は一九三六年の日独防共協定調印後に同書を『革命運動を暴く——シオニズムの本源』という時局に便乗した露骨な題名に変えて再版した。彼はその「再版に際して」において次のように述べる。

「日本は独逸と國情を異にするが故に敢て其の猶太排除を似《ま》ねる必要はないが、併し猶太民族なるものを知ることは極めて必要になつて來た。又コミンテルンの本質が猶太である限り、どうしても日本は猶太民族を知らなければならないのである。之が為めか最近猶太研究熱が急に勃興し、猶太研究書に対する欲求頗る切なるものがある」（安江仙弘『革命運動を暴く——シオニズムの本源』北斗書房、一九三七年、六頁）。

安江はたしかにドイツの反ユダヤ主義的政策とは一線を画すかのような言辞を弄しつつも、四王天延孝の国際政経学会の「国際秘密力の研究」と同じように、やはり相も変わらず『シオンの長老たちの議定書』を盲信して「コミンテルン（国際共産主義運動）＝ユダヤ人の陰謀」と考えているのである。換言すれば、安江に代表される当時の軍部のユダヤ問題専門家には、反ユダヤ的立場と親ユダヤ的な立場が峻別されることなく、同時に両者が雑居するかのように並存していると考えることができる。

ただ、安江の名誉のために付け加えれば、彼の反共的立場からはシオニズムとの親和性をもっているという意味では、彼の頭の中では反ユダヤ的立場と親シオニズム的立場は矛盾するものではなかったのである。

ところで、安江は一九二七年晩秋、酒井勝軍をともなってパレスチナを訪問したことは以前言及した。安江はその滞在について次のように記している。

「英總監（高等弁務官）ブルマー元帥の溫容に接して親しく其の委任統治振を聽き、シオン團の首領等と屢々《しばしば》卓を圍みて猶太国の將來を語り、（中略）又ガリラヤ湖畔の猶太共產村に行きて猶太移民と語りなどして、殆んど此の國を縦横に視察するを得た」（『猶太国を視る』二頁）。

現時点から非常に興味深いのは、安江がキブーツを訪問する際に紹介者になったのが「シオン団の首領等」の一人ハイム・マルゴリウス・カリヴァリスキー（一八六八〜一九四七年）であったことである。安江はこの人物を次のように描いている。

「カリバリスキイ氏は露國出身の猶太人で、日本に來たヨフエー［ソ連の外交官であるヨッフェは一九二二年、駐中国大使に任ぜられ、翌年後藤新平の招待で日ソ国交回復のために来日］の従兄に當る人である。氏はシオニストの元老で、以前佛國のロスチアイルド家の代表者としてパーレスタインに渡り、ガラリヤ《マ》［ガリラヤ］附近の猶太の買収地は殆んど氏の手に依つて求められたものである。氏は六十前後の立派な紳士であるが、非常に親切な人望家で、氏と一緒に外を歩くと、猶太人は勿論アラビヤ人も基督教徒も皆帽子を取って敬意を表して行く程の人物である」（同上書、七〇頁）。

カリヴァリスキーはパレスチナ・ユダヤ植民協会（PICA）のガリラヤ支部代表だったので、アラブ人地主からパレスチナの土地買収の業務を行う同協会の活動に密接に関わると同時に、ユダヤ機関シオニスト執行部（後のイスラエル政府に相当）のアラブ問題顧問をも歴任したのである。彼は二民族国家案を唱えるブリート・シャローム（ユダ・マグネス・ヘブライ大学初代学長や哲学者マルティン・ブーバーといったように、後々にイスラエル国家内の平和運動の中核となっていく）の活動家としても知られていた。だからこそ、彼にはアラブ人との知己も多かったのである。

反ユダヤ主義者とシオニストを区別

安江がパレスチナ訪問中に同じ軍人としてしばしば訪ねたのはユダヤ系イギリス人であるフレデリック・キッシュ中佐（一八八八〜一九四三年）であった。彼は当時、ユダヤ機関シオニスト執行部エルサレム地域政治局長の要職にあったが、退役の大英帝国軍人でもあったので委任統治政府との折衝にはもってこいの地位にあった。というのも、中佐夫人は「ロイドジョージの親友前パーレスタイン総督〔初代高等弁務官〕サミエル〔ハーバート・サミュエル〕卿の姪」（同上書、八二頁）であったからである。安江は東京のイギリス大使館付武官にキッシュ中佐への紹介状をもらい、パレスチナ訪問の際には同中佐の紹介でシオニスト指導者たちに面会した。

また、驚くべきことに、キッシュ中佐はユダヤ人国家の建国の意味を、日本と満洲との関係に譬えて次のように安江に語ったというのである。

「吾々はパーレスタインを將來世界の中心たらしめようと努力して居る。勿論國家を建設してもパーレスタインは此の上二百萬の猶太人を収容し得るだけであるから、パーレスタイン其のものに大いなる望はないが、國家の成立に依つて猶太人は世界に猶太政策を行ふことが出來る。それは日本が本土を有することに依つて滿洲に其の政策を施すことが出來るのと同様である」(同上書、八五頁)。

この引用から、安江なりのパレスチナのイシューヴ(後のイスラエル)とディアスポラ状態の離散ユダヤ人との関係の理解の仕方がわかるのである。それは、満州事変前のことであるが、満蒙(=外地=ディアスポラ)が大日本帝国(=本国=イシューヴ)の権益にとっての生命線であるのと同じように感じられたのであろう。以下の文における「各種猶太人」とは、安江のユダヤ人の分類の仕方であり、①「インターナショナルブルジョア猶太人」、②「宗教的猶太人、アメリカをはじめとする世界各国のシオニスト猶太人」、③「改宗猶太人」、そして④「ロシアの過激派猶太人」である。

「同化猶太人を除くの外各種猶太人は、精神的にも亦物質的にも皆パーレスタイン猶太國の建設に努力して居る。而してパーレスタイン猶太國は……其の目的は世界の猶太人が歸國する爲ではない。聖地を其の手に収め世界の中心たらしむるにある。猶太人は永遠に世界に散在して居るのだ。従つて各種猶太人の活動はパーレスタインを核心として無形の世界猶太國の建設となるのである」（同上書、一五二頁）。

安江は以上のように述べて、パレスチナのシオニストを他のユダヤ人とは区別して、貧困な「純粋な国家運動家」であって例外的な存在であると位置づけるのである。

換言すれば、安江の立場からは、一方では「親ユダヤ」とは親シオニストの意味である。他方では「反ユダヤ」とは「過激派ユダヤ人」および「インターナショナル・ブルジョア・ユダヤ人」に対して断固として反対する、という意味なのである。すなわち、安江自身の頭の中では、反ユダヤ主義者であることとシオニズム支持者であることは画然と区別されている。だからこそ、安江にとって、自分が反ユダヤ主義者であることと、シオニズム支持者であることの間の矛盾は回避されることになるのである。

5　四王天延孝の反ユダヤ主義

イラク系ユダヤ人を調べる

かつてエルサレムに留学した際、現代イスラーム研究と現代ユダヤ研究をつなげようなどという大それたことを考えたことがあった。というのも、当時日本ではほとんど知られていなかった中東イスラーム世界からイスラエルに移民してきたユダヤ人／教徒を取り上げれば、そのような学問的な架橋も可能かもしれないと考えたからだった。国際文化会館というところから新渡戸・IBMフェローという奨学金をもらって、エルサレム・ヘブライ大学トルーマン記念平和研究所、そしてオリエント系ユダヤ人研究ベン・ツヴィ研究所に所属しつつ、主にイラク系ユダヤ人のイスラエルへの移民過程に焦点を当てて調査研究を行った。その際、イラク系ユダヤ人でも左派知識人を追っかけることにした。シオニズムに反対していたユダヤ人が、なぜ故郷バグダードを離れ、新天地に移民せざるをえなかったのかを知りたかったからであった。そんな知識人は記録を書き残しているからでもあった。

留学のためにエルサレムに到着したのは、湾岸戦争が勃発する三カ月前の一九九〇年一〇月だった。当時のサッダーム・フセイン・イラク大統領は一九九〇年八月にクウェートに侵攻して国際的に非難されていた。しかし、サッダームは、イラクが非難されるのと同じことをしているイスラエルがなぜ免責されるのかとぶち上げた。イスラエルは一九六七年以来、ヨルダン川西岸、ガザ、そしてゴラン高原を占領し続けているではないか、それを容認するアメリカ合衆国の二重基準ではないか、とそれなりの理屈を捏ねたのである。当時、クウェートの占領とヨルダン川西岸・ガザの占領をつなげる「リンケージ論」と呼ばれた理屈である。もちろん、イスラエル占領下で呻吟していたパレスチナ人は、十字軍からエルサレムを解放した英雄サラディンに自己を重ねるフセインに対して拍手喝采を送った。サラディンとサッダーム・フセインは同郷だったからである。

そんな雰囲気の中、私自身はイラクからイスラエルに移民してきたイラク系ユダヤ人について調べようというのである。当然、困難をともなった。イラク系出身者はあまり過去を語ろうとしなかった。ということで、イラク出身の左派知識人たちに会う算段をすることになった。バグダード生まれのユダヤ人のほとんどは一九五〇年から五一年にかけてイスラエルに移民してきた。幼少期にイスラエルに移民してきた者はすぐに新しい言語であるヘブライ語を修得することができた。しかし、成人して移民してきたユダヤ人はアラビア語を母語としていたため新言語の習得は容易ではなかった。たとえユダヤ教信仰のため聖書ヘブライ語は知っていたとしても、現代ヘブライ語とは文法、語彙の面でずいぶんと違っていたからである。したがって、会話という点からはほぼゼロからの出発ということになった。そんな中から現代ヘブライ語で書くイラク系ユダヤ人の作家が誕生したのである。

一九二六年生まれで九〇歳を超えたサミー・ミハエルがその代表であろう。彼の小説の題材はほとんどがバグダードでの喪われたユダヤ人の生活である。そんな彼が作家として名声を勝ち得たのである。彼はイラクというアラブ・イスラーム的世界とイスラエルというユダヤ的世界の両世界を同時に生きた。現在では移民や難民としての生を余儀なくされることは常態化したといっていいが、彼は一九世紀末から第一次世界大戦後にかけての移民・難民の時代の開始からまだ半世紀も経っていなかったころにイラクとイスラエルで二つの生を経験したのである。

日本人とシベリア出兵

さて、日本人がムスリムとユダヤ人の両者に同時に遭遇するのは、シベリア出兵の際である。というのも、日本人はロシア革命からの亡命者と出会うことになったからである。イスラームに関してはタタール系ムスリムを通して、ユダヤ人に関しては、「敵」と位置づけられた共産主義者として、あるいは偽書『シオンの長老たちの議定書』を通して、である。後者の偽書に関しては、安江仙弘のところで触れた。すなわち、共産主義者の中にユダヤ人が多かったという事実がユダヤ人陰謀論を説得力のあるものとしたからである。特に、陸軍の特務機関がそのようなユダヤ人陰謀論に強い関心を抱いたのである。

本節で取り上げるのも特務機関出身の軍人、四王天延孝陸軍中将（一八七九～一九六二年）である。この人物はイスラエル人あるいはユダヤ人の研究者の間では日本の反ユダヤ主義者の代表として悪名を馳せているといっても過言ではないだろう。藤原信孝のペンネームで、『不安定なる社会相と猶太問題』（東光会、一九二四年）、『自由平等友愛と猶太民族』（内外書房、一九二四年）、『猶太民族の研究』（内外書房、一九二五年）、『国際共産党の話』（内外書房、一九二九年）といった反ユダヤ主義的な内容をもつ本を出版していたからである。また、本名では『ユダヤ思想及運動』（内外書房、一九四一年）を出版し、巻末に偽書『シオンの議定書』を付録として載せた。四王天は議定書をフランス駐在経験に基づいてフランス語から訳出したのである。

四王天はフランス駐在武官として五年間過ごしたという経験がある。そのため、フランス語経由の反ユダヤ主義に関する知識を受容した。要するに、牽強付会にすべてユダヤ人の陰謀につなげてしまうという理屈を展開したのである。

同時に、四王天はシベリア出兵の際、旧満州で亡命タタール系ムスリムとも接触しており、それが日中戦争勃発以降、大日本回教協会第二代会長として回教問題の専門家としてムスリムとも関わることになったのである。さらに、太平洋戦争勃発後に実施された大政翼賛選挙以降は国会議員として在郷軍人会あるいは反ユダヤ主義協会などを通じてユダヤ陰謀論を声高に説いた。もちろん、反ユダヤ主義者であっても自らそうであると公言する者は少なく、四王天もその例外ではなかった。

そこで四王天の主著『ユダヤ思想及運動』の緒言からどのようにユダヤ人と出会ったかを見てみよう。四王天は軍人としてフランスに滞在し、ドイツではなくフランスでユダヤ研究を行ない始めたことをことさらに強調している。さらにシベリア出兵の際にユダヤ人と出会ったことが記されている。

「予が猶太人問題の研究に着手したのは第一次世界大戦中からで、佛軍の中に居り、佛國のユダヤ人アンドレ・スピール氏著『猶太人と大戦』から啓蒙せられる所頗る多かつたのである。決して獨乙《ドイツ》仕込ではない。又西比利《シベリー》事變中は主として哈爾濱《ハルピン》に駐在して職務上毎日過激派、反過激派の露人と接觸し、前者の大部がユダヤ人で後者が純露人であることを目のあたり體驗し、終には意を決してユダヤの家庭に下宿し、彼等のお寺に出入し、彼等の雰圍氣の中に這入つて研究し始めたのであつて、或る左傾文士がS將軍のユダヤ研究資料は反猶太の反過激派闘士イワノフ大佐から悉く供給されたなど發表したのは全然當らないのである」（四王天延孝『ユダヤ思想及運動』内外書房、一九四一年、一頁）。

要するに、四王天は反革命軍である白軍の将校から反ユダヤ主義を学んだということを否定しているのである。しかし、彼を批判した人物をソ連に肩をもつ「左傾文士」として貶めている点からも彼自身がいささか後ろめたさを感じていることを示唆しているともいえる。

四王天の反ユダヤ主義の根深さ

「予が所有する數百冊の猶太に關する書籍の重なるもの、大部分はユダヤ人又はその系統から出たものである。又佛、獨、露語ばかりでなく、ユダヤの勢力の盛な英、米領兩國からのものが少なくないのであるから、吾々の研究を以て獨乙に追随するのであると評するのは恐らくユダヤ人側からする放送を其儘信ずる好人物の言であると斷定する。(巻末引用書目の一部を參照せられたし)」(同上)。

ここでもまた、四王天は自分のユダヤ研究はユダヤ人から学んだものであり、ドイツの反ユダヤ主義者たちの研究とは違うということを強調している。にもかかわらず、自分を反ユダヤ主義とレッテルを貼る者にはユダヤ人側の宣言に騙されているといけしゃあしゃあと述べるところあたりは、逆に矛盾を矛盾として感じていない彼の反ユダヤ主義の根深さを感じるのである。

「近來吾邦の有識者間に、成程ユダヤ人に色々不都合なものもあるが、それは強ちユダヤ人に限ったことはない、日本人の中にもユダヤ人に進入をかけた様な功利的、資本主義的の人も少なくないし、社會主義、共産主義、非國家主義的人物も居るのだから、ユダヤ人を批判する前に先づ己れの頭の蠅を逐ふべくユダヤ化日本人を批判する方が必要である。猶太問題は然る後に取扱つて然るべきだと説く人もある。けれども夫等の日本人を反省させる爲にも猶太人問題研究の必要が有るのである。何となればその人達は知らず識らずユダヤ思想の持主となりその闘士となつて居るが、一たび之が遠大な計畫によるユダヤ陣營の人になつてゐる事を悟つたならば翻然として改まるべきである。卽ちユダヤを一つの鏡として吾が姿を見直すことが有利であるからだ、古歌に／『わが心かゞみにうつるものなればさぞや醜きすがたなるらむ』／と云ふのがある」（同上書、一〜二頁）。

この一節に表現されていることが四王天の本音といったところであろう。すなわち、ユダヤ陣営による「遠大な計畫」の結果として生まれた「ユダヤ化日本人」を批判すべきだという提唱は、当然の前提として「ユダヤ人陰謀論」があるといわざるをえないからである。

「又獨乙の今日の擧國一致體制が確立した一面の理由は、あそこの資本家も共產黨もユダヤに關する知識を充分に取り入れたことにあると思ふ。誤れる個々の日本人攻撃ばかりしてゐても、之に精神的物質的援助を與へるユダヤ勢力が嚴存する限り、又己れの思想が猶太のものであつたのかと醒めない限り中々反省させることは困難と思ふ」（同上書、二頁）。

四王天の理解にしたがえば、ドイツのナチス体制も、資本家や共産党がユダヤ人に操られているということを知ったがゆえに、その対策ができてうまくいったということになりそうである。ユダヤ勢力は知らないうちに日本人の内部から浸食してくるたいへん危険な存在だということでもある。だからこそ、執筆の動機と出版がずれ込んでしまったかの理由を以下のようにまとめるのである。

「本書は皇國同胞の大部分がユダヤの問題に開眼して來たにも拘らず、今猶ほ煙幕が上の方から張られているのを座視するに忍びずして忙中執筆の閑なきに拘らず強《たつ》て一氣に筆を呵して單に在來發表したものを取纏めて世に問ひ、猶太人問題の眞相を同胞に披瀝して、内外より迫りかゝつた非常時局突破の參考に供し度い爲である。予が現職を去つてから志したのは約二十年の研究を尙ほ深めて、七巻から成る大著述をする積りであつたが、航空界に活躍の止むなき事情の爲之を遷延せざるを得なくなり、且つ當時は陸海軍部若手に予と志を同うするものが出て研究發表に力を盡される様になつたので其の儘今日になつたのである」(同上書、二～三頁)。

四王天が自ら誇るように述べているように、彼自身は陸軍の航空部門の専門家としてもよく知られていたのである。この点については次節で述べてみたい。

6　陸軍航空部門専門家

「戦争もの」の反動としての反戦――半生の回想

私が小学生だった一九六〇年代前半にはコミック、アニメ、プラモデルなど「戦争もの」が異常に氾濫していたような気がする。少年雑誌には「紫電改のタカ」「〇戦はやと」「大空のちかい」などといった戦争関係の連載漫画もあった。ベトナム戦争も依然として続いていた。我々の世代は、父親の世代が徴兵されて実際に戦場での体験をもっているということもある。薬剤官将校であった私の父も、最前線ではない台湾で生き延びて敗戦を迎えた。父は前線に投入された多くの戦友たちと違い、たまたま戦後も生き延びることができたことをずっと悔やんでいた。

しかし、私自身は当時、「戦争もの」をごく当たり前に受け止め、違和感をもった記憶がない。かっこいいという理由だけでかなり熱狂していた。ただ、長じるにしたがって、とりわけ高校に入学して親元を離れて下宿してからは先輩たちの感化を受けて、反戦気分に染まっていったこともたしかである。

ずいぶん後になって城山三郎著『指揮官たちの特攻――幸福は花びらのごとく』（新潮社、二〇〇一年）を読んだ。特攻作戦を指揮した宇垣纏中将を後部座席に乗せて「最後の特攻」の出撃を命じられた中津留達雄大尉の存在を、同書を読むことを通じて知ったのである。「玉音放送」を聴いた敗戦後の特攻である。二三歳の若さでの死である。怒りに近い不条理を感じた。中津留が教官を務めていたこともある大分県の宇佐航空隊は、父方の祖父が戦後住んでいた家のすぐ近くだったので一層その不条理感が増すことになった。また中津留らが新鋭機彗星一一機で出撃した大分海軍航空隊の基地があった県庁所在地は、私が高校時代を過ごした場所でもあった。

小学生時代の「戦争もの」へののめり込みと、その反動としての高校時代以降の反戦気分のため、旧大日本帝国陸海軍への客観的な理解が長い間妨げられることになった。なぜ日本には空軍がなかったのか、などといった問題は些細なことにすぎなかった。軍事オタクではない私には、ゼロ戦は海軍で、隼は陸軍だ、といったような豆知識も当時はどうでもよかった。それこそ、遅ればせながら、戦前日本のイスラーム政策について研究するようになってから初めて考えるようになった問題なのである。

ユダヤ人問題を覚醒させる国士としての志

さて、前節において「ユダヤ陰謀論」の文脈で取り上げた四王天延孝は陸軍航空部隊の発展史を考える際には欠かせない人物である。四王天は航空機が実戦に登場することになる第一次世界大戦時にはフランスに派遣されて戦場を実見している。一九二二（大正一一）年には、陸軍航空学校教官となり、以後、下志津分校長、陸軍省軍務局航空課長など、陸軍の航空畑のポストを歴任している。さらに、その後国際連盟の専門機関として設立された常設軍事諮問委員会に大日本帝国陸軍代表兼空軍代表として一九二五（大正一四）年三月から約二年間、派遣されている。しかし、帰国後ユダヤ問題をめぐって上原勇作陸軍元帥（一八五六～一九三三年）との対立からとされているが、一九二九（昭和四）年に陸軍中将に昇任して陸軍を退役することになるのである。

四王天延孝は『ユダヤ思想及運動』（内外書房、一九四一年）を翼賛選挙で帝国議会の衆議院議員になる前年に出版した。平沼騏一郎・元総理大臣が序文を寄せている。平沼は一九三九年八月二三日に締結された独ソ不可侵条約を受けて「欧洲の天地は複雑怪奇」という言葉を残して内閣総辞職をしたことでも知られる。平沼が会長を務めた右翼政治団体の国本社の理事を四王天が務めていたという関係であろう。国本社自体は平沼が枢密院議長に就任する一九三六（昭和一一）年三月に解散した。平沼は序文で次のように述べる。

「猶太民族の思想及運動の世界人類に及ぼせる影響は、夙《つと》に頗る廣汎に亙り、且つ甚だ深刻なるものあり。苟も經世の志あり、家國の前途を憂ふるの士は、早きに及んで其の眞相を究め、之が對策を講ずるの要あること、固より呶々《どど》を俟たざる所なり。／四王天君其の蘊蓄を傾けて『猶太思想及運動』を著はし、之を手民に附して世に問はんとす。其の所説悉く當を得たるや否やは今姑《しばら》く之を舎く。其の研究の眞摯にして其の知識の該博なる、決して射名釣利の尋常著作と同日に語るべからず。蓋し時勢に感ずる所あり、憂國の念禁ずる能わず、是の書を提げて一世を警醒せんとする者に似たり。予は其の志を多とすると共に大方識者の深く此の問題に留意せんことを切望し、題言の請ひあるに及び、聊《いささ》か所感の一端を述べて序となす」（四王天延孝『ユダヤ思想及運動』「序」内外書房、一九四一年、一～二頁）。

平沼は四王天の諸説がことごとく当を得ているかどうかは保留しているものの、売名行為だけのために出版した類書とは違い、憂国の念から日本にユダヤ問題を覚醒させる志を価値あるものとして評価し、多くの識者にこの問題に注意を向けさせることを望んでいるのである。

すべての問題の背後にユダヤ人の存在を示唆

そこで、四王天の著作の目次を簡単に概観してみたい。目次をざっと見るだけで同書の反ユダヤ主義的な内容は一目瞭然だからである。第一篇として「総説」を置き、次の書き出しで始まる。なお、四王天は同じページ内であっても「ユダヤ人」と「猶太人」という表現を相互互換的にあえて使用しているとわざわざ注記している。

「猶太人問題は天下の大問題であるが、日本ではユダヤ人と云ふ問題よりも、共産黨事件、支那問題、蘭印問題、排日移民法問題と云ふ様な直接日本にぶつかつて來る問題の方に眩惑されて、夫等の問題の蔭にユダヤ人問題が附き纏つて居り、否問題によつてはユダヤ人問題が中心をなして居ることに氣附かない向が多かつたのである。それは無理もないことであるのは、日本にはユダヤ街と云ふものは無く、外國人は皆英米佛獨等の國籍を取つて居て、ユダヤ人と名乗るものは一人も無いからであった」（同上書、五頁）。

四王天はすべての問題の背後にユダヤ人が存在することを示唆しつつ、例えば、天皇機関説問題にしても、中国の反日抗日の教育にしても、ユダヤ人が操っているかの言辞を弄するのである。天皇機関説についてはドイツの公法学者ゲオルグ・イェリネックの影響を受けているとする。イェリネックはユダヤ教徒ではあったが、キリスト教徒に改宗しているにもかかわらずである。

また、中国の反日抗日についても、国際連盟保健部長ルドウィク・ライヒマン医師（一八八五〜一九六五年）が蔣介石の下に派遣されたためだとする。反ファシスト・反ナチで親中国的立場のライヒマンもポーランド系ユダヤ人であるということが中国の反日抗日を生み出しているという理屈になるのである。ちなみに、ライヒマンは第二次世界大戦後、ユニセフ（国際連合児童機関）を設立する提唱者の一人でもある。

事程左様に四王天の議論は展開されていく。第二篇は「猶太民族に関する予備智識」が来る。第一章「猶太民族の過去、現在」では歴史的概説と人口分布が説明され、第二章「猶太民族の特異性」では言語、外貌・服装、食物がかなりあやふやな情報に基づいて記述される。第三章「猶太民族の宗教」の概説は次のような一節で始まる。

「ユダヤ民族の特異性中最も大きなものはユダヤの宗教である。之こそユダヤ民族の生命とも云ふべきもので、彼等が今から千八百六年前に全然亡國になつても今猶ほ亡びずに雄心勃々として世界制覇を企てつつあるのは全く宗教の賜である」（同上書、二二二頁）。

四王天によれば、ユダヤ人の勇ましく盛んに起こってくる「世界制覇」の陰謀は宗教の賜物であるということになる。この宗教の章においては、トーラー、タルムード、信仰の熱烈という順番で説明されていき、ユダヤ民族は「國法よりはユダヤ教を重んずる熱烈な信仰のある所に矢張注意すべき點がある」（同上書、四〇頁）と締め括られるのである。

第三篇「猶太思想」においては第一章に「通論」を置き、「千六百萬人を算ふるユダヤ人が悉く同一の型に嵌まつた思想を持つて居る筈はない。併し彼等の歴史、境遇は自然と彼等を結束させ、外部からの强制で集團的にユダヤ窟を形作つて外界と遮斷されたこともある。從て他民族よりも團結力が强く、思想の共通性が多い。殊に宗教に分派が無く、統一され、そして宗教が生命であるからユダヤ精神が鍛錬されるのである」（同上書、四一頁）という一節から始まる。そもそも、ユダヤ教に分派がないという事実誤認に始まって、ユダヤ人の離散による地域的な多様性を全く無視している点も指摘できよう。

そもそも、ユダヤ教は近代以降、一八世紀のユダヤ啓蒙主義運動（「ハスカラー運動」と呼ばれている）を受けるかたちで改革派ユダヤ教が生まれ、それに猛烈に反発するかのように超正統派ユダヤ教（ハシディズムとミトナゲディームの対抗する二潮流がある）が形成され、さらに改革派ユダヤ教の行き過ぎに対して保守派ユダヤ教が発生しているのである。

「併し少くユダヤの事を心得てゐるものは誰でもユダヤ人中にロスチヤイルドの様な大財閥が居り、

同時にマルクスやトロツキーの様な共産主義者もゐる事も知つて居るから、一寸考へると猶太思想なるものは無かろうと思ふのであるが、後章で述べる猶太運動を見ると思想に於て相矛盾する様なことが實は一脉相通ずるものである事を氷解し得るであろう」（同上）。

思想も運動も相矛盾するようなことも実は一脈相通ずるものがあるという四王天の理解の仕方は牽強付会と取られても致し方がない。そもそも、はじめに結論ありきのかなり強引な議論の仕方だからである。

ユダヤ人の矛盾した性格づけ

この第三篇「猶太思想」においては、四王天が考えるユダヤ思想の特徴を章ごとに列挙することになる。すなわち、第二章「保守的にして進歩的」、第三章「国際主義、万国主義」、第四章「自尊心と排他独占的」、第五章「功利的思想」、第六章「堅忍、勤勉の諸徳」、第七章「陰性的、復讐的」といった具合に、反ユダヤ主義者が好んで取り上げるユダヤ人に関する伝統的な毀誉褒貶相半ばする矛盾した性格づけを列挙するのである。

第二章ではアインシュタインを事例に、ユダヤ人の「保守的にして進歩的」な性格を取り上げる。

「アインシユタイン博士の様なユダヤ人を見ると、彼等はいかにも科學の尖端を行く進歩的の人ばかりの様にも見えるが、恐らくユダヤ人程保守的の人種は稀であろう。前既に言語の部で述べた如く、古典研究家以外に必要なしと思はれたヘブライ語を復活させようとしてゐるのは日本で神代文字を復活させて之を日常語にしようとする運動に似てゐないことも無い。そして驚く勿れ科學者アインシュタイン博士自身も死語たるヘブライ語を充分心得てゐて、去る大正十一年日本に來て相對性原理の講演をしての歸り途には、祖國パレスタインに寄て、同族に對してヘブライ語で演說をして居る」（同上書、四二頁）

ここで四王天はヘブライ語の復活を日本の神代文字の復活と等値しているのは、ヘブライ語で書かれた旧約聖書が信仰生活においてどのような意味をもっているかを端から無視したものであるといわざるを得ない。

さらに、ユダヤ人が「保守的に似ず進取的な行き方で目につくのは、時々極めて積極的であり、一六勝負的に運を天に任せての大博打をやることである。彼らは何れの國に土着し、一代か二代位の間に相當の成功をするのであるから、元も子もなくなつた所で格別口惜くは無い、又何れへか新天地を求める」（同上書、四四頁）のだから、先祖伝来の田畑を耕し、風雨寒暑に心血を注いで貯蓄してきた、正直な日本人にはユダヤ人の「乾坤一擲的の大企業精神」（同上）を理解できないとして、四王天はユダヤ人への注意を喚起するのである。

7　フリーメーソン＝ユダヤ人陰謀論か

日本女子大を設立した成瀬仁蔵

東京の目白台にある日本女子大学で私は教鞭を執っている。この目白キャンパスの土地は三井家から提供された。二〇一五年下半期に放送したNHKの朝の連続テレビ小説『あさが来た』は、女子大の設立のために奔走し、財政的にも援助したことで知られる女性実業家の広岡浅子（一八四九～一九一九年）をモデルに制作された。彼女が三井家出身だった縁である。このドラマのおかげで日本女子大学も少しは知名度が上がったかと思ったりもしたが、ドラマの中では「日の出女子大学」だったので一般の人びとの認知度はさほど変わらなかったというのが率直なところである。

それはさておき、ドラマの中で成澤泉の名前で登場したのが、日本女子大学校を実際に設立した成瀬仁蔵（一八五八～一九一九年）である。成瀬は二〇世紀に入った初年の一九〇一年に日本で初めて女子大学校を設立したのである。成瀬という人物は、私などはなかなか面白いキャラだと思うのだが、残念ながら大学の名前同様に世間ではあまり知られていないようである。

成瀬は日米修好通商条約締結の年に長州の武家に生まれ、第一次世界大戦後のパリ講和会議が開催されている時に亡くなった。物心ついてからは明治維新の「文明開化」の掛け声とともに育ち、成人してからは故郷・山口の先輩である牧師の澤山保羅《ポウロ》（一八五二～一八八七年）によって洗礼を受けた。

また、成瀬は、澤山が設立して現在も大阪府茨木市にある梅花女学校長の経験もある教育者でもあった。

おそらく成瀬の名前を記憶しているのは内村鑑三をよく知っている人に限られるだろう。内村が一八八八年、米国から帰国した直後に、成瀬が校長であった新潟の北越学館に教頭として赴任してきた。内村はナショナリストとして外国人宣教師が日本人を教えることには否定的だったため、学生とともに外国人宣教師排斥運動を行った。内村は結局、成瀬と衝突して、辞めざるをえなくなった（北越学館事件）。その後、内村は成瀬が亡くなった時の日記にも成瀬を「悪魔」だと書き残しているのである。

成瀬はこの事件後、約三年間にわたって米国に留学するのであるが、その間に大きく変わっていく。三位一体説を否定するユニテリアン的な考え方に影響を受け、帰国後、日本女子大学校を設立する時には建学理念としてキリスト教主義を採らなかったのである。

成瀬は女子大学校で「実践倫理講話」と題する講義を女子大生に行っていた。講話で取り上げられるテーマは多岐にわたっていたが、その中でもひときわ目を引くのがフリーメーソンである。フリーメーソンとは辞書的には、アメリカ・ヨーロッパを中心にして世界中に組織をもつ慈善・親睦団体である。その起源には諸説あるようであるが、一八世紀初頭ロンドンから広まったという。貴族・上層市民・知識人・芸術家などが主な会員で、理神論に基づく参入儀礼や徒弟・職人・親方の三階級組織がその特色である。普遍的な人類共同体の完成を目ざしており、モーツァルトの歌劇「魔笛」などで知られる（『広辞苑第六版』岩波書店に拠る）。

成瀬のフリーメーソン理解はこの辞書にあるように理神論的な側面からの関心に基づいている。理神論というのは、世界の根源として神の存在を認めはするが、これを人格的な主宰者とは考えず、したがって奇跡や啓示の存在を否定する説である。啓示宗教に対する理性宗教ともいわれる。一七～一八世紀のヨーロッパに現れ、代表者はイギリスのジョン・トーランド（一六七〇～一七二二年）、ヴォルテール、レッシングらである。自然神論とか、自然神教とも呼ばれる（同上）。

四王天のフリーメーソン＝ユダヤ人陰謀論

したがって、本来のフリーメーソンは現在巷で広がっているようなユダヤ人の陰謀のための秘密結社といったものとはまったく関係がない。しかし、実は本論で取り上げている四王天延孝はフリーメーソンを「ユダヤ人陰謀論」の文脈で理解しているのである。四王天の主著『ユダヤ思想及運動』（内外書房、一九四一年）の第四篇のタイトルが、ユダヤ人＝フリーメーソン説を展開する「秘密結社フリーメーソンリー」なのである。この章はなぜか第一章「総説」のみで構成されているが、その総説は、第一節「起原の諸説」、第二節「フリーメーソンの諸相」、第三節「標語と進み方と其の批判」、第四節「フリーメーソンの目的」、第五節「フリーメーソンの数および主要人物」、第六節「英国の機関かユダヤの機関か」といった観点の六節から成っている。最後の問いでは「ユダヤ的」であると結論づけるのである。

総説はその冒頭からフリーメーソンはユダヤ人の秘密結社ではないという反論を予想したような言い訳的な表現から始まるのは、四王天自身の自信のなさを表すものとして興味深いところである。

「フリーメーソン結社は必ずしもユダヤ人のものではないと主張し、之をユダヤ運動に入れて説くのに賛成しない識者もあるが、筆者は之をユダヤ運動の重要なものと確信するから本書の中に収めたのである。而て之を詳説するとなると之丈で優に一巻をなすのであるが本書全體の紙數の關係で之を一編に纏めて取扱ふことにしたのである」（同上書、七三頁）。

四王天は、フリーメーソンが独仏などの言語でどのように呼ばれているかといった蘊蓄《うんちく》を傾けつつ、日本人はその政治指導者を含めてこの団体に関していかに無知であるかを嘆く。その上で、フリーメーソンについてよく知っている場合でも、吉野作造のように秘密結社ではないと指摘する論者をことさらに取り上げて論難する。

「故吉野博士は之を祕密結社で無いと曲筆して居る。外國の辭書でも立派に祕密結社と書いて居るし、現に東京、横濱などで會合の時、食事は兎も角、本當の儀式や議事には張り番をして誰も入れないのである」（同上書、七五頁）。

まさに「講釈師見てきたような嘘をつき」といいたくなるような表現が続くのである。調査はすこぶる難しいといいつつ、海外では危険を冒して調査したとあるが、具体的には何も述べられていないのである。

「此の如き祕密結社のことであるから、其調査は頗る困難であるが、二十年に亙り苦心し、單に外國からの情報や浩瀚な數十冊の書物を讀破した計りで無く、海外では危險を冒して調査した結果から記述するのであつて、決して單なる外部の憶測では無いことを明にして置く」（同上書）。

二〇年にわたって多くの書物を読み、調査困難にもかかわらず、危険を冒して調査した結果から記述するので「外部の憶測では無い」と確言するあたり四王天はなかなかの自信のようである。

第四篇「秘密結社フリーメーソンリー」では第六節「英国の機関かユダヤの機関か」のみが、四王天による主張が端的に表れているところなので、この節を紹介することにしよう。まず、四王天は、阿片戦争後のイギリスによる中国への進出との関係を指摘する。

「評論家曰く／『英国は波浪〔海軍〕とフリーメーソンとを以て世界を支配せんとす』／事實英國の進出する所必ずフリーメーソンを伴つて行く。／西暦千八百四十二年八月二十日南京に於て阿片戰爭の後と始末として江寗條約〔南京〔江寧〕条約〕に調印し、之で香港島を清國から割讓させた直後から入り込んだ。卽ち右條約が翌年六月二十六日香港で批准《ママ》交換されると、すぐ其の翌年卽ち千八百四十四年に香港にフリーメーソン結社が創立され、更に江寗條約の追加條約で廣東、福州、厦門、寗波〔寧波〕及上海の五港が開かれた、すると先ず千八百四十九年に上海にフリーメーソン結社が成立した。天津は遲れて千八百八十一年に開かれ、其れから直隷、山東、河南及滿洲等に擴がつたらしい。當時英國人會員の多數居住する都會にはフリーメーソンたるコムパスと定規を組み合せたのが附いた建物があつたが、定住者の少ない所などは間に合わせに基督會を使用したのがあった」（同上書、一三〇～一三一頁）。

フリーメーソンがイギリスの進出とともに中国の諸都市に広がっていった事実を挙げた上で、具体的に青島の事例を挙げる。

「青島には今から五年前に出來た計りであるが、日本軍の宿營域内になつてゐる關係か、日支英の三國語で制札を立て、此の建物は英國總領事館のものであるから、何人も内部に進入することを許さずと書いて、英國政府が國際公法上の不可侵權を行使して、フリーメーソン祕密結社を擁護して居る」（同上書、一三一頁）。

世界統一事業の一機関？

たしかに、いくつかの事例を考えると、フリーメーソンはイギリスの世界統治の機関のように見えると四王天は述べるのであるが、実はそうではなくユダヤ人のそれだという自身の主張に強引につなげるのである。

「フランスの教育家アルバン・セリーと云ふ人がフリーメーソンに永年忠實に働いた後、段々厭氣がさして終に之を脱退して、／『予は如何にしてフリーメーソンに加盟し、如何にして之より脱退せりや』／と云ふ一書を公にして内部暴露をやつた、ユダヤ人でなくて十五階級迄辛抱して昇給し、書記を勤めてゐたのであるから、かなり正確な材料を持て居る。その發表によると下級のメーソンにはユダヤ人は少ないが、段々上の階級に進むに従つてユダヤ人が多くなり、ユダヤ色が段々と濃厚になることを書いてゐる。そしてフリーメーソンとはユダヤの世界統一事業の爲の一機關であることが判る様に論じてゐる」（同上書、一三一～一三二頁）。

四王天の説明では、フリーメーソンにはユダヤ人が上層に多いことしか述べておらず、この事実がどうして「ユダヤの世界統一事業の爲の一機關」だと結論することができるのか、ほとんどわからない。この教育家の議論をこれ以上踏み込んで説明していないからである。

さらに、米国で発行された『猶太百科全書』にはフリーメーソンの大部分あるいは全部がユダヤ人から成り立っているという記述と「フリーメーソンの術語、象徴及び儀禮はユダヤの思想と言葉で充たされて居る」（同上書、一三三頁）というユダヤ百科全書の記述だけを引いて、鬼の首を取ったかのような書きぶりで、フリーメーソンが世界統一事業のためのユダヤ秘密結社だと決めつけているのである。

フリーメーソンが各国の君主や皇族を幻惑させ自らの組織に加盟させた結果、「英國そのものが多分に猶太の道具になつて仕舞つたのであるから、フリーメーソンが英國のものと云ふことは取りも直さずユダヤのものと云ふのと同じことになるのである」（同上書、一二三頁）と主張する。すなわち、イギリスはユダヤの道具になっているがゆえに、フリーメーソンがイギリスのもの＝ユダヤのもであるという「ユダヤ陰謀論」に落ち着く議論の仕方なのである。

第五章　戦前知識人の『アラビアのロレンス』
――小林元・中野好夫

1　小林元の『イギリスとロレンスとアラビア』を読む

シリアの首都ダマスクス

シリアは現在まで内戦状態が続いている。海外に逃れたシリア難民は四〇〇万人を超えているという。国内で戦火のため自宅を離れざるをえない難民を含めれば国民の半数以上が難民化しているという悲惨な状況である。

内戦前のシリアはいつも厳しく監視されている不自由極まりない秘密警察国家ではあったが、テロなど物理的な危険を感じることはほとんどなかった。シリア自体は非常に自然豊かな国である。特にＩＳ（イスラーム国、ダーイシュ）が登場する前の北部シリアは農業が盛んな豊饒な地であった。

首都ダマスカス周辺は北部に比べると乾燥地だといったイメージが強いが、かといって日本人のイメージするサハラ砂漠のような広大な砂漠ではない。砂漠というよりも、灌木がまばらに生え、石がごろごろと転がっている「土漠」である。首都ダマスカス自体は市中にバラダ川が流れ、グータの森という水源もあり、自然豊かな都市であった。ただ、近年、宅地化が急速に進んで、グータの森自体もその都市化現象によって面積はどんどんと減少している。グータの森も内戦で戦場になり、最終的にシリア政府軍が制圧することになったのである。

私自身、初めて訪れた中東に最初に降り立った飛行場が夜中のダマスカス空港だったのでいっそう思い出深い。もっとも、シリアに到着した日の未明に、セルビスと呼ばれる乗り合いタクシーでそのまま隣国のレバノンの首都ベイルートまで走ったので、タクシーの中から見える目の前の風景は真っ暗なダマスカスの市街であった。同乗者の中に金髪の少年がいたが、アラブ人だと話してくれた。成長すると髪の色も変わると親が話していていっそう驚いた。親切な人びととセルビスに同乗して、レバノン国境に向けて走った。朝日を受けて立ちはだかるアンティ・レバノン山脈は黄土色に輝いていたいへん美しかった。

一九八〇年代半ば、シリアの南に位置するヨルダン・ハーシム王国の首都アンマーン（アンマン）に二年半、滞在していた時には、しばしばバスや乗り合いタクシーでシリアを訪れた。その時によく宿泊したのがダマスカス市の中央部にあるヒジャーズ鉄道のダマスカス駅の近辺のホテルであった。この駅はヒジャーズ鉄道の始発駅であった。もちろん、駅舎の建物だけが残っており、鉄道自体はその時にはもう運行していなかった。

「アラビアのロレンス」

このヒジャーズ鉄道が日本でも知られるようになったのは一九六三年に公開された映画『アラビアのロレンス』をきっかけとしてであった。この映画は巨匠デヴィッド・リーン監督（一九〇八～一九九一年）が製作し、シェークスピア劇俳優のピーター・オトゥール（一九三二～一九九三年）が主演していた。ピーター・オトゥールが演じる「アラビアのロレンス」ことトマス・エドワード・ロレンスは、第一次世界大戦中、アラブ反乱軍とともにこの鉄道をしばしば爆破したため、「ダイナマイトのアミール（王子）」などとも呼ばれた。オトゥールは一九〇センチメートルという長身であるが、実際のロレンスは一六五センチメートルしかなかったという。したがって、実際のロレンスは映画のイメージからはほど遠いといわなければならないのである。

ところで、オスマン帝国は一九世紀末から二〇世紀初頭にかけて巡礼鉄道としてこのヒジャーズ鉄道を建設した。しかし、アラビア半島西部にあるイスラームの二つの聖地メッカ（マッカ）・メディナ（マディーナ）まで敷設するはずだったが、結局、メッカより若干北に位置するメディナまでしか完成させることができなかった。この二つの聖地がある紅海に面したアラビア半島の西部地域をヒジャーズ地方と呼んでいるので、鉄道もこのような名称になったわけである。

私自身、ヨルダン滞在中、自分で自動車を運転して、ヨルダン最南端の港町アカバまで行ったことがある。アカバ港はヨルダンにとって唯一の港であり、当時はイラン・イラク戦争も続いていたので、ペルシア湾からの原油の輸出は難しかった。そのため、イラクはヨルダン経由の陸路で石油を輸出しており、この幹線道路にはタンクローリーが数多く走っていた。石油を満載した巨大なタンクローリーは道路をのろのろと走っている。その上に、アスファルトの道路は太陽の灼熱によって深い轍が穿たれており、トラックを追い越す時には、この轍にハンドルが取られるという危険も隣り合わせであった。

アカバまでのこの幹線道路はヒジャーズ鉄道と並行して走っており、ヨルダン国内ではこの鉄道は今でも一部運行している。また、アカバに近いヨルダン南部のワーディー・ラムは荒涼とした砂漠であり、そこで遊牧生活を送るベドウィンが観光資源となっている。このワーディー・ラムでは映画『アラビアのロレンス』の一部が撮影されたことでも知られているのである。

中野好夫とほぼ同世代の小林元

さて、「アラビアのロレンス」といえば、そのファンならばシェークスピアの翻訳で著名な英文学者の中野好夫（一九〇三～一九八五年）の『アラビアのロレンス』（岩波新書、一九四〇年）を思い浮かべることだろう。この新書の初版は太平洋戦争が勃発する前年に出版された。さらに戦後、映画『アラビアのロレンス』が日本で上映されるに当たって改訂版も出されている。日本での「アラビアのロレンス」ブームを作ったといってもいい中野本についてはこれからも必要に応じて参照することにしたい。

しかし、ここでは戦前の同時期にイスラーム研究者によって上梓された「アラビアのロレンス」に関する書籍を紹介することにしよう。おそらく、ほとんどの人がこの人物あるいはこの本については知らないであろうからである。その人物は中野とほぼ同世代に属する小林元（一九〇四～一九六三年）である。その著書は『イギリスとロレンスとアラビア』（博文館、一九四一年）である。「大陸発展叢書」全一〇冊の第四巻として出版された。

この大陸発展叢書は「世界新秩序の建設期に際会し、新東亜共栄圏の確立に邁進しつゝ、ある現下吾々にとって、植民地問題こそ緊急課題である。本叢書はこの重大問題の解決に対する現実的参考書として諸子の座右に贈るものである」と宣伝文句が付されている。

この大陸発展叢書の取り上げたテーマは、大東亜共栄圏の建設のために欧米帝国主義諸国、ロシアや中国の歴史的経験から学んでいこうという姿勢、そして今後の帝国日本の植民政策をどうするかを考える上で大変興味深いので、その書名だけをわかる範囲で列挙しておこう。第一巻『シーメンスとバグダード鉄道』、第二巻『クローマとエヂプトの近代化』、第三巻『セシル・ローズとアフリカ』、第五巻『ヘースティングスとインド経営』、第六巻『ムラヴィヨフと極東露領』、第七巻『ベントンと北米開拓』、第八巻『露国極東政策のウイッテ』、第九巻『左宗棠と新疆問題』、第一〇巻『ゴルドンと支那』などである。もちろん、敗戦のため、この叢書にある書籍すべてが出版されたわけではない。

さて、小林元という人物である。この人物は中東イスラーム研究の分野においてはよく知られている。というのも、戦後、外務省の外郭団体である財団法人中東調査会の設立に尽力した一人だからである。しかし、残念ながら、中東研究に携わり始めた若い世代の研究者は名前も聞いたことがないだろう。やはり過去の人なのである。

小林は戦前からイスラーム研究者として活動していた。例えば、『回回』（博文館、一九四〇年）、『回教叙説』（満洲事情案内書、一九四〇年）などの中国のイスラームに関する旅行記のような著作がある。ロレンス本の執筆当時は陸軍予科士官学校教授であったが、それ以前は駒澤大学教授、そして回教圏研究所の調査部長としてイスラーム研究に従事しており、『現代回教圏』（大久保幸次との共著、四海書房、一九三六年）、『乾燥アジア文化史論——支那を超えて』（松田壽男との共著、四海書房、一九三八年）といった歴史学的な著書も数冊上梓している。

世界新秩序の確立とアラブ大反乱

小林元『イギリスとロレンスとアラビア』は次のように戦意高揚を煽るように始まる。

「今日、世界史の軌道は、新らしい體制の建設を指向してゐる。／空爆の轟音のうちに、平和の翅は戰《おの》のき、舊秩序の夢は崩れかかる。地表を襲ふ旋風は、ときとともにその風勢を昂める。陸上の兵火を映す七つの海は、不安のリズムを奏でながらも、新らしい世代の陽光を待ち望んでゐる。さうして、世界の地圖は改訂の筆を加へられつつある。世界史は新らしい頁を披き始める」（小林元『イギリスとロレンスとアラビア』博文館、一九四一年、一頁）。

小林は当時、陸軍予科士官学校教授である。この著作以降の小林の戦中の著作はみなこんな調子である。一九四四（昭和一九）年にも『歴史眼』『世界史新考』といった著作を著したが、このような論調はずっと貫かれているといえよう。

「けだし、世界新秩序の確立のために、全智的企畫が試みられて、總身的努力が拂はれてゐるのである。ここに、植民地ないし半植民地問題、さらに民族問題、その他が新らしい角度から再検討されなければならないのも、決して偶然ではない。なんとなれば、かうした諸課題に對する新解釋こそ、世界新秩序の構造の前提、むしろ、その基調であるからである。しかも、その解釋には日本的把握が必要であらう。本書の執筆の契機も、實に、かやうな現實的問題のうちに發見されてゐる」(同上書、一頁)。

「世界新秩序の確立」という問題意識は、太平洋戦争勃発直前という当時の時代状況においてはむしろ当然といってもよかろう。「アラビアのロレンス」が注目されるのも第一次世界大戦当時との類比がなされるからである。例えば、清朝最後の皇帝であった宣統帝溥儀を担ぎ上げ、満洲国皇帝に据えた土肥原賢二が「満洲のロレンス」と呼ばれたのもむべなるかなである。

「いふまでもなく、本書が描く舞臺は、第一次世界大戦前後の近東、とくに、アラビアを中心として展開される。その主人公は『アラビアのロレンス』すなはちイギリス人トマス・エドワード・ロレンスである。しかしながら、本書の設計はかならずしもアラベスク風なロレンス傳説の集成を期待してゐない。わたくしの寄稿の意圖は、第一次世界大戦の煙幕に隠れて暗躍したロレンスの本體を闡明《せんめい》し、第二十世紀初葉におけるイギリスのアラビア政策を解説することに置かれたのである。いはば、わたくしは正しい視角から、『歴史する心』をもつて、『アラビアのロレンス』を活寫し、イギリス的觸手によつて操られた近東の運命の一曲、すなはち『アラビアの叛乱』を描出しようと構想したわけである」（同上書、二～三頁）。

小林は以上のように述べて、中東現代史の分野では「アラブ大反乱」と呼ばれる、オスマン帝国に対するアラブ人の独立運動を描く。その際、小林は主にロレンスの主著である『知恵の七柱』に依拠している。『知恵の七柱』は平凡社の東洋文庫のシリーズとして全三巻でロレンス自身による簡約版の日本語訳もあるし、同じシリーズから五巻本の完全訳もある。この本のタイトルはロレンスがこよなく愛した旧約聖書の「箴言」から採ったものであり、「知恵は家を造り、七つの柱を立てる」に基づいている。したがって、その内容とタイトルは必ずしも一致しないということになる。

2 アンマンとチェルケス人

七つの丘陵から成る首都アンマン

ヨルダン・ハーシム王国の首都アンマンは七つの丘陵から成っている。元々、フィラデルフィアというローマ帝国時代の都市であったのだが、その後は廃れた。近代に入るまで寒村にすぎなかったが、ヒジャーズ鉄道が完成した二〇世紀初頭から発展しはじめた。アンマンはアラビア語では正確には「アンマーン」である。アラビア語の綴りでは、アラビア半島にある王国「オマーン」とまったく同じなのである。

アンマンは、「下町（バラド）」と呼ばれている地域にスーク（市場）を含めて商店街があり、その北東部にローマ時代の大きな円形劇場の遺跡がある。この下町はすり鉢状の底にあり、西方に向かうと急峻な坂道になる。それを上り詰めると、ジャバル・アンマーン（アンマンの丘）である。「ジャバル」とはアラビア語で「山」の意味である。

「ジャバル」という名をもつ地名は地中海周辺にはいくつかある。例えば、ジブラルタル海峡である。スペインとモロッコの間にあって大西洋と地中海を結ぶが、この「ジブラルタル」のアラビア語名は「ジャバル・ターリク」である。ターリク・イブン・ズィヤードというムスリムの武将が七一一年、スペインのイベリア半島に上陸した地点には山があったが、その名称がその武将にちなんで「ジャバル・ターリク」と名づけられた。それがスペイン語風に「ジブラルタル」と訛った。以上がジブラルタルという地名の由来である。

ジャバル・アンマーンには東西を貫くメイン・ストリートが走っている。それぞれ主要な交差点にはサークルがあり、下町に近い第一サークルから出発すると、第八サークルまである。そこで行き止まりとなり、左折すると空港へと続くが、直進すると一挙に深い谷を下る坂道になる。その場所をワーディー・スィールと呼ぶ。前節でも触れたように、ワーディーはしばしば「ワジ」と表記したりもするが、「谷」の意味である。

私がアンマンに住んでいた一九八〇年代半ばはこの谷間の地域にはまだ家もまばらであったが、現在では建物が密集して、景観はまったく変わってしまった。大アンマン市の一部として都市化している。このワーディー・スィールは、もともとチェルケス人が最初に住み着いた場所でもある。

チェルケス人は自称アディゲ人で、黒海とカスピ海に挟まれた山岳地帯であるコーカサス（カフカース）地方の北西部に居住していた。しかし、一八七七年に勃発した露土戦争でオスマン帝国がロシア帝国に敗北し、翌年のベルリン会議においてこの地域はロシア帝国に編入された。そのため、ムスリムであったチェルケス人の多くはオスマン帝国領内に移住せざるをえなかったのである。

チェルケス人が住み着いたソチ

オリンピック冬季大会が二〇一四年二月、ロシア南部の保養地ソチで開催されたことを記憶している方も多かろう。このソチは黒海北岸にあるが、もともとチェルケス人が居住していた。チェルケス人の墓地があった場所がオリンピック会場になったため、アンマンやイスタンブルではソチ大会に反対するチェルケス人のデモが行われたりしたのであるが、日本ではほとんど報道されなかった。

このチェルケス人がアンマンに移住してきたのが、ヒジャーズ鉄道の守備隊としてであった。チェルケス人はイスラーム史では勇猛な騎馬兵として知られている。マムルーク朝という王朝があるが、この王朝の後期はチェルケス・マムルーク朝（一三八二〜一五一七年）と呼ばれており、マムルーク（軍人奴隷）の多くはチェルケス人であったのである。アラビア語ではシャルカシー（複数形はシャラーキス）と呼ばれる。

長々とアンマンとチェルケス人について説明したが、アンマンという都市は、その近現代史を考える上で、この少数民族の存在を抜きにはありえない。第一次世界大戦後、現在のヨルダン・ハーシム王国の前身である「トランスヨルダン首長国」が成立した。このトランスヨルダン（「ヨルダン川の向こう側」の意味で、ヨルダン川より東側の地域を指した地名）の首長（アミール）になったのが、フサイン・マクマホン協定で知られるハーシム家のシャリーフ・フサインの次男アブドゥッラーであった。「アラビアのロレンス」と共にアラブの反乱を率いたファイサルの兄に当たる人物である。

アブドゥッラーの出身はアラビア半島西部のヒジャーズ地方にあるメッカであるので、トランスヨルダンという土地では余所者である。トランスヨルダンは、イギリスが強引にパレスチナから切り離して彼に与えた国家である。そんな「人造国家」を運営するためには、国王は現地の諸勢力と手を結ばざるをえず、当時この王国の軍隊の主力が、チェルケス人とベドウィン（遊牧民）から構成されたのである。とくに、チェルケス人は現在のヨルダン空軍の黎明期を支えた軍人たちであり、ヨルダン航空にもチェルケス人の操縦士や客室乗務員がたくさんいる。

中野好夫を評価した小林元

ところで、前節では小林元『イギリスとロレンスとアラビア』（博文館、一九四一年）の冒頭部を紹介した。小林は本書を出版した当時、陸軍予備士官学校教授であった。そのためか、小林の書きぶりは、当時の時代相を反映した戦意高揚の調子が前面に押し出されたものであることを指摘した。小林の著書の「序言」の最後の部分を見てみよう。

「『アラビアのロレンス』の異常な情熱は、ともすればわれわれをして感情の嵐のなかに佇立せしめるかもしれない。ことに、イギリスとアラビアのあひだに介在しながら、『アラビアの叛亂』について傷心する『アラビアのロレンス』の姿勢は、あまりにも悲劇的である。しかし、炯眼な識者諸賢は、『アラビアのロレンス』が演出する波瀾曲折の感激的場面のうちにこそ、かへつて本書の制作的理念を讀み取るであらう。ただし、この場合、推敲の時間的餘裕を缺き、さらにロレンスが書き直した諸記録のすべてを入手しえなかつた事情——これは他日わたくしがかやうな文獻的不足を補ひえた後に、本書の増補ないし改作を企てたいと念願するゆゑんである——は、わたくしをしてみづからの希望に多少とも懐疑的ならしめる。讀者諸氏の寛恕を冀求するしだいである」(『イギリスとロレンスとアラビア』博文館、一九四一年、二一～三頁)。

小林はこの「序言」の脱稿の年を、一九四〇年ではなく、さらに昭和一五年でもなく、「皇暦二千六百年初秋」と記している。小林の奉職した士官学校の職位に由来するものである。

小林はまた、中野好夫『アラビアのロレンス』(岩波新書、一九四〇年)を「主要参考文献」の一覧にきちんと加えている。そして同書について「この書が發行されたとき、拙稿はすでに脱稿され、印刷に附されてゐたために、遺憾にも、わたくしはこの好著を充分に効用しえなかつたのである。讀者諸氏が拙著の不備をこれによつて補はれれば、幸ひである」(同上書、四二〇頁)と高く評価している。

小林は「序言」では「本書の増補ないし改作を企てたいと念願する」と書いている。その後、中野本の改訂版が出版される一九六三年まで小林は生きたが、増補あるいは改作もしていない。初版の中野本の反響と影響力の大きさの前に断念したと考えることもできるかもしれない。

それはともかくとして、小林本の第一章である「運命の序曲――アラビアへの指向」の書き出しもなかなか劇的である。

小林本にみるアラブ民族の英雄

「風を起して走る駱駝から、突如、身輕るに飛び降りたかと思ふと、ただちに片手を鞍に置き、片手に銃《と》つて、ふたたび飛び乘る――この活躍シーンを觀るものには快よい。これはアラビアにおいて戰士の資格を決定する『沙漠の妙技』である。／いま、かやうな快技を演ずる一人の白面短軀の青年がゐる」（同上書、四頁）。

このような映像的効果を狙った書き出しはやはり、アメリカ人映画興行師ローウェル・トマス（一八九二～一九八一年）が制作した映画「パレスチナのアレンビーあるいはアラビアのロレンス」の成功にあるのだろう。トマスはイギリス軍の従軍記者としてカメラマンのハリー・チェイスと共に「アラビアのロレンス」の姿を撮影して記録に残したのである。この記録映画は、ロンドンで上映されたのを皮切りに、世界中で四〇〇万人以上の人びとが観たといわれている。この映画こそが「アラビアのロレンス」を世界的に有名にし、同時にアラブ民族の英雄としての「ロレンス神話」を生み出したのである。小林も実際にこの映像を観たのかもしれない。

「かれはアラビア風の服装をしてはゐるが、生まれながらのアラビア人ではないらしい。流暢なアラビア語を話すかれの口もとには、異國人調の微笑が流れてゐる。しかし、かれがアラビア人でないといふ證據は、かれの童顔風の人相をのぞけば、ほとんど見いだされない。かれの名を問へば、ハッサーンといふ回教徒名を答へる。そこで、かれに對面してゐるわれわれは、はたと當惑する。それにもかかはらず、われわれはかれが『沙漠の児』ではないと推定しなければならない。……さて、もちろん、アラビア製の白衣を熱風に靡かせてゐるこの不可解な『沙漠の紳士』は、アラビア人ではない。そのはずである！かれこそ、ロレンス（Lawrence）、くはしくいへばトマス・エドワード・ロレンス（Thomas Edward Lawrence）、一般には『アラビアのロレンス』として知られてゐるイギリス人にほかならないからである」（同上書、四～五頁）。

以上のような第一章の書き出しから、小林は「アラビアのロレンス」の登場の政治的な背景を説明する。すなわち、第二章「靉びく戰雲――アラビア問題の周邊」と第三章「沙漠の現實――アラビア人とイギリス人」において第一次世界大戦の状況を明らかにするのである。そして第四章「叛乱への誘惑――フサインが決意するまで」以降は主にロレンス『知恵の七柱』を中心に依拠しながら、時系列的に彼のアラビア半島での活躍を追いつつ叙述を進めていく。すなわち、第五章「指揮官と軍隊と戦法――アラビア軍について」、第六章「愼重な積極化――ワヂゥフからアカバへ」、第七章「進撃の道――アレンビ將軍に會して」、第八章「勝利の榮冠――ダマスクス入城の日」といったようにロレンスやアラブ反乱軍にとって悲願であったダマスカス占領までが描かれる。

そして、第九章「戰蹟の處置──パリ媾和會議の氣流」以降はロレンスにとって最初で最後の「政治の季節」である。アミール・ファイサルの側近として、アラブ民族の独立という悲願を達成するためにパリ講和会議に出席するが、祖国イギリスの「老人たち（＝政治家）」の背信に直面して衝撃を受け、第一〇章「闘志を抱いて──アラビア政策に關する進言」に描かれるように、ついに祖国を「裏切る」決意をして、其の配信を国際世論に訴えるべく『タイムズ』紙にイギリスの二枚舌外交を暴露する記事を投稿するのである。

ロレンスは失意のうちに第一線からは退き、将校の地位を捨て一兵卒として偽名で軍役に就くことになる。第一一章「轉身の朝夕──イギリス空軍の航空兵として」がそれである。そして、自殺ともいわれるバイク事故を振り返りつつ、第一二章「人生の解除──ロレンスを追懐すれば」ではロレンスとは何者だったのかが問われるのである。

3　歴史家・スレイマーン・ムーサー

ムーサーの『アラブが見たアラビアのロレンス』

私がヨルダンに滞在していた一九八〇年代半ば、スレイマーン・ムーサー（一九一九〜二〇〇八年）という歴史家に会ったことがある。アンマン市内の中心部にある事務所は著名な歴史家にしては簡素で狭かったように記憶している。面長で温厚な紳士であった。当時詳しくは知らなかったが、ヨルダン北部の寒村の貧しいキリスト教徒の家に生まれ、苦学してヨルダンを代表する歴史家として大成したのである。

二〇〇九年には、彼の名前を冠したアンマン市史に関するスレイマーン・ムーサー図書館がアンマン市当局の肝煎りで設立されたとのことである。私がアンマンに滞在した当時、ヨルダンでは出版年代の古いアラビア語の書籍を入手することは極めて難しく、個人の蔵書に頼らなければ読むことができなかった。したがって、ムーサーが著したヨルダン近現代史に関する著作は借りてきて、厚手の感熱紙に印刷してそのコピーで読んでいた。アンマン市史に関する公共図書館が設立されたという事実に鑑みると、隔世の感がある。

とはいえ、この歴史家に対する当時の私の評価は、ヨルダン王室を熱心に擁護する「御用学者」といった類のもので、率直なところあまりいい印象をもっていなかった。というのも、ムーサーは、当時まだ健在であったフセイン国王（一九三五～一九九九年）を礼賛する内容の本ばかりを書いていた印象だったからである。ただ、直接会ってみると、たいへん人のいい好々爺（当時まだ六〇歳代なかばだったが）で、その紳士的な振る舞いが強く印象に残っている。

この歴史家の名前が日本で少しは知られるようになったのは、その著書の邦訳『アラブが見たアラビアのロレンス』（リブロポート、一九八八年、現在では中公文庫の一冊として入手できる）が「冒険の世界史」の一冊として出版されたからだった。翻訳者である牟田口義郎氏（一九二三～二〇一三年）と定森大治氏（一九四七年～）はともに朝日新聞記者でカイロ特派員だった。牟田口氏には『アラビアのロレンスと日本人』（NTT出版、一九九七年）や『アラビアのロレンスを求めて――アラブ・イスラエル紛争前夜を行く』（中公新書、一九九九年）という著書もあり、当時の日本における「アラビアのロレンス」をアラブ側から批判的に読み直すことを提唱していた代表的な人だといってもいいだろう。

それはともかく、なぜ私がムーサー氏に会う気になったのか、実はその理由をよく覚えていない。おそらく、定森氏が彼の著作の英語版を日本語に翻訳しているということなので、ムーサー氏に連絡をとったのかもしれない。定森氏は当時、朝日新聞カイロ特派員で、アンマンをしばしば訪れ、個人的にもよく話をしていたからである。

『アラブが見たアラビアのロレンス』の英語版がオックスフォード大学出版会から出版されたのが一九六六年のことであるので、日本語版はそれから二二年遅れて出版されたことになる。それでもやはり欧米社会で流布した「アラビアのロレンス」神話を破壊する起爆剤になったことはたしかである。もちろん、ムーサーは「アラブ」からの視点とはいいながら、先ほど触れたように「アラビアのロレンス」が対オスマン帝国のアラブ反乱で期待をかけたハーシム家という、預言者ムハンマドの血を引く名門の王家の立場からの議論である。だからこそ、ムーサーの立場はイギリスに庇護されたハーシム王家の擁護論だというアラブ人研究者からの批判も依然としてある。しかし、欧米列強の視点からの議論とは明らかに異なる見方を提供したのは間違いないのである。

ムーサー氏は、レバノンのベイルートのアラビア語新聞社系列の名門出版社ダール・アン・ナハール社から一九七七年に『アラブ運動――近代アラブ民族覚醒運動の第一段階一九〇八～二四年』を刊行して世に問うことになったので、アラブ世界においても広く知られるようになったといえよう。

ところで、『アラブが見たアラビアのロレンス』の日本語版の宣伝文句は「大戦生残りのアラブ側証人を尋ね、アラブ・欧米資料を調べぬいた、アラブ歴史家による初のロレンス伝。克明、冷静な筆が複雑なアラブ現代史を根幹から鮮やかにときほぐす」である。もちろん、発行当時と比べれば、イギリスのロレンス研究の泰斗ジェレミー・ウィルソンなどに代表されるように英語圏でもずいぶんと進展したし、ヨーロッパ中心的な見方もかなり克服されてきた現状があるといえよう。さらに、「アラビアのロレンス」神話を、独・米・シオニストなどの他国の「スパイ」と比較することで相対化することに成功した、スコット・アンダーソン著、山村宜子訳『ロレンスのいたアラビア』上下巻（白水社、二〇一六年）といった読み物としてもすこぶる面白い翻訳も出版されている。

さて、前節では小林元の著書『イギリスとロレンスとアラビア』（博文館、一九四一年）を紹介したが、アラブ研究者である小林のロレンス評価もみておきたい。ムーサーとも認識を共有する部分もあるからである。

小林のロレンス評価

小林はその著書の最終章として第一二章「人生の解除」を置いている。その章の冒頭において次のような問いを発する。

「陸軍中佐――通稱的肩書としては、陸軍大佐――の待遇から一兵卒の資格へ、みづから志願的に位階を轉倒したロレンスの晩年は、一種の苦行者風の懺悔歴であるやうにも見える。しかし、これによつて、ロレンスは『アラブの叛亂』に對する自責を拂拭しえたのであらうか。はたして、かれは自意識の世界において瀆罪することができたであらうか」（『イギリスとロレンスとアラビア』博文館、一九四一年、三八八頁）。

結論を先取りすれば、小林はロレンスの書簡を長々と紹介しながら、その答えはアラブ反乱の自責の念を払拭できなかったということである。すなわち、ロレンス自身は「アラビアのロレンス」の呪縛から生涯解き放たれることはなかったと結論づけたのである。これこそが人間ロレンスの悲劇であった。小林はアイルランドのダブリン出身の著名な劇作家バーナード・ショーからロレンス宛の次のような書簡を引用している。

「きみは靜にしてゐられなかつたのであります。それで、きみはきみの一生の終りまで、またその後はわれわれが現代史と呼んでゐるものの續くかぎり、今のロレンスでありませう。ロレンスはきみにとつて、ときをり、たいへん迷惑なものであるかもしれません……しかし、きみはかれを創造したのであり、いまは、最善を盡して、かれを調和してゆかなければなりますまい」（同上書、三九四頁）。

小林はショーを引用しながら、次のようにロレンスの「人生の解除」について自らの見解を述べるのである。

「〔ショーが〕皮肉な教訓を與へてゐる事實を思ひ浮べながら、つひに、『アラビアのロレンス』が消え去らなかつたことを知らなければならない。けだし、後半生におけるロレンスは、『イギリスがアラビア問題からすつぱりと手を切つたといふ』確信を抱くとともに、『アラビアの叛亂』の抹殺を求め、『アラビアのロレンス』を忘れたはずであるにもかかわらず、相變らずみづから『アラビアのロレンス』として立つてゐるからである」(同上)。

小林はそのようなロレンスを、自己中心主義(「エゴティズム」という英語を使っている)における「アラビアのロレンス」の復活にほかならないと厳しく指摘する。

「〔自己中心主義の復活は〕世評を嫌ったかれがここかしこに『隠くれんぼ』を行つた結果、うらめしく顯はれた『アラビアのロレンス』の亡靈の悪戯ではない。かへつて、それはかれのエゴティズムにおいて浄化された『アラビアのロレンス』の生靈であつたのである」(同上書、三九五頁)。

小林に言わせれば、晩年のロレンスもまた「アラビアに憑かれた人」であり、しょせんアラビアと生死を共にしなければならない運命をもっていたのである。大英帝国にはウィリアム・レイン、W・S・ブラントといったようにその生涯をアラブに賭けた人びとが無数に存在するのである。

「われわれはロレンスが告白しているところから、かれがアラビア問題を通じてイギリス帝國主義の止揚、いや、その新編成を期待し、そこに『アラビアの叛亂』の結論を把握しようとしてゐる意欲を知るべきである。しかるに、ロレンスはイギリス帝國主義の新體制建設に對して、みづから非力を自覺し、かれ自身のエゴティズムに沈潜したわけである。それにもかかはらず、かれはやはり『アラビアのロレンス』であり、それを脱却しえなかつたのである。はたして、かれはかれのエゴティズムのなかに『アラビアのロレンス』の生靈が、かほどまで強く反映してゐたことに氣づいてゐたであらうか」（同上）。

ロレンスに対する良心と同情

小林はロレンスと「アラビアのロレンス」とをめぐる悲劇的矛盾を指摘しつつ、また彼を「詐欺師」だと決めつける酷評にも一線を画して、良心的窮境に同情的理解をもつべきであるとして、「アラビアのロレンス」の存在を可能ならしめたイギリス政府の近東政策に目を向けるのである。

「少なくとも、ロレンスがユニオン・ヂァックの國旗を掲揚するイギリスの忠実な臣民であつたかぎり、かれはイギリス政府の近東政策における欺瞞をそのまま受諾しなければならない羽目に立つてゐたのである。ロレンスはイギリスの近東工作の悪性に對して、かならずしも十分な抵抗力を用意してゐなかつた。むしろ、かれはかれのあらゆる渾身的努力にもかかわらず、ただみづからの無力、まさに、良心の敗北をまざまざと意識せしめられたにすぎない。……事實、かれの言葉の節節が注意深く讀まれれば、そこにイギリス人とアラビア人とのあひだに板鋏みとなつて佇ずむ『アラビアのロレンス』の悲しい姿が認められはしまいか。ロレンスの後半生がエゴティズムに捧げられた理由もまた、主としてこの點にみいだされないであらうか」（同上書、三九九〜四〇〇頁）。

小林が「アラブの叛乱」をロレンスのみに帰するべきではなく、彼の行動だけが問題にされてはならないと指摘しているのは正しい。そして次のように締め括るのである。

「われわれはつねに『アラビアの叛亂』が世界大戦の東方戦線における一局部の謀略的戦闘であったことを想起すべきである。彼の顕著な足跡—事實は、世界的に過重評價的名聲を獲得したかれの非凡な活動のゆゑに、かれの眞の存在理由が誤診されるべきではない。ロレンスの役割に對する速斷は、『アラビアの叛亂』の世界史的比重に對する誤認の上に成立する場合、もっと危険である。ロレンスの顏に詐欺師的假面をおしつけようとするのは、妥當ではない。『アラビアのロレンス』というふレッテルは、『メイド・イン・イングランド』であり、決して『アラビアの叛亂』における『セルフ・メイド』ではないのである」（同上書、四〇一〜四〇二頁）。

4　オックスフォード大学にて

オックスフォード大学中東研究センター

「アラビアのロレンス」ことトマス・エドワード・ロレンスが若き日に学んだのはオックスフォード大学のジーザス・カレッジである。

オックスフォード大学は、四〇以上の独立性の高いカレッジから構成されているが、カレッジと大学、学部と大学院、研究センターと大学との相互関係は非常に複雑であり、私などの部外者はあまりよく理解できていない。ただ、オックスフォード大学は「地域研究」と呼ばれる学問分野の研究が実に盛んで、中東、アフリカ、ラテンアメリカ、南アジア、中国、イスラエル、日本、ロシア、東欧などの研究プログラムをもつ学際的地域研究のためのスクールもある。今回、その中のイスラエル研究プログラムが主催した国際会議に参加した。ただし、このような説明を縷々書き綴ったところで、多くの読者にとってはどうでもいいことであろうが、オックスフォード大学のカレッジの複雑性が、多様性を重んじる観点から、いかにもイギリス的だと感心したのである。

ところで、オックスフォード大学セント・アントニー・カレッジには中東研究センターがあるが、同じようにイギリスの日本研究の拠点となっている日産日本研究センターもある。この中東研究センターは「パクス・ブリタニカ」の時代には長らく世界の中東研究を率いてきた、中東研究推進のための象徴的存在であった。アルバート・ホーラーニー教授（一九一五～一九九三年）というレバノン系移民二世がこのセンターの所長を長年にわたって務めていた。中東に多くの植民地を有していた大英帝国の遺産を感じさせるものである。ちなみに、このセンターの斬新な新建物は、二〇二〇年の東京オリンピックの新国立競技場の旧案を提案したイラク系女性建築家ザハ・ハディドの設計によるものだった。

イギリスの一年でもっとも緑豊かな五月という季節に、このオックスフォードという学園都市を一緒に散策したのが、中東研究センターのアヴィ・シュライム名誉教授だった。最初は雨が降っていたが、カフェで話しているうちに晴れたので、「アラビアのロレンス」が学んだジーザス・カレッジに向かった。だが、カレッジを見学できるのは午後四時までなので、同じ大学所属の名誉教授であっても見学はできなかった。このカレッジには、ウェールズ出身の著名な画家オーガスタ・ジョンが一九一九年に描いた「アラビアのロレンス」の肖像画があることで知られている。アラブ服に身を包まれたロレンスの肖像画が学生食堂に掲げられているのである。

さて、一緒にオックスフォードの町を散策したアヴィ・シュライム教授だが、この人物の人生も劇的なものである。実は教授自身もロレンスと同じくジーザス・カレッジ出身である。また、現在のお連れ合いが一九一七年にイギリス政府がユダヤ人のための「ナショナル・ホーム」設立を約束したとされるバルフォア宣言を発出した時のイギリス首相ロイド＝ジョージのひ孫娘なのである。教授は一九四五年にバグダードで生まれたイラク系ユダヤ人である。先祖代々、裕福な商人であったが、一九四八年にアラブ諸国とイスラエルとの間に戦争が勃発することによってシュライム一家は故郷イラクを離れざるをえなくなる。教授自身はイスラエル国籍を取得してイギリスで学ぶが、一八歳になってイスラエル国防軍への兵役の義務を経て、その後ずっとイギリスで学び、英国籍も取得することになるのである。

シュライム教授を事細かに説明したのは、前節で触れたヨルダンとの関係を考える時に同教授の研究業績は無視できないからである。一九四八年の戦争時、ヨルダンとシオニストの間にはお互いに攻撃しないという密約があったことを学問的に明らかにしたのがシュライム教授であり、同時に、フセイン前国王の評伝も書いている。

ロイド・ジョージ‐小林、旧体制‐新体制

小林元の著書『イギリスとロレンスとアラビア』（博文館、一九四一年）の紹介を本節で終わりにしたい。そこで、小林が同時代人としての「アラビアのロレンス」をどのように位置づけているのかを最後に確認したい。小林は、ロイド＝ジョージに代表される老人に対して敗北したロレンスと云う若者を、旧体制と新体制の対立に重ねて考えている。その際、小林はロレンスの次のような言葉を引用する。

「われわれはあの渦巻く戦闘のあひだに、善きにしろ、悪しきにしろ、一身を顧みることもなく、九死に一生を選んだ。しかも、われわれが目的を達成し、新らしい世界が黎明してきたとき、ふたたび古老のひとびとが顕現し、われわれの勝利を奪取し、かれらが馴染んでゐた舊世界さながらのうちに、それを再生してしまつた。青年は勝つことができた。しかし、守ることを知らなかつた。それで、みじめにも、老年者に對して弱かつた」(小林元『イギリスとロレンスとアラビア』博文館、一九四一年、四〇八頁)。

小林はこのロレンスの一節を次のように解釈する。

「パリ媾和會議において『アラビアの叛亂』のために情熱のかぎりを盡した『アラビアのロレンス』の退卻《たいきゃく》を述懐する悲しい言葉である。しかし、これはまたイギリス帝國主義の故智を墨守した舊體制の支持者に對するロレンスの反抗心を物語る」(同上書、四〇九頁)。

小林はこのロレンスの言葉を、一方で「一つの愚痴」だと切り捨てるが、同時に、若者として新体制を望む熱意が感じられるとして救い上げもしている。旧体制に対して抵抗する新体制への若者の希求を認めているのである。ただ、パリ講和条約は、一世紀前のウィーン会議の場合と同じく、旧秩序の再興あるいは補強をするだけだと小林は解釈する。

「事實、パリ媾和會議を操縦したイギリスおよびフランスは、資本主義の舊體制を維持し、強化し、堅守しようとしたのである。しかも、ヴェルサイユ體制に對するイギリスおよびフランスの帝國主義的意欲は、あまりにも強烈であつた。それで、今日、『世紀の英雄』ヒトラーの統率のもとに、ヨーロッパの新秩序の建設のために邁進しつつあるドイツでさへも、ヴェルサイユ體制の破棄に向つて蹶起するまでには、約二十箇年の粉骨砕身の苦練を要したではないか。それゆゑに、たとひロレンスが『若き力』を代表し、ヴェルサイユ體制に肉迫したとしても、その當時においては、いたづらに矯激の誹りを免がれなかつたわけである」（同上書、四〇九〜四一〇頁）。

小林は、旧体制を破り、新体制を作り上げるナチス・ドイツを高く評価することになる。日独伊三国同盟の締結という当時の時代状況からは致し方がないにしても、ロレンスという「反乱者」を通しての自らの立場表明であるともいえる。

「ロレンスはみづからの知性を過信して、獨力をもって蹶起し、苦闘した。しかし、つひに、ヴェルサイユ體制の壓力の前に、かれは血に塗れて退かなければならなかつた。いはば、それはロレンスの純情、いな、かれのエゴティズムの敗北である。けつきよく、ロレンスは『明哲保身』を知らなかつた。『上手に嘘をいふ人間』を好むイギリス帝国主義は、眞實を語る『良心の英雄』ロレンスを欲しなかつた。非論理主義のイギリス人は、ロレンスの機械學ないし數學的理論に對して、ただ悲歎をもつて拍手をする観客にすぎなかつたのである」（同上書、四一〇頁）。

小林はロレンスの歴史的な役割を民族主義と帝国主義との関連に即して、次のように総括する。

ロレンスの世界史的解釈

「『アラビアの叛亂』によって民族意識に点火されたアラビア人は、かれらが追慕した『アラビアのロレンス』の言葉を固守するかのやうに、その後、みづからアラビア民族運動を白熱化し、今日、イブン・サァウードを中心として團結しつつある。まさに、『アラビアの叛亂』はイブン・サァウードの登場の前提條件になつたわけである。さうして、かやうなアラビア人の民族主義の高調は、イギリス帝國主義にとつて『身中の虫』とさへもなつてゐる。この意味において、『アラビアのロレンス』はイギリス帝國主義に對して皮肉な結果を持來したことになる。もちろん、これは個人の力ではなく、世界史の必然性である」(同上書、四一一頁)。

小林はさらに続けてロレンスの世界史的解釈を行って、次のように結論づけるのである。

「もし世界史の講釈が許されれば、それは『アラビアの叛亂』を通じてロレンスを操縦し、アラビア人に食言したイギリス帝國主義の因果であるともいえるであらう」(同上)。

ロレンスは世界史の波動での「悲しい玩具」であったと評し、最後に、ロレンスの死を次のように描写するのである。

「ちょうど、一九三五年五月一三日――ヨーロッパ人は迷信的に『十三』の數を忌み嫌つてゐる――のことである。いつものやうに、オートバイに乗って、友人への招待電報を打ちにいつた歸路、かれは前方に走る自轉車を避けようとして、轉覆、そのまま、人事不省に陥つた。陸軍病院に擔ぎこまれたロレンスの診断は、再起不能であつた。『アラビアのロレンス』の名聲を捨てようとしたヨーロッパ人ロレンスにとつてもまた、『十三』の數を示す日附は、凶日であつたのか。故意か、偶然か。不慮の災禍であらうか。いづれにしても、『アラビアのロレンス』が昏睡のままに、イギリス帝國主義の近東政策の糸に操られた『嘆きのピエロ』として、世界のヂァーナリズムによって華やかに持て囃されたにもかかはらず、つひに、孤獨のうちに、寂漠の心情を抱きながら、この世を去つたのは、一九三五年五月一九日である」（同上書、四一四頁）。

映画『アラビアのロレンス』の冒頭の場面で知られる事故の様子を小林は「十三日」に注目して記述している。そして、日独伊という枢軸側の視点から、第二次世界大戦という世界史的な状況の下で、改めてロレンスを位置づけ直す。

「しかし、皮肉にも、ヴェルサイユ體制の破棄とヨーロッパ新秩序の建設とのために奮起したドイツによつて、ロレンスの遺骸を葬つたモートン教會、さらに彼の胸像を納めたセント・ポール寺院は、いまや、空爆に曝らされてゐる。あたかもドイツは『アラビアのロレンス』の純正な良心と誠實な功績とを踏み躙つたイギリスの猛省を促すかのやうに、いや、ロレンスのレーゾン・デエトルについて、世界史的角度からの再吟味を要求するかのやうに」(同上書、四一四～四一五頁)。

5　中野好夫の『アラビアのロレンス』を読む

銀幕のなかのイスラーム文化

「アラビアのロレンス」といえば、多くの人がこれまでも何度か触れたデヴィッド・リーン監督、ピーター・オトゥール主演の映画を思い出すだろう。私もその例外ではない。何度も映画館で再上映されたので、学生時代に大スクリーンで観たことを覚えている。もちろん、二一世紀の現在ではわざわざ映画館で観る若い世代の人はほとんどいないだろう。DVDでは、劇場版のみならず、完全版もあるからである。しかし、家庭用のディスプレイでは映画館で観る醍醐味はとうてい味わえない。この映画はあまりに長いので、途中で音楽のみが流れるインターミッションが入り、実質的な休憩が入るのである。

さて、この映画でハリウッド映画界のデビューを果たしたのが、エジプト出身の俳優オマー・シャリフである。実は、この人物についてアラビア語で書かれた本を読んだ時に、彼が「ユダヤ人」だと指摘されていて驚いたことがある。エジプトで出版された本の中で彼が「ユダヤ人」と名指しされたのは、おそらくユダヤ系ハリウッド女優バーバラ・ストライサンドと浮名を流したからかもしれない。彼女はユダヤ系であることを公然と表明しているし、エルサレム・ヘブライ大学に留学していた時にマウント・スコーパス・キャンパスに彼女の名前を冠した寄贈校舎があったことを思い出したりしている。あるいはエジプト映画界はその黎明期の一九三〇年代からユダヤ人が多くを占めていたことでも知られており、こういった事情も影響したのかもしれない。

オマー・シャリフ（正則アラビア語の読み方では、ウマル・シャリーフとなるが）の生涯を簡単に振り返ってみたい。この名前はもちろん芸名であり、本名はミシェル・ディミトリー・ハルフーブである。この本名からも推測できるように、キリスト教徒である。宗派はギリシア・カトリック教会で、東方典礼カトリック教会（合同教会、帰一教会）である。カトリックの教皇の権威を受け入れた東方諸教会の一つである。

オマー・シャリフは世界恐慌直後の一九三二年にアレキサンドリアに生まれた。イギリス系の名門校ヴィクトリア・カレッジに学び、カイロ大学を卒業した。その後、俳優となってエジプト映画界で共演した女優ファーティン・ハマーマと結婚して、ムスリムに改宗した。最初に出演したハリウッド映画が既述の通り『アラビアのロレンス』（一九六二年）だったが、この役も予定されていた俳優たちがキャンセルしたため、転がり込んできたという幸運が重なった。ハリシュ族のシャリーフ・アリーという映画の中だけの架空の人物を演じ、アカデミー賞助演男優賞にノミネートされ、またゴールデン・グローブ賞助演男優賞を獲得した。しかし、当時のナーセル・エジプト大統領に睨まれることになり、結局事実上亡命することになったものの、その後はハリウッドでは名優としての名声をほしいままにした。

オマー・シャリフと同じように、レバノン出身のアレキサンドリアのキリスト教徒家庭に生まれ、ヴィクトリア・カレッジ出身である映画人に、エジプト映画界の巨匠ユースフ・シャヒーン監督（一九二六〜二〇〇八年）がいる。日本向けの宣伝文句として「エジプトの黒澤明」といわれたりするが、本国よりも海外で高く評価されているという点では共通性があるのかもしれない。

シャヒーン監督の映画『アレキサンドリアＷＨＹ?』（一九七六年）は、日本でもＶＨＳが販売された監督の自伝的な代表作である。第二次世界大戦中、北アフリカ戦線でドイツ軍がエジプトに迫ってくる一九四二年のアレキサンドリアを舞台として、演劇を志すヤヒヤーがアメリカ留学に旅立つまでの体験を描いたものである。植民地宗主国であるイギリスへの反発が「敵の敵は味方」の論理からナチス・ドイツに期待をかける政治青年たちの青春群像でもある。モンゴメリー将軍率いるイギリス軍とロンメル将軍率いるドイツ軍が衝突する、エジプト・リビア国境でのエル・アラメインの戦いとナチスの実写映像が作品の冒頭に登場する。

オマー・シャリフは、アラビア語はもちろん、欧米語を縦横に駆使できたため、アラブ人でありながら、欧米世界における「外国人」の役を多くこなした。リーン監督と再びタッグを組んだ『ドクトル・ジバゴ』（一九六五年）では「ロシア人」ユーリーを主役として演じた。比較的晩年の作品としては『イブラヒムおじさんとコーランの花たち』（二〇〇三年）がある。パリで雑貨屋を営むムスリムが、近所の孤児となったユダヤ人少年を養子にし、ともにトルコを訊ねて一緒に旅をし、次第にイスラーム文化を知るようになっていくというロード・ムービーである。

中野の『アラビアのロレンス』

ところで、前節まで取り上げた小林元の著作『イギリスとロレンスとアラビア』（博文館、一九四一年）と比較する意味で、本節では中野好夫（一九〇三〜一九八五年）の旧版『アラビアのロレンス』（岩波新書、一九四〇年）を取り上げてみたい。二人は同世代であり、小林が東京帝国大学文学部の東洋史、中野が英文学の出身でもある。出版当時、小林は陸軍予備士官学校教授、中野は東京帝国大学助教授であった。小林は中野本を参考文献で挙げている。いずれにせよこの二冊は、その気質や思想・信条の違いという点で対照的な二人の「アラビアのロレンス」に関する著作である。

中野好夫は一九六三年一二月に発行された改訂版『アラビアのロレンス』の「まえがき」で再刊の経緯について次のように説明している。

「いまなぜ改訂に踏み切ったか。明かに映画『アラビアのロレンス』の飛ばっちりである。もっとも映画のくることは知っていたし、試写で一見して、とりわけ沙漠の撮影などには唸らせられたが、それでもまだ再刊のつもりはなかった。ところがあの映画、若い人、とりわけ若い女性などに圧倒的な魅力でもあるものか、それからというものは、返信料つきの手紙や電話で、ロレンス関係の質問に悩まされることおびただしい。旧著を借用させろともいってくる。ところが、手許にもすでに二部しかないのである。おそまきながら改訂を思い立ったわけである」（中野好夫『アラビアのロレンス』（改訂版）岩波新書、一九六三年、Ｖ頁）。

読者からの問い合わせがあまりに多く、対応が面倒なので出版社からの改訂に応じたという、中野らしい諧謔を帯びた調子の書きぶりである。中野は「まえがき」で、第一次世界大戦がけっして遠い昔ではない同時代的なエピソードを挙げている。というのも、帝大でのイギリス人教師がロレンスのことに関心をもっていたことが、中野のロレンスへの興味につながったからである。

「もっとも筆者の場合、ロレンスへの関心は［戦前出版した］新書を書くためにはじまったわけではない。きっかけは大正末年ごろ、筆者がまだ東大英文科の学生だったころだが、若いイギリス詩人エドモンド・ブランデン氏が教師として赴任され、筆者もずっとその講義、指導を受けた。ブランデン氏とロレンスでは、氏の方が十近く年少であるが、氏も学窓から第一次世界大戦の西部戦線に出ていた新進詩人であり、ロレンスのことは十分に関心をもっておられたばかりでなく、その後まもなく（一九二九年）ロレンス生前におけるほとんど唯一の評伝『ロレンスとアラブ人』（*Lawrence and the Arabs*）を書いた、これも詩人のロバート・グレイヴズがブランデン氏の友人ということもあって、氏の話はある程度パーソナルな調子すらおびて、私たちの関心をそそった」（同上書、ⅱ頁）。

中野が挙げているロバート・グレイヴズ（一八九五〜一九八五年）の著作は現在でも日本語で読むことができる（ロバート・グレーヴス著、小野忍訳『アラビアのロレンス』改版、角川文庫ソフィア、一九九五年）。つまり、かなり早い段階で本書も翻訳されたことは、日本におけるロレンス・ブームとその神話化を考える上で示唆的であろう。

伝説化し、神格化したロレンスを描く

以上を踏まえて、まずは太平洋戦争勃発の前年一九四〇（昭和一五）年九月に刊行された岩波新書の『アラビアのロレンス』初版の「序にかへて」をみてみよう。中野自身が当時のロレンスの神話化あるいは伝説化を問題にしているのである。

「『人間にはいはゞ神話的感覺《ミスカル・センス》ともいふべきものがある。例へばなにか常人とは異る非凡な仕事をした人間が現はれると、忽ちこの感覺は彼の生涯の神祕な挿話をとらへて、そこに一つの傳說を作り上げ、更に今度はこの傳說に對して狂信的な信仰を傾けつくすのだ、』と言つた者がある。恐らくそれは現實生活の平板さに對するロマンスの抗議だと見てゐゝだらうが、かのアラビアのロレンスもまたこの所謂神話的感覺の祭壇に捧げられ一匹の不幸な子羊であった」（中野好夫『アラビアのロレンス』岩波新書、一九四〇年、一頁）。

中野は続けて、旧制中学時代の同級生にアラブ世界で大志を抱いて彷徨った者がいて、その友人はロレンスが救世主として来臨すると信じているアラブ人がいると語ったというのだ。中野はそこに義経伝説あるいは西郷伝説と同質のものを感じ取っている。

「筆者の中學時代の同窓に、アラビア浪人のやうな男がある。かつて談偶々ロレンスに及んだ時、彼は、一部アラビア人の間では、彼がクラウヅ・ヒルの輪禍で死んだものとは信じてゐない。再び何處かに韜晦してゐて、一朝アラビア民族の危機の日には、再び救世主として現はれて來てくれるのだ、といふのが彼等の信仰であると語つた。宛然としてわが義經、大西郷に關する俗間傳說の類である」（同上）。

さらに、中野は実際にロレンスに対しアラブ人の間にはそのような「信仰」があったと書くのである。

「ところがその後、故人の友人ヴィヴィアン・リチャーズの評傳を讀むと、ちやんとその信仰の事實が出てゐるではないか。筆者は少なからず驚くとともに、この義經的傳說こそロレンスの悲劇を說明する象徵的性格であることを深く感じたのである」（同上書、一～二頁）。

当時、ロレンスは、『無冠の帝王』『神祕の人』『人間カメレオン』『國王製造者』等々と呼ばれていた。さらに、青年考古学者、アラビア民族運動の指導者、沙漠の英雄、ゲリラ戦の組織者、近代戦術の革命家、とも呼ばれた。ロレンスこそはアラビアン・ナイトの主人公ではなくてなんであらうとまで中野は言うのである。

「一人の無名青年の戰爭記録映畫が、ロンドン最大の劇場で六ケ月に亙るロングランをかち得るといふ、さうしたことが一體想像出來ることであらうか」（同上書、二頁）。

ロレンスは当時のメディアが祭り上げて、神話あるいは伝説とまでなった虚像の人物であったということは中野の『アラビアのロレンス』を読むに当たって念頭に置いておかねばならぬことであろう。

6　日本のムスリムとは

日本のイスラーム霊園

日本には約一八万五〇〇〇人のムスリム（イスラーム教徒）が住んでいるといわれる（米ピュー研究センターによる二〇一〇年の統計）。インドネシア、バングラデシュ、パキスタン、イランといったイスラーム世界からの人びとである。当然、日本人ムスリムもいる。イスラーム教徒の外国人と結婚した日本人女性が多いといわれている。ただし、統計がないので正確な数字はわからない。日本人ムスリムは数千人単位だろう。

日本人ムスリムは宗教法人として日本ムスリム協会を組織している。この協会は山梨県塩山市にある曹洞宗の文殊院というお寺と協力して、ムスリムのための墓地である「イスラーム霊園」を運営している。この寺の古屋和彦住職は御岳山で修業をして宮司の資格ももっているし、境内には稲荷の祠もある。このお寺は現代版の神仏習合を実践している。先代住職がすべての宗教は根源的には一つであるという万教帰一的な考え方をもっていたから、イスラームをも受け入れたのかもしれない。

このイスラーム霊園を造成するための仲介をしたのが、山梨県出身で同じような考え方をもった須田正継（一八九三～一九六四年）であった。彼は外務省のロシア語専門家としてロシアに派遣され、その後、ムスリムの多い中国西北部・満洲などに「大陸浪人」として留まり、日本領事館嘱託として特務機関のような諜報活動をすることになった。

そのため、須田はイスラーム問題についても博識であった。実際、ウィグル系のヤニ・ヤポンモフブリー（新日本誌）社から『回教に就て』（一九三七年）、『大陸政策と回教問題』（一九三八年）、大東亜建設社から『世界回教徒の動向』（一九三八年）といった著作も上梓している。『新日本誌』社は亡命タタール系ムスリムのクルバン・アリーによって創設されたことを考えると、須田がロシア革命で亡命してきたこのようなロシアのトルコ系ムスリムと親交があったことが窺える。

須田は戦後、地元・笛吹市の名士として活躍した。パキスタンから来日した親善使節を案内するなどの国際交流を通して、イスラーム世界と日本をつなぐ活動を行ったのである。その最大の遺産が文殊院に日本最初のイスラーム霊園を建設したことだった。

現在に至っても、ムスリム墓地が足りないという問題は残っている。とりわけ、外国籍のムスリムにとっては深刻である。というのも、多くのムスリムは亡くなったら遺体に特別の処理をほどこして本国に送り返されることになり、費用もかさむからだ。日本を安住の地とみなしているムスリムもいる。そんなムスリムにとって墓地は見果てぬ夢ということになる。もちろん、新たに静岡県に清水霊園というムスリム墓地が建設されて、ネット上でも宣伝をしているようである。

大陸浪人と日本人ムスリム

そうはいっても、火葬が圧倒的な多数派を占める日本社会では、ムスリムの土葬に対して抵抗が強い。土葬には保健所の許可が必要である。山梨県の塩山にあるイスラーム霊園もサウジアラビア政府からの資金援助があったにもかかわらず、近隣の果樹園農家からの反対で霊園の拡張は実現していないという。果樹園経営者からすれば、土葬の墓地近くで収穫された果物などは風評被害で売れないということになる。したがって、霊園の存在そのものが経営にとって危機的な状況だということなのである。

私自身、この塩山のイスラーム霊園には何度か訪れたことがある。最後に訪れたのは、エジプトのカイロに長い滞在経験をもつ鈴木登氏（ムスリム名アブドルラフマーン）が二〇一三年七月に一時帰国した際、心臓発作で突然他界した時である。七月二五日、代々木にある東京ジャーミーでの葬儀をあげて、塩山にあるイスラーム霊園にマイクロバスに分乗して埋葬の現場に立ち会ったのである。

イスラーム式の埋葬法は竪穴を掘って、白い布で全身を巻いた遺体を、頭をメッカの方向に向けて土葬にふすというやり方である。二〜三メートルは掘る。基本的には豪華な墓石は置かないが、一部の墓には当然名前が掘られたプレートが設置されたりしている。

アブドルラフマーン・鈴木氏に触れたのは、彼自身が戦前の「大陸浪人」のような骨太さをもってカイロを拠点に活動していたからである。エジプト社会になじんでいた。ただ、大陸浪人といってもすでに死語となってしまっているので辞書で調べると「近代、中国大陸で活動した日本の民間人の称。国権主義者が多く、政府の対中国政策の秘密工作などに従事。支那浪人」（広辞苑第六版、岩波書店）といった意味合いである。ここでわざわざ「大陸浪人」を取り上げたのは、その中に日本人ムスリムもいるからである。先にも触れたように、中野好夫も旧版『アラビアのロレンス』（岩波新書、一九四〇年）の中の「ロレンス伝説」の文脈で「大陸浪人」ならぬ「アラビア浪人」のような同級生を紹介している。繰り返しになるが、再度引用する。

「かつて談偶々ロレンスに及んだ時、彼［アラビア浪人のやうな男］は、一部アラビア人の間では、彼がクラウヅ・ヒルの輪禍で死んだものとは信じてゐない。再び何処かに韜晦《とうかい》してゐて、一朝アラビア民族の危機の日には、再び救世主として現はれて來てくれるのだ、といふのが彼等の信仰であると語つた。宛然としてわが義經、大西郷に關する俗間傳説の類である」（中野好夫『アラビアのロレンス』岩波新書、一九四〇年、一頁）。

イスラームにはマフディー（救世主）の信仰があるが、実際、一九世紀末にイギリス植民地支配と果敢に闘い、スーダンの首都ハルトゥームを陥落させ、イギリスのスーダン総督ゴードン将軍を死に至らしめたスーダンのムハンマド・アフマド（一八四四〜一八八五年）は、そのような救世主の代表的な存在であるといってよかろう。もちろん、中野は「アラビアのロレンス」に関する伝説あるいは神話に乗るつもりは全くないと言明している。

「だが筆者は、本書でロマンスの主人公としての彼を描くつもりはなかつた。殊に現在は傳說の霧に包まれた彼の全貌が、次第にその正しいあるべき姿に於て現はれつゝある時だといつてよかろう。幸に筆者は、今日まで出版されてゐる彼の評傳は殆どすべて目を通すことが出來た。これらによつて、筆者は出來る限り傳說のロレンスと實在のロレンスを區別するとともに、他方に於てはこの二人のロレンスの心理的相關をも明かにしたいと考へたのであるが、たゞ結果に於ては、菲才、われながら意に充たない點は讀者諸兄の寛恕を願ふより致し方ない」（同上書、二〜三頁）。

以上が旧版の書き出しである。中野はその旧版が予想以上の売れ行きだったことについて、再刊に際して次のように述べている。

「当時はまだロレンスといっても、日本の読書界ではどこの馬の骨やらも知られておらず、すでに戦時下の用紙統制でかなり出版事情も不自由であったにもかかわらず、それでも三、四万部は売れたように思う。が、上にも述べたような事情［伝記的根本資料の欠如］で、資料的に不満足であったことは筆者自身がいちばんよく知っており、しかも戦後ふたたび原書入手が可能になってわかってみると、果して新資料がおびただしく出ているので、しぜん元のままでの再刊の意志は、岩波はとにかく、筆者の方にはまったくなかった」(中野好夫『アラビアのロレンス』(改訂版)岩波新書、一九六三年、iii～iv頁)。

ロレンスにおける三つの新しい事実

中野は、戦後の改訂版においては新たな事実が明らかになり、新発見に基づいて書き直している。その中でまず何よりも挙げなければならない第一の事実としては、ロレンスが私生児であったという出生の秘密が明らかになった点である。

「これはロレンス一生の行動に相当大きな比重をもったものと考えなければならないが、もちろん前著を書いていたころは、彼が庶子、私生児だなどということは、発表されたもののかぎり、想像するよしもなかった。公然と問題となったのは一九五〇年代になってからである」(同上)。

第二点目は、ロレンスは一九五〇年までは自分の自伝的作品を出版してはならないという遺言を残していたため、中野は戦後になって初めてそのロレンスの作品を利用できたという事実である。

「『智慧の七柱』につづく自伝的作品である『造幣所《ミント》』についても、存在はわかっていたし、内容もほぼ推測はできたが、ただその公刊は故人の意志で一九五〇年までは禁じられていたので、もちろん現物を読むよしもなかった。が、これも一九五五年には公刊を見た。そうしたこともあって、原形のままでの再刊は無意味と思えたからである」（同上）。

この作品は、ロレンスが第一次世界大戦後、それまでの陸軍大佐の地位を捨てて、一兵卒として英空軍に従軍した時の体験に基づいているという。「三五二〇八七A／cロス」という預金口座のようなペンネームを使って書いた。中野が指摘するように、出版されたのは一九五五年である。

三番目に中野が挙げるのが、戦前から戦後にかけての中野自身のロレンス観の変化である。

「前著を書いたころは、なにぶん筆者も三十代の半ばであり、それにロレンスかぶれという気味もないではなかった。筆者としてみれば、それだけに一種情熱みたいなものをこめて書いた思い出があり、出来ばえについても必ずしも不出来と卑下するつもりはないが、それにしてもいまそのままで再刊するには多少面はゆいところもないではない。つまり、一個鮮烈な人間像としてのロレンスへの興味は、今日といえども変らないが、少くとも四半世紀前のそれよりはもっと客観的に見ないわけにはいかないからである」（同上書、iv～v頁）。

中野が戦後改訂版を出版したのは彼自身が還暦を迎える年であった。老齢に達してロレンスに距離を置くようになったのである。

7 「蘆花教」＝「日本人教」か

徳冨蘆花とガザ

私は最近エジプトには行っていない。いわゆる「アラブの春」が「アラブの冬」になってしまってからはなおさらである。遠くなってしまった。エジプトとイスラエルがタッグを組んで、パレスチナのガザの封鎖はいまだに続いている。国際的にも「イスラム国（IS）」の問題以降、ガザのことはほとんど忘れ去られてしまったようだ。ガザでは電力の供給が不足していて、太陽熱発電による電力供給も始まっているというニュースも流れているが、一日に数時間しか電気が供給されない絶対的な電力不足は如何ともしがたいようである。

かつてエルサレムに住んでいた時、よくガザを訪れた。何故だかよく覚えていないが、ガザのスーク（市場）でTシャツを買ったことがある。そのTシャツはいまだに使用しているので、確認できるのであるが、なんと一九九二年のバルセロナ・オリンピックのロゴが入っている。妻の分を含めてエンジ色と黄土色の二枚である。オリンピックはその年の七月から八月にかけて行われたので、おそらくオリンピック前に買ったものである。というのも、一九九二年の秋には我々は二人の子供とともにエルサレムから帰国したからである。

徳冨蘆花は日露戦争直後と第一次世界大戦直後にエルサレムを訪問しているが、二度目はエジプトからイギリスによって新設された鉄道を使ってガザ経由で聖地パレスチナに入っている。

私自身、ガザを訪れた当時、蘆花の最初の聖地旅行記である『順礼紀行』は中公文庫ですでに読んでいた。文庫版が一九八九年刊行なので、エルサレム留学前に勤務していた佐賀大学の授業で使用するために購入したと記憶している。蘆花は日露戦争直後に初めて聖地エルサレムを訪れ、帰路、ロシアに寄ってトルストイ翁と会ったのである。

中野のするどい蘆花評

その後、英文学者の中野好夫の『蘆花徳冨健次郎』（筑摩書房、第一部と第二部が一九七二年、第三部が一九七四年）を読む機会があって、『蘆花日記』などを眺める作業と並行して、いっそう蘆花という極めて強烈な性格の持ち主に関心を払うことになった。とりわけ中野の蘆花論はなかなか癖があって、読みながらたじろいでしまった。中野は蘆花について第一部の「あとがき」において次のように記している。

「わたしは、蘆花をもって円満具足、世にいわゆる模範的人格の人物などと考えているわけでは毫もない。それどころか、およそこれほど矛盾、撞着、欠点だらけの人間というのも珍しいであろうとさえ思っている。第一にまずおそるべき我儘人間であった。それでいてまた、これほど正直一徹の人間もまずいないのではないか。おそるべき癇癪持ちで、女好きで、衝動的で、嫉妬深く、まったくといっていいほど抑制ということの利かぬ。そのくせ、他方ではまたひどい弱虫で、偏屈で、たえず劣等感と悔いに苛まれているのである。誰しも人間には免かれぬ矛盾といってしまえばそれまでだが、彼の場合、その振幅があまりにもひどすぎるのだ。そのせいか生前にあっても、蘆花狂せりというデマはいくたびか飛んだ。しかも、そうした矛盾と撞着との中にあって、結局六十年の生涯、ひたすら彼が追い求めてきたものは、苦しいまでの真実一路だったのである」（中野好夫『蘆花徳冨健次郎』第一部、筑摩書房、一九七二年、四五六頁）。

このような書き方をされると蘆花が気の毒になる。しかし、蘆花を読むようになって中野の慧眼に参ってしまった。中野は蘆花徳冨健次郎について三巻本の長大な評伝を書いている（中野好夫『蘆花徳冨健次郎』筑摩書房、一九七二年）。

中野は蘆花のエルサレム訪問でのキリスト再臨についての厳かな体験について次のように言及している。中野が蘆花の旅行記『日本から日本へ』においてパレスチナ滞在を次のように記述していることは以前にも紹介した。

「［『日本から日本へ』の］章を追うて論じることは控えるが、やはり全巻をもっとも充実緊張しているのは、パレスチナ滞在の部分（第四篇「昔昔のふるさと」）である。この部分［エルサレムに関する記述］だけは、前著『巡《ママ》礼紀行』よりもさらに傑れているかもしれぬ。なんといっても、新しい復活の信仰に燃えた健次郎夫妻が、復活祭を中心にして聖地を親しく踏んでいるのであり、また戦争の爪跡もまだ生々しく、エジプトでは激しい反英デモの情景など、連日のように眼のあたりに見た。（故ナセル以来のエジプト史では、一九一九年革命と呼ばれているものである。）」（中野好夫『蘆花徳冨健次郎』第三部、筑摩書房、一九七四年、三〇三頁）。

中野がここで触れている「一九一九年革命」とは、エジプトが第一次大戦末期、独立を求めてパリで開催予定であった講和会議に「代表団（ワフド）」を送り込むというエジプト人の民族運動であった。指導者であるサァド・ザグルールが反政府的な民衆の指導者として台頭して、英当局はザグルールら指導者をマルタ島に追放したため、エジプト中で激しい抗議行動が起きたのである。その結果、イギリス政府はザグルールを釈放し、さらに一九二二年二月にはエジプトの独立を認めざるをえなかった。イギリスによるエジプトの保護国が終了した。そして、ザグルールは一九二三年に帰国して、ワフド党を設立し、この国民政党の政治指導者として議会政治の中心的な役割を担うことになったのである。

余談になるが、実はこのワフド運動に連なる民族運動に関連しては、蘆花はパレスチナに立ち寄る前に立ち寄ったカイロで一九一九年革命のデモを目撃している。その一部を紹介してみよう。以下のようなデモという「動」の中で礼拝という「静」とのコントラストを見事に浮かび上がらせた蘆花の叙述は実に感動的なのである。

「私共の室の女中マリアなどは、Revolution《レヴォリューシャン》だと眼の色をかへて居た。（中略）忽ち私の心臓が大波をうち出した。私の眼は異様なものを見つけたのである。私共のつかまつて立つBalcony《バルコニイ》の欄干から、眼下に見下ろす處に、白い着流しの埃及《エジプト》人が、杖をさし置き、四角い巾《きれ》を大地に敷くと、その上に跪いてはぴつたり兩手をついて、額を大地にすりつけた。髯が真白、白い頭巾を漏れて流る、髪も眞白である。其白い頭を、地にすりつけて、彼は祈念を凝らして居る。と見ると、立上つた。立上つてMecca《メッカ》の方を拝むだ。また跪《ひざまづ》いて、大地にぴつたりと頭をつけた。跪いては立ち、起つては跪きして居る。直ぐ直前を、わあつ、わあつ、と若い埃及の血氣が潮の如く奔騰《ほんとう》する」（徳冨蘆花「日本から日本へ」『蘆花全集』第一二巻、蘆花全集刊行会、一九二九年、一五五頁）。

蘆花は妻の愛子とともにカイロにある有名なシェパード・ホテルのバルコニーからカイロっ子の「一九一九年革命」のデモを目撃した。蘆花はその胸中で、日本の置かれた立場、すなわち、朝鮮半島を支配するようになった大日本帝国を、エジプトを支配してきた大英帝国と重ねている。このような民衆の力に対する蘆花の感性はまだ摩耗していなかったのである（詳しくは、臼杵陽「『アラブ革命』再考――『アラブの春』とオリエンタリズム的伝統」（『歴史評論』八一〇号、二〇一七年一〇月、を参照されたい）。

キリスト再臨と「蘆花教」

しかし、蘆花がパレスチナを訪れると、彼の新信仰がある種の熱狂性を帯びて表出されるようになる。中野はそのような蘆花の新信仰を次のように位置づける。

「この『日本から日本へ』は、単なる旅行記にとどまらず、前著『新春』の延長、拡充でもあっただけに、彼の新信仰――十字架の時代は過ぎた、再臨のキリストここにありとの自覚が、賛否はともかく、ひたむきの情熱をもって語られているからである」（中野好夫『蘆花徳冨健次郎』第三部、三〇三頁）。

中野はこの熱狂性を「ここには信仰の高揚もあれば、懺悔もある。例によって徳冨一家に対する枉屈された感情も出れば、母への呪いも出る。かと思えば戦争否定と平和主義、そして帝国主義的植民地政策への糾弾もでる。多彩といえば多彩である」（同上書、三〇四頁）と皮肉を込めて総括する。

中野は著書の中で、蘆花のパレスチナ訪問そのものについて多く言及することはなかった。中野の関心は蘆花という人間そのものであって、パレスチナという地ではないからであった。「アラビアのロレンス」に関しても同じことがいえる。というのも、中野が拘ったのは、T・E・ロレンス個人であって、「アラビア」という場は、あくまでロレンスがそこで生を燃焼させたアラブ世界の政治状況を集約的に象徴するものにすぎなかったからである。もちろん、そのような叙述が中野の描くロレンス像の真骨頂であることはいうまでもない。

中野がエルサレムに滞在した際の蘆花を取り上げて注目したのは、蘆花による「キリスト再臨」への異常な執着の問題であった。実は「キリスト再臨」はある意味ではこれまでの本書を貫く通奏低音といってもいいだろう。再臨とは「世界の終末の日にキリストが再びこの世に現れること」である。ユダヤ教的文脈では、キリストはメシア（救世主）ということになる。イスラム的にいえば、メシアはマフディーとされる。メシアの原義は「油を注がれた者」の意味である。

ただし、中野は蘆花がしきりに使うキリスト教的な「十字架」を次のように説明する。

「思うに、彼の十字架とは、せいぜい『五歳の時に咀はれて、』早くも『楽園を失つた』不自然児たるべく余儀なくされた、彼のいわゆる『棘』程度の認識だったのではなかろうか。だからこそ、新しく復興したその信仰にあっては、神はすでに『阿爺《おやじ》』であり、そこはまたきわめて短絡的に、彼等夫婦はそのまま直ちに神の『愛子愛女』、そしてまたイエスは『私の愛する人間イエス』ということになる」（同上書、二八二頁）。

最終的に中野は次のような結論に至る。

「健次郎新信仰の内容を解説することは、もうこのくらいでやめる。どうせ無数の矛盾、混乱に充ちているのだから、一貫してまとめることなど、所詮むりである。事実、そのほかにも詳細に見れば、汎神論的要素もあれば、ユニテリアニズムの痕跡も著しい。おまけにこの時期、とりわけわが国のキリスト教において一時さかんであった、いわゆる再臨派運動の影響もまた、間接的ながら見られぬでない。とにかくそうしたものが雑然として、なんの論理的脈略もなく同居しているのだから、始末が悪い。……あくまでもこれは蘆花教だった」（同上）。

中野は「蘆花教」と呼んでいるが、あるいは「日本（人）教」と呼んでもいいのかもしれない。

8　徳冨健次郎『順礼紀行』への酷評

日露戦後、蘆花のパレスチナ訪問

大日本帝国は一九〇四年に勃発した日露戦争においてロシア帝国を破った。この勝利によって帝国日本は大きく変容した。二〇世紀に入って日本はアジアの新興国として初めて列強の仲間入りを果たしたからである。ヨーロッパ列強の植民地支配に隷属していたアジアの国々にとっても日本の勝利はこれからの希望の星といってもいいものであった。例えば、ロシアのバルチック艦隊を対馬沖で破った大日本帝国の連合艦隊司令長官であった東郷平八郎は英雄となった。当時のオスマン帝国（現トルコ共和国）は一連のロシアとの戦争で敗北を喫していた。だからこそ、トルコでは「トーゴー」は通りの名となり、新生児にもその名前が授けられたりもした。

徳冨蘆花が初めてパレスチナを訪問したのは、一九〇六年五月のことであった。日本が日露戦争で勝利を収めてポーツマス条約を締結して約半年後のことである。まだ鉄道がなかったので、エジプトから船でパレスチナに入った。蘆花は次のように船上の様子を描いている。

「五月二十二日午后五時、余はポートサイドよりジャファに赴くべく墺地利《オウストリアン》ロイドの汽船アムフィトライト号に乗りぬ。／甲板はなお荷積の騒ぎ。かなたには乗客の一群《ひとむれ》手拍《う》ち囃《はや》して剽軽なるトルコ漢《おとこ》の手振おかしく躍れるあり。こなたには老少男女の幾組、男はいずれもモミアゲを長くし丸帽をかぶり、女は更紗《さらさ》の頬被《ほおかむ》りせるがあり。こはいずれも露国を追払われてエルサレムに移住するユダヤ人《びと》の家族なりと船員は語りぬ」（徳冨《ママ》健次郎『順礼紀行』中公文庫、一九八九年、三五頁、本紀行は『蘆花全集』第七巻、一九二九年、の所収であるが、現代仮名遣いに改めた文庫版に依拠する）。

当時、敗戦国ロシアではポグロム（ユダヤ人迫害）の嵐が吹き荒れていた。蘆花はロシアからパレスチナに逃れてきたユダヤ人を船上で目撃したのである。パレスチナを訪問した後、ロシアの地でトルストイ翁に面会することになっている蘆花にとっては他人事ではなかった。

「腰かくべき所もなければ、暫《しばら》く立ちて見るほどに、かのユダヤ人《びと》の男子らは八十の翁《おきな》より七つ八つの子供に到るまで、一寸立方ほどなるカメラ様の黒き箱とり出《いだ》して、黒き革紐もて一箇は弁慶の兜巾《ときん》のごとく額に、他の両箇はくるくると腕にまきつけ、その中の長《おさ》なるべく見ゆる翁は黒二段筋の縁《へり》とりたる白布の被衣《かつぎ》引っかぶり、いずれもヘブライ語の旧約書もしくは祈禱文なるべし一冊の書を両手にとりて、エルサレムの方《かた》に向いて立上り、あたり構わず呻吟《うめ》くがごとく哭《な》くがごとき声にて誦《ず》しはじめ、且誦し且拝し、あるいは頭《かしら》を左右に打振る。こは彼らが夕《ゆうべ》の礼拝をなすにて、彼《かの》カメラ然たる箱は『テッフィリン』といい、中に細書したる旧約の文句あり、所謂『神の戒《いましめ》の詞《ことば》を身につけ』をまさしく文義《もんぎ》通りに而《しか》して文義のみに実行せるなり」（同上書、三五〜三六頁）。

蘆花は船上で夕方の礼拝を行うユダヤ教徒たちの姿を目撃することになったのである。ユダヤ教徒の礼拝の様子を正確に描いている。現在でも空港の待合室などで時折蘆花が目撃したような光景に出くわすことがある。もちろん、ヨーロッパの空港などでは一般的にはテロを警戒してイスラエル便の発着するゲートはセキュリティ上、端っこの目立たないところに設けられている場合が多い。いずれにせよ、敬虔なユダヤ教徒にとって礼拝は極めて重要な信仰の実践なのである。蘆花は続けて、キリスト者としてユダヤ教徒への自らの偏見をなんの衒《てら》いもなく記す。

「憐れむべきかな、かつては神の選民と誇り、幾多の預言者と果ては基督《キリスト》をすら爾《なんじ》の中より出《いだ》しながら、爾は活《い》ける信仰を失い、十誡《じっかい》の第一を破ってただ金にのみ平伏《ひれふ》し、国を失い、到る処に辱しめられ、而して千載なお頑としてメシヤを待つとは何事ぞ。せめては爾が受くる迫害と苦難爾を浄め、爾が中より大いなる霊、人となって再び世に出でよかしと、眼をとめて数多きその小児《こども》を見るに、人形のごとく可愛《かわ》ゆき、イタズラらしく剽軽なるはあれど、維《こ》れイスラエルを負うて起つべき面魂《つらだましい》ある者も見えざりし」（同上書、三六頁）。

蘆花はこの『順礼紀行』を帰国後の一九〇六年一二月に脱稿した。蘆花のパレスチナに向けての出発そのものも慌ただしいものであった。同年三月初め、「ある日伊香保の山に雪を踏みて赤城の夕ばえを眺めし時、ふと基督の足跡を聖地に踏みてみたく、かつトルストイ翁の顔見たくなり、山を下りて用意もそこそこに順礼の途に上りぬ」（同上書、七頁）ということで、同年四月四日には横浜港を発っているのである。

中野好夫の酷評

この『順礼紀行』について中野好夫は「必ずしも彼の文名を高くするものとは思えぬ」として次のように酷評している。

「［蘆花の］『巡礼《ママ》紀行』はいわば公的、社会的の記録である。したがって、それが作品的評価はきわめて困難になる。だが、あえてまず私見をいえば、パレスチナ遊記とトルストイ訪問の部分を除いては、必ずしも彼の文名を高くするものとは思えぬ。叙述もきわめて簡単なれば、観察もまた概して平凡、特に挙げて論ずべきほどの内容には、ほとんどお目にかからぬ。要するに興味深いのは、パレスチナでの幻滅であり、そしてまた圧巻をなすものは、なんといってもヤスナヤ・ポリヤナでの五日間である。量だけでみても、前者が全編の三分の一を占め、後者がまた四分の一を占めているのは当然であろう」（中野好夫『蘆花徳冨健次郎』第二部、筑摩書房、三一二頁）。

中野によれば、論ずべき内容はほとんどなく、聖地パレスチナでの幻滅の記録とトルストイ訪問のみだと断じている。中野は蘆花の聖地への幻滅に関する記述を挙げている。

「『左に焦茶ズックの旅袋、右に同じ革嚢《かばん》のふるびたるを提げ、洋傘《こうもり》と新嘉坡《シンガポール》仕入のステッキを小脇に挾み、髪髭《かみひげ》蓬々と垢つきよごれたる』（『巡《ママ》礼紀行』—「エルサレムの第一夜」）この東方遠来の旅人にとって、パレスチナは完全な幻滅であった。詳細は『紀行』そのものにゆずるが、『所詮エルサレムは眼を閉ぢて見物す可き所也』（同上、「ゲッセマネの園」）というのが総括の印象であった。また『エルサレムの埋《うも》れたるは、猶基督の真面目の埋《うも》れたるが如けん』（同上、「昔の舗石とベテスダの池」）とも述べている。後年にはなるが、『新春』にいたっては、『何を見たのか。馬鹿を見た位なものだ』（「パレスチナの回顧」の一節）とさえ極言しているのだ。もちろん、これについては、重なる疲労の結果がそうさせたきらいがある、とは一応彼自身も認めているが、それにしてもこの一章など、むしろ痛罵に溢れたひどい印象記になっている。いかに深い幻滅であったかが察しられよう」（同上書、三一二〜三一三頁）。

聖地を酷評するという日本人キリスト者は別に蘆花の専権事項ではない。これまで見てきたように、多くの日本人キリスト者は同じように聖地を否定的に受け止めている。中野は蘆花の悪印象の理由を実に簡潔にまとめている。欧米諸列強による帝国主義的な野心がオスマン朝という老大国を蝕んでいた歴史的事実を指摘しているのである。

「理由は簡単であった。『誰がエルサレムの主なるぞ』（『巡《ママ》礼紀行』—「エルサレムの主」）。政治的にはもちろんトルコ領であったが、専制と腐敗の下、すでに死屍にも近かったこの老大国の頭上には、英独仏など、腐臭にあつまる禿鷹にも似た諸列強の帝国主義的野心が、虎視眈々として機会を狙っていたし、新興アメリカもまた宣教、慈善、貿易等々の美名の下に、決して利権進出の機は忘れていなかった」（同上書、三一三頁）。

さらに中野は、オスマン帝国内の民族・宗教間の激しい対立をも指摘しており、加えてキリスト教内の宗派間の争いをもその要因として付け加える。

「しかも国内的には、トルコ人、ユダヤ人、そしてまたアラブ人たちの間の烈しい相剋が、これまたたえまなかったたし、宗教的にも回教、ユダヤ教、そしてまたキリスト教と、ほとんど寛容を知らぬ反目のルツボでしかなかったのだ。さらにキリスト教一つにしてからが、東方のこの孤客が夢に描いてきた聖地とは、まさにローマ・カトリックとギリシャ・カトリック《ママ》〔ギリシア正教〕との相互憎悪の地獄、血を流さんばかりの反目が渦を巻いて流れていた。加えるに、新教徒までが割り込んでいるのである。なんの聖地ぞや。『誰がエルサレムの主なるぞ。』ひたすら国境をこえた愛神愛人のキリスト教をこそ求めてきた健次郎にとって、見るもの、聞くもの、幻滅と失望の種ならざるはなかったのだ」（同上書、三一三〜三一四頁）。

もちろん、英文学者である中野も、小説家の蘆花も、歴史学者ではないので、このようなキリスト教諸派間の宗派紛争はヨーロッパ諸列強間のオスマン帝国への干渉が原因になっているとはまったく考えてはいない。フランスがカトリック教会に、ロシアが正教会に、そしてイギリスはユダヤ教会を支持しているため、キリスト教内の宗派紛争がヨーロッパ諸列強間の「代理戦争」になってしまっているのである。

蘆花のエルサレムへの悪印象

「こうした社会に住む住民たちが見せる人間性の荒廃も、健次郎にはやりきれなかった。不幸な民衆の道徳的頽敗、さもしい乞食根性、不潔、治安の弛緩、すべて失望の種ならざるはなかったのだ。『聖地の『人間』にはイヤなことが多かつた。エルサレム界隈は殊にイヤだつた』（『新春』―「パレスチナの回顧」）。そして彼のこの印象は、最後に『俗の俗なるエルサレム』を去り、ガリラヤの地、とりわけナザレを訪れるにいたって、はじめてわずかに救われるものがあったらしい」（同上書、三一四頁）。

中野は蘆花によるエルサレムの印象を、何らコメントを加えることもなく、そのまま受け止めている。おそらくエルサレムそのものを実体験として知らない中野にとっては当然といえば当然の反応である。さらに、蘆花は不潔なエルサレムの印象を次のように強烈な表現をもって記すのである。

「［エルサレムの］市場に到りては、つり下げたる羊の股に蠅の真黒にタカれるあり、一坪ほどの暗き洞《ほら》のごとき店先に老爺の胡踞《あぐら》かきて紅革《べにかわ》の沓《くつ》を縫うあり、キタなき山羊の往来に繫がれたるあり。不潔甚し。／エルサレム城外の第一瞥は平凡に人を驚かしめ、エルサレム城内の瞥見は、人をして一炬《いっきょ》に焼かんことを欲せしむ」（徳富健次郎『順礼紀行』中公文庫、六一～六二頁。／は改行を示す）。

このようなエルサレムに対する悪印象にもかかわらず、蘆花は一九一九年に妻と共にこの聖地を再訪するのである。

第六章　戦後日本の中東観――遠藤周作・加賀乙彦

1　遠藤周作のエルサレム観

中津のカトリック教会

キリスト教といえば、私の母方の兄弟・姉妹にキリスト教徒がいたことが小学校時代の私に印象を残したといえるかもしれない。叔父が牧師だったこともあってか、故郷の大分県中津市の日本基督教団中津教会を時折訪れていた。当時、中津にある教会は、プロテスタントにしろ、カトリックにしろ、比較的信者が多い中津城界隈の武家屋敷のある地区にあった。カトリックの教会堂が、私の通った南部小学校（敷地は旧武家屋敷跡であった）を、道路を隔てて睥睨しているように感じられたのである。治外法権を享受しているかのような存在の威圧感からであった。フランス人神父のいる教会堂はいつも門が閉ざされていたので、小学生から見ると何となく不気味な存在であった。中津のカトリック教会の歴史は古く、黒田官兵衛（如水）、細川忠興（とその妻ガラシア夫人）の縁の場所として知られているのである。

日本基督教団中津教会はカトリック教会より少し南に位置していた。旧国道一〇号線の近くで、かつて中津市役所や商工会議所が面していた通りの並びにあった。南部小学校からすぐ近くであり、また自宅からも歩いて十数分ということもあり、日曜学校と称する機会にはよく訪れていた。私の中東とのつながりの端緒もそのあたりにあるともいえるかもしれない。キリスト教会を通じて聖地エルサレムやベツレヘムという地名を知ったからである。

ただ、それは同時に「ヨルダン」に対する誤解の始まりでもあった。クリスマス会の際に「ヨルダン」という名称に間違った印象を受けたのである。イエス・キリストが誕生する聖夜といえば、どうしてもヨルダンの「ヨル」という音が「夜」のイメージを喚起して暗闇と結びついた。子供のころに想像した「ヨルダン」はその言葉からの連想で暗い夜の世界とつながってしまったのである。

もちろん、日本語の「ヨルダン」という名称は語源的には、旧約聖書の言語であるヘブライ語では「ヤルデン」(現在ではむしろイスラエル産のワイン名で知られているが)、あるいはギリシア語では「イョルダーネス」に由来する。アラビア語では「ウルドゥン」、英語では「ジョルダン」である。外務省はこの英語名を正式名称として使用している。したがって、在ジョルダン日本国大使館となる。日本語での呼称は聖書の原語表記に近い「ヨルダン」になったようであるが、もちろん「夜」とはまったく関係ないことはいうまでもない。

一九八〇年代半ばにヨルダンに住むようになっても、そのような「夜」と結びついたイメージを完全には払拭することができなかった。シリア、レバノン、イスラエル、そしてヨルダンの国境が接するヨルダン川上流地域をアラブ人の友人たちと訪ねた際、小雨がしとしとと降っており、暗い森の中で寒さに震えながらバーベキューを強行したことも、木々の間から見えるヨルダン川のもつマイナス・イメージを増幅してしまったのかもしれない。

ヨルダン川西岸とヨルダン・ハーシム王国との間に架かるアレンビー橋（ヨルダン政府は「フセイン国王橋」と呼んだが）から見たヨルダン川の流れは上流とは違い、水量も少なく、世界的に有名な川の割には本当に小さな川だった第一印象がそのままヨルダン川の現実のイメージになってしまい、上流と下流の印象の違いのギャップに戸惑った。

日本人作家たちのエルサレムの叙述

さて、ヨルダン川よりも西側の高地に位置する聖地エルサレムに話を限定すると、戦前と同様、戦後もやはり日本人キリスト教徒の作家たちによる叙述が中心を占めることは否めない。もっとも代表的な作家は遠藤周作（一九二三～一九九六年）であろう。もちろん、キリスト教といってもカトリックである。その遠藤にしても聖地を見る目線は戦前の作家たちとさほどの違いはない。

「翌日、旧エルサレム市の城壁をくぐると額を刺すような陽差しのなかで、雑踏する人間の声とさまざまな騒音が塵埃《じんあい》のようにたちのぼっていた。クイフェ布［より正確にはクーフィーヤ］を頭に巻いたアラブ人が煙草やガムを地面にならべ、スライド売りの子供がつきまとってくる。驢馬の尿のながれた石畳の路に、男たちが壺にさしこんだ管で水煙草を喫っている。皮膚病のように壁の剝げた家からつくり笑いを浮かべた若者が走り出て、布を売りつけようとする」（遠藤周作『死海のほとり』新潮文庫、一九七三年、五一頁）。
日露戦争直後と第一次世界大戦直後に二度にわたって聖地を訪れた徳冨蘆花の叙述とさほどの違いは見られない。日本人作家の視線からは、およそ半世紀の時間差は「停滞」という観点から同一視されてしまう。

「そういう光景は、日本にいた時、私が空想していたエルサレムと同じだったし、もう何年も引出しに放り込んだ『十三番目の弟子』という私の未完の小説にも、そんな雰囲気を織りこんでいた。この小説の主人公は歯の欠けた嘘つきの弱虫男だったが、彼はイエスと一緒にこんなエルサレムのなかを歩きまわるのだった」（同上）。

このような遠藤の描写の中に、彼が訪れた当時のエルサレムの光景をイエス時代に投影していることがわかる。遠藤がエルサレムを訪れたのは一九七三年の第四次中東戦争前であろう。イスラエル占領期エルサレムの光景を聖書時代のそれと重ねているのである。日本人にとって悪臭と不潔さを象徴するようなエルサレム旧市街の描写がすぐ後に続く。

「城内の至る所で得体の知れぬ臭気が鼻をついた。顔をつきあわせたような両側の小さな店には、皮を剝いだ豚《ママ》をぶらさげた肉屋もあった。見たこともない木の実や果実をならべた種屋もあった。油を入れた大きな鍋に揚げ物を放り込んでいる男もいれば、地面にしゃがみこんで鳩を売っている老婆もいた。店々の間を終戦後の闇市のように、さまざまの服装をした人間が流れていく。『左』と戸田は雑踏のなかで手をあげ、しばらくすると更に右の方を指さす。迷路のような路を幾度も曲がると、自分が何処にいるのかわからぬ気さえしてくる。路も家もすべてが乱雑で、人間や家畜の臭いがしみこみ、かつてイエスがここを歩いた時代とそう変わりないような気がした」（同上書、五一〜五二頁）。

旧市街の市場で売られている牛肉を豚肉と間違えているあたりは、イスラーム教徒の食習慣に関する当時の日本の知識人一般の無知というべきであろう。ムスリムやユダヤ教徒は豚肉を食べないのでスークで売られているはずがない。不思議なのはエルサレムを描写する遠藤自身がカトリック教徒であるにもかかわらず、現地に住んでいるアラブ人のキリスト教徒の存在がまったくその視野に入って来ていないことである。この点は蘆花も同じであったが、戦前とこの点は変わっていないといえる。遠藤はあくまで自分の心の中のイエスその人への関心からエルサレムの街路を描写しているのである。アルメニア正教徒、エチオピア正教徒、シリア正教徒などの東方諸教会を含む現地で生きている非ヨーロッパ系のキリスト教徒の存在の認識の欠如という遠藤の抱え込む問題の原因は、続く次の一節にあるキリスト教との出会いにあるといっていいだろう。

「水に落とした一滴のインクが水中で拡がるように、長い間、忘れていたイエスの姿がこの路のなかで甦ってきた。少年時代、私は母親の言いつけで土曜日ごとに他の子供たちにまじって公教要理［問答形式で書かれたカトリックの教義書］を習いにいっていたが、その時、神父さんはイエスの一代記を描いた紙芝居を見せてくれたものだ。俗悪な着色をした馬糞紙には、エルサレムの街で人々に話をしているイエス、子供の頭をなでているイエス、十字架を背負わされたイエスが描かれていたが、我々子供たちはそんなイエスの生涯に欠伸ばかりをしていた」（同上書、五二頁）。

そしてエルサレムに留学している友人である戸田との会話の場面が続く。

捨象されるエルサレムに住むアラブ人

遠藤は続ける。

「『イエスはこのエルサレムに何度、来たの』／『正確な回数はわからん。少なくとも二度以上は足を踏み入れたろうな』／『彼はこの路を歩いたろうか』／『馬鹿な』戸田は私の幼稚な質問と無智を嘲るように、頬に例のうすい笑いを浮かべ、『昨日、言ったろ。エルサレムはイエスの時代から何度、侵略者の手で破壊されたか、わからないのに。今のエルサレムは破壊されてはその上に新しい街ができ、その街がまたこわされて、更に路や家が作られた町だよ』」（同上書、五二～五三頁）。

戸田の指摘は正鵠を射ている。一九六七年以降イスラエルの支配下に入ったエルサレム旧市街のユダヤ教徒地区を訪れてみれば、戸田の言葉の真の意味がわかる。イスラエル政府は旧市街のユダヤ人地区の発掘調査を行い、聖書時代の古代エルサレムを地下に見事に再現しているのである。考古学的調査の政治的な意味をこれほどまでに露骨に示している例を他には残念ながら私は知らない。イスラエル政府はイスラーム時代、その前のビザンツ時代のエルサレムには何の関心を示すことなく、ローマ軍によるエルサレム陥落以前のユダヤ人が国家をもっていた古代のエルサレムを考古学的調査によって明らかにしようとしているのである。

「何かを教えるとき、教師風の声を出し、あれか、これか、とはっきり断定する戸田のあの癖は長い歳月のたった今日もまだ直ってはおらず、彼はまず聖書にはイエスの外貌について何も書かれていないことや、私たちが勝手にそう信じ込んでいるシェパードのようなイエスの顔はビザンチン時代から創られたものだと説明した。そして今、我々の歩いているエルサレムは、イエス時代の街よりも五十米《メートル》も高い地点にあるのだと笑った。／『と……ぼくはイエス時代のものではない、別のエルサレムを歩いているわけか』／灰色の建物と建物との間に空虚な空が見え、私は気落ちした感情を味わった」（同上書、五三頁）。

この箇所の記述に至って、遠藤は現在のエルサレム旧市街がイエス時代よりも五〇メートルも高い事実を改めて確認する。しかし、それまでの遠藤の描写では、エルサレムに現在も住んでいるアラブ人のイスラーム教徒やキリスト教徒の存在は完全に捨象されている。この事実はやはり強調されてしかるべきであろう。欧米からやって来るキリスト教徒巡礼者の多くも同じように、エルサレムに住むアラブ住民にはほとんど関心を示さず、たんなるエルサレムの「風景」の一部としてしか受け止めていないからである。

もちろん、遠藤はフランス留学で人種差別を強く意識し、『白い人』『黄色い人』『アデンまで』などの小説にまとめ上げた鋭い感性は特筆すべきであろう。一九五〇年代当時の留学はインド洋経由の航路であり、日本からヨーロッパに渡航する際に最初にアラブ・イスラーム世界に遭遇するのが、現在はイエメンに帰属する港町アデンであることは象徴的である。そこで日本人旅行者は、広大で不毛な砂漠を強く意識するようになる。遠藤もその例外ではなかったのであろう。

2 Passion＝「受難」

臼杵家の由来

私の姓は臼杵である。改めて自分の姓について書くのに躊躇を感じざるをえないが、「臼杵氏」という姓は、元々大友宗麟の重臣に由来するらしい。現在の大分県臼杵市が在所である。先祖の大友系臼杵氏は豊後の臼杵荘に領地を安堵されたからといわれている。臼杵鑑速《あきすみ》（一五二〇?～一五七五年）は戸次鑑連、吉弘鑑理とともに、大友氏の「三老」に列せられ、筑前の立花氏、秋月氏、肥前の龍造寺氏などの平定や、北九州に侵攻した毛利軍との戦いなどで武功を挙げたという。

私自身は佐賀大学に勤務したこともあるが、その時に同僚が大友軍の臼杵鑑速が肥前国に拠点を置く龍造寺氏を破ったことを話題にしたことを懐かしく思い出す。かといって、先祖としての臼杵氏を格別誇りに思っていたわけでもない。臼杵氏は大友氏の没落とともに歴史の表舞台から消してしまったのである。わが家に伝わる伝承が正しければ、臼杵氏は豊臣方につき関ヶ原の戦いに敗れてからは、落人として大分県の安心院《あじむ》に逃げ込み、僧侶に身をやつしたらしい。したがって、臼杵氏の本家は安心院にある。安心院は宇佐神宮の側を流れる駅館《やっかん》川の上流に位置し、別府からも山を越えればすぐの場所である。現在ではブドウの産地としても知られている。

中学生のころ、夏休みの社会科の課題で「臼杵家の由来」を調べたことがあった。大分県臼杵市には臼塚古墳があり、一説ではこの古墳が臼杵の地名の由来だというので訪れたこともあるが、はたしてどうなのであろうか。この遺跡は臼と杵のようにもみえ、甲冑に身を固めた武人に似ているために石甲と呼ばれている。現在は大分県の史跡に指定されているとのことであるが、当時訪れた時は荒れ果てた印象しかなかった。また、大分県南部の海岸線はリアス式で複雑に入り組んでおり、そのリアス式をアイヌ語で「ウスク」あるいは「ウスキ」といったところに由来するといった説も当時耳にした。こんなところまでアイヌがいたのだろうか、あるいは「熊襲」なのかななどと疑問に思いつつ、説は説として聞いていた。臼杵氏と臼杵という地名が一致しているから、所領安堵という観点から姓の由来と地名の起源を当然のように同一視していたのである。

臼杵という姓の由来から始めたのは、もうお気づきの読者も多かろうが、大友宗麟（一五三〇～一五八七年）を主人公にした遠藤周作の小説『王の挽歌』上下巻（新潮文庫、一九九二年）について少しだけ言及したいと思ったからである。この小説には冒頭に挙げた臼杵鑑速が宗麟の重臣として登場する。しかし、鑑速は宗麟のキリシタンへの改宗には反対の立場をとる。しかし、重臣としては武功を立てたのである。

遠藤の小説の記述に基づけば、臼杵氏はキリシタンには改宗していないということになる。宗麟はキリシタン大名として名高かったが、同時に南蛮貿易にも積極的だったので富を蓄え、九州六カ国の守護にまで伸し上がった。その新進気鋭の精神は高く評価すべきなのであろう。

宗麟はキリシタン大名ではあったが、聖地エルサレムにまでは行くことはなかった。ここでは聖地に関連して遠藤周作『イエスの生涯』（新潮文庫、一九八二年）におけるイエスの受難（十字架刑）を中心に見てみたい。

遠藤周作とエルサレム

私は一九九〇年代初頭、主にユダヤ人の住む西エルサレムの新市街に住んでいた。その時、アラブ人（パレスチナ人）が住む東エルサレムの旧市街を買い物のためにしばしば訪れていた。自宅のアパートから歩いて二〇分ほどだった。西エルサレムのアメリカ総領事館を過ぎて坂道を上ると弾痕の残るエルサレム市庁舎がある。その交差点を隔てて旧市街の城壁が隣接する。交差点を南北に貫く道路一帯が一九四八年から六七年まで東西エルサレムをヨルダン領とイスラエル領に分断していた軍事境界線のあった無人地帯である。「ノーマンズ・ランド」と呼ばれていた。いまや無人地帯は幅広い道路となって路面電車までもが走っている。かつての軍事境界線は見た目には全くわからなくなっている。ちなみに、一九六七年の第三次中東戦争までの期間はイスラエルとヨルダンの間には当時外交関係がなかったので「国境」とは呼ばずに、軍事境界線と呼んでいた。

エルサレム旧市街の城壁内にある肉、野菜などの食物や雑貨などの市場は北側に位置するダマスカス門に近いが、イエスの十字架刑の場所といわれている聖墳墓教会に行くのに便利な入口は西側のジャッファ門である。アラブ人のお土産屋の立ち並ぶ道を奥に入って行って左に曲がるとすぐである。

「イエスがやがて連れていかれるエルサレムの刑場「髑髏《ゴルゴタ》の丘」はエルサレム城壁の北西にあった。（中略）引きまわしは日本のそれと同じように見せしめのためであり、従って人通りの多い道を選んだのだが、今日、当時とは面影を異にしているエルサレム旧市中のどこをイエスが通過されたのかはわからない」（遠藤周作『イエスの生涯』新潮文庫、一九七三年、一九八頁）。

この「ゴルゴタの丘」は現在、エルサレム旧市街の城壁内にあるが、処刑当時は城壁の外にあった。というのも、現在の城壁はオスマン帝国初期のスレイマン大帝時代の一五三五年に建設されたからである。キリスト教徒巡礼者のために、イエスが十字架を自ら担いでいったといわれるルートにはイエスが休んだ場所が刻まれている。巡礼者たちはイエスの受難を追体験するために、イエスと同じように十字架を担いで聖墳墓教会まで旧市街の商店街の中を通って練り歩く。

「巡礼客や観光客のために、もっともらしい『悲しみの道《ヴィア・ドロローサ》』とよぶこのコースが現在のエルサレムのなかにあるが、第一、ピラト官邸の位置さえ二つの説があるのに、この道を指摘するのは全く不可能な筈である。ただ、『髑髏の丘』だけはもはやその面影は毫もないが、位置だけは考古学者、聖書学者の間にそれほどの異論もなく指定されているのである。当時、そこはまずしい樹のはえた、岩の多い、小さな丘だったそうである」(同上)。

この小さな丘には今では立派な聖墳墓教会が建てられている。その周辺にはプロテスタント系の諸教会がむしろ聖墳墓教会を睥睨するかのように屹立する。ムーリスターンと呼ばれるこの地域周辺にも観光客相手のお土産屋やカフェが立ち並んでいる。イエスは刑場であるゴルゴタの丘まで自ら十字架を運ばねばならなかった。

「時刻は昼になっていた。イエスは二人の囚人――おそらくバラバの一味だった反ローマの一揆者――と共に肩に横柱をのせて歩かされた。／十字架のその横木だけで四十キロ、全体で七十キロの重さである。イエスは前夜半にゲッセマネの園で捕縛されてから一睡もしていなかった。その七十キロの十字架は痩せた肩に食いこみ、その細い腕には長く支えかねたであろう」(同上書、一九八～一九九頁)

遠藤は以上の様子を想像の中で描写しつつ、次のようにも付け加える。「今日でもそうだがエルサレム市中の道はひどく狭い。その狭い道に見物人たちが並んで一行をみつめていた。そして四月の昼の日差しはこの国では強く、きびしかった」(同上書、一九九頁)。現在ではエルサレム旧市街の「悲しみの道」の多くの部分は屋根があって、日差しは避けられている。

「今日もそうであるが、大部分の中近東の古い町がそうであるように、エルサレムの街を走る路《みち》は狭く、曲がりくねり、時には袋小路にぶつかる。その路は皮膚病のような壁を持った両側の家から流れる汚物や通過した羊や騾馬《ろば》の糞でよごれている」(同上書、二〇〇頁)。

たしかに遠藤の描く旧市街は彼が訪れた一九七〇年代当時には汚れていたかもしれないが、少なくとも現在では巡礼者や観光客のために随分と変わっている。私自身、一九八〇年代以降何度も「悲しみの道」を辿って歩いたが、不潔だと感じたことは一度もない。感じ方には個人差があるのは当然だ。もちろん、冬から春先の雨季に訪れたら、石畳の旧市街のあらゆるところに泥交じりの水たまりができてしまう。遠藤もそんな時期に旧市街を歩いたのかもしれない。

「引きまわしから処刑の間、イエスが人々に見せたものは、無抵抗で何もできない無力者の姿だった。弟子たちは誰一人として彼を助けに来なかったし、前日まで彼の話に耳をかたむけていた群衆は逆にこの『何もできなかった』無力な男に罵声と嘲笑とを浴びせるだけだった。（中略）『受難物語』の最大の特徴はこの無力なるイエス、無能なるイエスを前面に大胆にもおし出している点にある。（中略）だが我々は知っている。このイエスの何もできないこと、無能力であるという点に本当のキリスト教の秘儀が匿《かく》されていることを。そしてやがて触れねばならぬ『復活』の意味もこの『何もできぬこと』『無力であること』をぬきにしては考えられぬことを」（同上書、二〇一〜二〇二頁）

エロイ、エロイ、レマ、サバクタニー

遠藤の描くイエスの受難についてはここではこれ以上取り上げない。ただ、受難に関連して、メル・ギブソン監督の『パッション』（二〇〇四年）という映画について少しだけ触れる。この映画のセリフはすべてアラム語とラテン語であり、吹き替え版は監督が許可せず、字幕だけだった。原題英語タイトルは「キリストの受難（The Passion of the Christ）」であるが、邦題は原題をカタカナ表記した「パッション」である。だが、この「パッション」という語だけを見て「受難」を思い浮かべることのできる日本人はキリスト教徒を除いてどのくらいいるのだろうかと疑問に思ってしまう。あるいはヨハン・セバスチャン・バッハの『マタイ受難曲』は、多く作曲された一連の受難曲の中でもよく知られているが、この受難曲の原題にも「パッション」という単語が使用されている。

映画『パッション』ではマタイ、マルコ、ルカ、ヨハネの四つの福音書の記述に基づいて忠実に再現されたために、十字架に架けられる前の鞭打ちで血だらけになるイエスを観て卒倒を含む激しいシ

ヨックを受けた観客も多かったという。

新約聖書の中でアラム語をカタカナ表記したイエスの言葉が出てくる。「エリ・エリ・レマ・サバクタニ」『マタイによる福音書』二七章四六節、「エロイ、エロイ、レマ、サバクタニ」『マルコによる福音書』一五章三四節、あるいは遠藤が特に強調して引用している詩編二二章一節といった箇所である。

アラビア語やヘブライ語を学んだ後、このアラム語の表現を見た時、いずれでも語彙的にも文法的にはすぐに理解できた。アラム語は言語的にはセム諸語に属しているので非常によく似ているのである。ここで細かい文法の説明は省くが、セム諸語は基本的に三つの子音から構成される。「エリ」「エロイ」というのは「私の神」という意味で、イスラームの神である「アッラー」と語源的には同じなのである。いずれにせよ、ユダヤ教、キリスト教、イスラームをセム的一神教とはよくいったものである。

聖書ではなぜこの箇所だけイエスの最後の言葉をアラム語で表記されたのであろうか。疑問は尽きない。

3　加賀乙彦の『殉教者』に見るペトロ岐部

私の小中学校時代に岐部という姓の同級生がいた。鉄道の日豊線に沿って自宅から歩いて数分のところに住んでいたのでよく遊びに行った。この岐部という姓についてであるが、大分県の国東半島には岐部という地名がある。国見町岐部であるが、この地は本州と九州と四国に囲まれた瀬戸内海を二分するかのように突き出た国東半島の北側の突端に近いところにある。周防灘と伊予灘がぶつかるところであり、南東に下って豊後水道を抜ければ太平洋である。岐部の沖には姫島が浮かんでいる。この姫島は国産み神話でイザナギとイザナミが産んだ島の一つである女島《ひめじま》とされる。

岐部という幼なじみ

岐部氏も元々国東半島の岐部の地の出身である。水軍を率いた岐部氏は臼杵氏とも関係がある。岐部氏も臼杵氏とともに大友氏の重臣であったからである。岐部氏には主君の大友宗麟に倣ってキリシタンに改宗した者が多かった。

ところで、聖地エルサレムを最初に訪れた日本人は誰か、ご存知であろうか。そのように問われれば、それなりに知識のある人は「ペトロ岐部」と答えることだろう。ペトロ・カスイ岐部（一五八七～一六三九年）はこの国東半島の突端の場所で生まれたのである。現在はその場所にはペトロ・カスイ・岐部記念公園があり、記念聖堂もあるという。ペトロ岐部について観光目的の説明でも必ず用いられる表現が、「日本人として初めて聖地エルサレムを巡礼した」なのである。

私自身もペトロ岐部の名前についてはずっと以前から耳にはしていた。しかし、彼が初めてエルサレムを訪れた日本人だと改めていわれても、その事実についてほとんど史料が残っていない現状ではまったく具体性に欠けるというのが率直なところである。想像の域を出ないのである。

日本キリスト教史研究者としても定評のある五野井隆史氏の著作『ペトロ岐部カスイ』（教文館、二〇〇八年。ただし、原本は一九九七年に大分県教育委員会から「大分県先哲叢書」の一冊として出版された）においても、第三章「ローマへの旅」の三「聖地巡礼行」での「聖地を巡る」における叙述は誠実な研究者らしく、文章の語尾はほとんど「であろう」という推量の表現になっている。事実として断定する史料がほとんどないので致し方ないことではあるが、ペトロ岐部のエルサレム訪問に関する詳細について正確なところはほとんどわからないのが研究の現状であるようだ。

ただ、そうはいってもペトロ岐部に関する研究書や概説書も何冊か出版されているので、そんな書籍を読んでみれば、どの筆者もそれなりの視点から苦労して描いていることもたしかなのである。

加賀乙彦の小説との出会い

以上の前口上はともかくとして、ここではペトロ岐部の生涯を描いた小説である加賀乙彦『殉教者』（講談社、二〇一六年）を参照してみたい。もちろん、遠藤周作は『銃と十字架』（中央公論社、一九七九年）という、同じくペトロ岐部をテーマにして小説ともエッセイとも区分できない著作を上梓している。遠藤はこの著作の中の「砂漠を横切る者」という章においてペトロ岐部のエルサレム訪問を取り上げている。その中で興味深いのは、遠藤がペトロ岐部に続いて近代に入って同じようなコースを踏破した人物として志賀重昂（一八六三～一九二七年）を挙げていることである。遠藤は書名を明示していないが、おそらく志賀の『知られざる国々』（地理調査会、一九二六年）であろう。同書の「十一　沙漠の横断【東西両洋最新の最捷路】」において、志賀はペトロ岐部と同じようにオマーンからペルシア湾を経由して、イラクからヨルダンまで沙漠を横断してアンマンに至ったことを、困難ではあるが、もっとも近道を通ったのだとして記しているのである。

私自身の加賀の小説に関しての思い出を記せば、初めて名前を知ったのが、私の父が読んでいたからという単純な理由からだった。父は特に積極的に小説を読むわけではなかったが、私の高校時代にめずらしく『帰らざる夏』（講談社、一九七三年）を読んでいたのである（父の買った初版第五刷の単行本はいまだに手許にある）。この小説は著者自らをモデルにしたような陸軍幼年学校出身者が「聖戦」に敗れ「義」に殉じて自決する話である。私の父も陸軍軍医学校出身者として、医者であり小説家であった加賀さんに興味をもっていたのかもしれない。残念ながら、なぜこの小説を読んでいたのか、亡父にはその理由を聞きそびれたのであるが。

私自身の加賀乙彦という小説家との具体的な出会いは『帰らざる夏』ということになるが、それは後に振り返ってそう思ったにすぎない。私自身が愛読者として本格的に読み始めたのは大学生のころだからである。『フランドルの冬』をはじめとして当時文庫本化された小説はほとんど読んだと思う。ただ、その後もずっと読み続けたかというとそうではなく、読者としてはずいぶん長い間遠ざかっていた。したがって、彼が一九八七年に遠藤周作の導きでカトリックに入信してから書いた小説はほとんど読んでいなかったのである。

しかし、一時期、イスラームにおける臓器移植の問題を考える機会があった。その時、『生きている心臓』あるいは臓器移植の関連の論考やエッセイなどを手に取ることになった。さらに、この問題に触発されて『高山右近』『ザビエルとその弟子』といったような近世日本のキリスト教を題材にした加賀作品にも目を通すようになったのである。

アレッポから南下してエルサレムへ

さて、加賀乙彦『殉教者』についてである。この作品は書下ろしでまだ文庫本はない。この本の装丁は中央アジアあたりをイメージしたような沙漠（砂漠と「土漠」の中間のようだから水が少ないことを強調したこの漢字を使いたい）とヒトコブ駱駝の隊商の絵である。背後に山脈が見えるので、中東のサハラ砂漠やシリア砂漠のような風景ではない。一般的に、中央アジアではフタコブ駱駝が多いといわれるのであるが、「ヒトコブとフタコブの生息地の分布は人為的なもので、国や地方によって、人間の好みが違うだけの差異である」（六八頁）と著者は述べている。

なぜこのような駱駝の風景から始めるのかというと、ペトロ岐部がローマに向かうコースが問題になるからである。往路では長崎を出発しインドのゴアからペルシア湾を通ってチグリス・ユーフラテス川（両川が合流してから下流地域は現在では流れも変わってシャット・アル・アラブ川と呼ばれている）右岸の都市ウブッラで上陸し、チグリス川を遡って同川右岸にあるバグダードまで北上し、ユーフラテス川を遡るようにアレッポに向かい、そこから南下して聖地エルサレムに巡礼するというコースである。

さらに、エルサレム巡礼後はアナトリア半島（現代のトルコ共和国）を通ってイスタンブルから陸路でバルカン半島を横断してイタリア半島に入ってローマに至ると想定されている。その間、水夫や隊商の一員に身をやつして旅を続けるという設定になっているのである。ちなみに、復路は喜望峰回りの航路であった。

往路に当たるインド西海岸のゴアで出会った年老いた親切な「白髪神父」が、小説の主人公の「われ」、つまりペトロ岐部に、オスマン帝国のイスラームに関する貴重な情報を教えてくれる箇所がある。

「オスマン・トルコという大帝国は、広大な地域の、多くの国々を征服したが、被征服者の宗教、とくにユダヤ教徒とキリスト教徒には尊敬の念を示していた。コーランにおいては旧約聖書を聖典とするユダヤ教徒と新約聖書を聖典とするキリスト教徒とを「聖典の民」として、イスラムの神アラーの系統に組み入れている。このあたりの知識は例の白髪神父がイスラムのアラブ語の経典をあれこれ読んでいて、われわれに教えてくれた」（加賀乙彦『殉教者』講談社、二〇一六年、六六頁）。

ここで指摘されている事実は遠藤周作の描いた聖地エルサレムを含む宗教・宗派間の関係よりもはるかに正確である。イスラームの下ではユダヤ教徒とキリスト教徒、すなわち「聖典（啓典）の民」はアラビア語では「アフル・アル・キターブ」と呼ばれている。イスラーム法（シャリーア）においては

「啓典の民」にはズィンマ（保護）が与えられているので、「ズィンミー（庇護民あるいは被保護民）」とも呼ばれる。名前が与えられていない「白髪神父」はこの小説の中での架空の人物であろうが、イスラームに関する知識は、アラビア語の原典も読むことができるために豊富であるという人物設定となっている。ちなみに、「オスマン・トルコ帝国」という呼び方であるが、現在では中東研究者はこのようなヨーロッパ的な呼び方はせずにたんに「オスマン帝国」と呼んでいる。というのも、この帝国はイスラームに基づく国家であって、トルコという近代的な意味での「民族国家」ではないからであることは蛇足ながら付け加えておきたい。もっとも、ヨーロッパからはずっと「トルコ」と呼ばれていたことも付け加えておきたい。

「この［ユダヤ教徒とキリスト教徒の］状況は、仏教徒がキリシタンに抱く邪教徒の感覚とはずいぶん違う、日本における極端な迫害はオスマン・トルコではありえないとも彼は慰めてくれた」（同上）。

「白髪神父」は実にイスラームについてよく理解しているということになろう。キリスト教徒が邪教徒と排斥される江戸初期の日本の状況とは違って、イスラームでは、預言者ムハンマドに先行する使徒たちを尊敬し、またムーサー（モーセ）に授けられた律法、イーサー（イエス）に授けられた福音書などはクルアーンに先行する諸啓典として、ムスリムはその存在を信ずることも求められているからである。

「彼〔白髪神父〕はまた、アルメニア、エジプト、シリア、などの東方諸教会をオスマン・トルコ帝国が認めて保護している、それは教理のためではなく、これらの教会から税金をもらうためだとも教えてくれた」（同上）。

東方諸教会（この表現自体も「東方」という点がいささかヨーロッパ中心的ではあるが）も当然ながらイスラームでは「啓典の民」として、引用文とは異なり、「教理」の上でも庇護民である。ここでいう税金はジズヤ（人頭税）であり、保護を与える代価として支払うものだという理解である。

「ウブッラにモンスーンを利用して結集した数多くの隊商には、駱駝隊の客人としてイスラムの聖地メッカやメディナへの巡礼者も多く加わっていた。イスラムという平凡な名称よりもムスリムという威厳のある言葉で呼ばれたいという人々である。この巡礼たちは普通のイスラムの信仰をどこか見下げていた」（同上書、七六～七七頁）。

ここで気になる表現が「イスラムという平凡な名称よりもムスリムという威厳のある言葉」という点である。イスラームとムスリムはアラビア語では同じ語源なので（二単語とも「（アッラーへの）絶対服従」という意味で前者は動名詞、後者は能動分詞の違いにすぎない)、ここで何をいおうとしているのか不明であるが、おそらく「ムスリム」の方が威厳のある特殊な表現だと理解されているのであろう。

4　ペトロ岐部の信仰に通じる

トルコ・日本合作映画『海難一八九〇』は二〇一五年に日本でも公開された。この映画のタイトルに典型的に表れているように、もっぱら前半部のオスマン海軍のエルトゥールル号の紀州沖での遭難事故と現地の人びとによる救出ばかりに注目が集まったようだ。そのため、この映画の後半部のエピソードであるイラン・イラク戦争中のトルコ航空機によるテヘランからの日本人救出作戦の方はむしろ影が薄くなってしまったのである。

私のイ・イ戦争体験

私自身の体験からいえば、イラン・イラク戦争(一九八〇〜一九八八年)当時、イラクの西の隣国ヨルダンからこの戦争を観察していた。一九八四年から一九八七年までヨルダンの日本大使館で専門調査員として勤務していたためである。イランからイラクへの砲撃が激しくなって、在イラク邦人が避難するためのルートを調査するため、ヨルダンの首都アンマンからイラクのバグダードまで陸路で赴いたことがある。約九〇〇キロメートルという距離であり、日本でいえば、東京から広島のちょっと先までくらいの道程といったところであろうか。早朝にヨルダンの首都を出発してイラクの首都に到着したのは夜遅くだった。砂ばかりの砂漠というよりも、先にも触れたように、ごろごろと石ころがころがってほんの少し灌木が生えていたりする沙漠あるいは土漠といった感じがぴったりのコースだった。

出国の際のヨルダン側の国境管理事務所の検査はさほどではなかったが、入国のイラク側は当時まだサッダーム・フセイン政権下であって、外交官ナンバーの車両であろうとお構いなく銃を突きつけ自動車のトランクなどの荷物の検査を強引に行ったのである。なるほどサッダーム体制がどんな性格のものだったのかを首都バグダードに到着するまでもなく知ることになった。独裁体制とはいかなるものか、早々に「洗礼」を受けた感じであったのである。イラク内はルトバという町を経由して、ユーフラテス川沿いの都市ラマーディー（復路、この都市で建設会社の社員として働いている大学時代の知人に会ったりした）を通って首都に着くのである。

首都バグダードはさすがに大都会である。もちろん、戦禍も見受けられたものの、中心部は当時まださほど破壊されたという印象は受けなかった。とはいえ、チグリス河畔のホテルに宿泊したが、何となくがらんとした感じで戦時下にある緊張はあった。そこかしこに高射砲がのぞいたりしていたからである。街中に出かけるとスーク（市場）などはまったく正常であり、活気に溢れていたが、野菜や果物などはやはり他のアラブ都市の市場に比べると若干少ないかなといった印象であった。

私自身はクルド人が使っているという赤と青を基調とした色彩豊かな荷駄用の羊毛で編んだ袋などを土産用に買った。ヨルダンに比べると観光客が少ないせいか、非常に安い値段であったと記憶している。かつて『アラビアン・ナイト』（千夜一夜物語）の舞台ともなった、このアッバース朝の帝都にかつての栄華を見出すことは難しかったが、形骸化した「アラブ社会主義」の下で築かれた殺風景な近代的ビル群はさすがに「石油大国」だと実感することができたのもたしかである。

深い信仰の人・ペトロ岐部

さて、前節で紹介した加賀乙彦『殉教者』（講談社、二〇一六年）の主人公ペトロ岐部に関してである。加賀は作家・岳真彦との対談で、この小説を書いた理由に関連して、チースリク神父によるペトロ岐部の研究にも言及して次のように語っているのである。

『殉教者』で描いたペトロ岐部っていうのは、何を考えてたか、何のためにあんなに世界を駆け巡ったのか、その動機がまったく分からない。これについては、歴史学者のフーベルト・チースリク［神父、一九一四～一九九八年］が、ペテロ岐部を日本人に紹介したあとも、結局、分かっていないんです。／チースリクが言ったのは『たいへんな冒険好きで、世界を股にかけて歩いた人だ』ということと、『深い信仰の人だ』ということ。でも、その深い信仰の内容については、チースリクは何も言ってなんです。そしてそれは、いろいろ調べても分からない」（加賀乙彦・岳真彦『「永遠の都」は何処に？』牧野出版、二〇一七年、一八八頁）。

ここで言及されているチースリクの著作『ペテロ・カスイ岐部の生涯――世界を歩いた伴天連』（祈禱の使徒会、一九八四年）は残念ながら私自身は未見である。加賀自身も結局、ペトロ岐部についてはいろいろ調べてみてもよくわからないと語っている。だからこそ、次のようにペトロ岐部を語りつつ、自己言及的にならざるをえなくなるとして、小説『殉教者』を三〇年もかけて書いた理由を説明しているのである。

「そうすると、何を書いたらいいか、分からなくなるんですね。／だから、あれは深い信仰の人を書いた、というのではなく、僕自身を書いているわけです。だから時々、本人にも分からなくなるし、僕にも分からなくなる。／あの『殉教者』を書くのに、僕は三十年間かかってるわけです。ちょうど『永遠の都』〔新潮社、全七巻、「自伝的大河小説」と銘打たれている〕と接点になるのですが、洗礼という行為で……洗礼を受けたときに僕は、『次に書くのは、ペトロ岐部だぞ』と決めていたわけですね」（同上書、一八八～一八九頁）。

加賀が洗礼を受けた時にペトロ岐部について小説を書くと決めたというのである。加賀自身は一九八八年に洗礼を受けた際に東京カテドラル聖マリヤ大聖堂で語った内容を一冊の本として出版している（加賀乙彦『キリスト教への道』みくに書房、一九八八年）。

「ポルトガルのペトロ岐部の足跡っていうのをたどったら、はじめて『これでペトロ岐部のことが書けそうだ』と思ったんです。逆に言うと、自分がペトロ岐部の行ったところに行かなければ、書けないいんです。まず、その場所の景色がある、歴史がある……それをずーっと調べていったんだけれど、やっぱり行っていない場所は調べてもよく分からない」(同上書、一八九頁)。

加賀はペトロ岐部が訪れた場所を追体験するかのように実際に自ら訪問することでなければ、書くことができないと語っている。この点は『殉教者』という小説を読む場合には重要なことであろう。

「僕にとっては、『永遠の都』と『殉教者』というのは、対になっている作品なんですよ。僕が初めて自分の信仰を書いてみた、ということね。／それまでは、自分の信仰については全然、書いていないんですよ」(同上書、一九〇頁)。

加賀乙彦とペトロ岐部の通じる経験

さらに、ペトロ岐部が追っていた「死」について自分の「死」とは同じではないことを確認しつつ、加賀は次のようにも語るのである。

「[ペトロ岐部と自分の「死」は]同じではないと思います。けれども、他の書きようはないですね、僕には。／もう本当に、彼の手紙を何度も読んでいたし、いろんな意味で、どんな信仰で何を考えていたか、推測はしました。彼の行ったところに行こうという僕の志があったので、行ってみると、何かしら、ペトロ岐部に教えてもらうことがあった。……自分では勝手にそう思っているんですけど」(同上書、一九〇〜一九一頁)。

この言及からペトロ岐部の訪れた場所を再訪することでペテロ岐部から教えてもらうことがあったというのである。だからこそ、ペトロ岐部は小説を通して加賀自身の信仰を映し出すことになるのであろう。

「三十年たつと、僕も信仰が深くなります。それが繰り返されているわけです、巡礼で。／でも、僕は三十年かかっている。ペトロ岐部は十五年で全部終えているわけです。しかもこっちは飛行機で、ぱーっと行くけど、ペトロ岐部はそうじゃない。いや、あの人には敵わない（笑）。（中略）だから、僕はその間ずっと、ペトロ岐部と一緒にいたというイメージがありますね」（同上書、一九一頁）。

加賀は入信してから三十年たってようやくペトロ岐部を小説として完成させたわけであり、その点からもこの小説自体が加賀の信仰のあり方を示すものということにもなる。自伝的な大河小説である『永遠の都』と『雲の都』を完成させて初めて書くことができたのが『殉教者』だというのである。

「思えば『殉教者』というのは、非常に不思議な出来方をしましたね。ですから、もし『永遠の都』と『雲の都』［『永遠の都』の続編。全五巻］を書き上げていなければ、まだこの作品は書かれていないでしょうね。／だけど、うまい具合に完成したのは、ペトロ岐部の最後の巡礼の旅が、自分の感性と合ったからです。いちばん厭な感じの船出だったたですよ。出てすぐに嵐にやられるとか、熱病にやられるとか。苦心惨憺して、行かなくちゃいけなかった。／当時にしたら超一流の帆船で、大軍隊で行ったにも関わらず、なぜ上手くいかないんだろう、とペトロ岐部は一番苦しんだわけですね」（同上書、一九一～一九二頁）。

加賀はペトロ岐部の巡礼の旅が自分の感性に合ったからだという話に続けて、自らがペトロ岐部を追い求めて行った旅についても語るのである。

「旅っていうのは不思議なものでね。自分の住んでいる場所、住んでいる国とは違うところに行っているわけでしょう。そうすると、好奇心が非常に大きくなる。（中略）そういう状況において、『自分はここにとっては異邦人だ』と感じている。そして、旅先の土地の人たちとは違う道を歩かされている、という二重構造の旅の感じがありますからね。／ペトロ岐部もそうだったに違いない、と思う。要するに、僕の体験がペトロ岐部の体験と通じていても良いんじゃないの、と」（同上書、一九二～一九三頁）。

旅先で異邦人として自分を見出し、そのことによってペトロ岐部の体験と同一化されていることになると加賀は考えているようだ。そして信仰の不思議について語るのである。

「この信仰っていうのは不思議なものなんですよ。なんとも、不思議。その不思議なものを、ちょっとでも描ければ良かったな、と思っているだけなんですけども」（同上書、一九三頁）。

5 ガリラヤでのペトロ岐部

聖母マリアが生まれたガリラヤ地方のナザレ

春のガリラヤ地方（イスラエル北部）は美しい。丘陵に色とりどりの花が咲き乱れる。かつてエルサレムに留学していた時には春になってガリラヤをドライブするのが楽しみだった。留学の後、再びガリラヤにあるアラブ人の住む町に一カ月ほど滞在することができた。一九九三年のオスロ合意締結から数年、まだ中東和平ムードの漂う一九九〇年代後半だった。和平の機運に乗って、村のアラブ住宅を賃貸して、イスラエル人観光客を誘致するという計画であった。直接絨毯の上に座ってお茶やコーヒーを満喫するアラブ風の喫茶店を開店して、客寄せをしようとする者もいた。

オスロ合意後、束の間ではあったがユダヤ人とアラブ人の間で起きていた共存・共生に向けてのこんな新現象について教えてくれたのが、テル・アヴィヴ大学で人類学を教えるダン・ラヴィノヴィッツ（Dan Rabinowitz）教授だった。ダンはイスラエルにおけるアラブ人コミュニティを研究していた。当時すでに『ナザレを見下ろす――ガリラヤにおける排除の民族学（*Overlooking Nazareth: The Ethnography of Exclusion in Galilee*）』（ケンブリッジ大学出版局、一九九七年）という民族誌を出版していた。

ナザレは当然ながら聖母マリアが生まれた町としてよく知られている。キリスト教との関連でいえば、聖母が受胎告知を受けたことを記念する聖マリア教会がある。ダンがフィールド調査したのは、この歴史的に高名なナザレではなく、いわゆるアッパー・ナザレと英語で呼ばれるユダヤ人の新たな都市である。古いナザレではすり鉢状の地形の底に貼りつくようにアラブの人々は暮らしているが、アッパー・ナザレ（ナツラト・イッリート）はその古いナザレを見下ろすように建設されたユダヤ人の入植都市である。

ところが、ここにイスラエル国籍をもつアラブ人も新たに移り住んできた。ヨルダン川西岸などで起こっているユダヤ人入植地の拡大とはまったく逆の現象がイスラエル国内で起こったのである。残念ながら、イスラエル政府は現在では法的整備を行って、イスラエル国内のアラブ市民の居住地域を制限したりしており、同じ国民でありながらアラブ人に対する人種主義だとアラブ市民の間から抗議の声が上がったりしているような現状なのである。

ペトロ岐部、ガリラヤ湖を通過してパレスチナ入り

イスラエル建国以来、ガリラヤ地方はずっとアラブ人人口の方がユダヤ人人口を上回っていた。したがって、一九四七年一一月に国連総会で採択された決議一八一号でも、このガリラヤ地方の西部地域はアラブ人国家に指定されていた。しかし、建国後、イスラエル政府によるガリラヤ地方へのユダヤ人移住政策によって現在ではユダヤ人人口がアラブ人人口を上回る状況になっている。

現在のガリラヤ地方を旅行するのであれば、以上のようなイスラエル統治下にあるガリラヤ地方の現代史を知っておかねばならない。もちろん、イスラエルに住むアラブ市民は日常生活ではアラビア語を話しているが、イスラエル国民としてヘブライ語にも堪能であり、基本的にバイリンガルなのである。大学などの高等教育はヘブライ語で行われるため、アラブ市民であっても、大学進学のためにはヘブライ語は必須なのである。

さて、加賀乙彦『殉教者』（講談社、二〇一六年）に戻ろう。前節では加賀と岳真彦との対談本を取り上げたが、ここではペトロ岐部がパレスチナを訪問した箇所について考えてみよう。繰り返しになるが、ペトロ岐部のパレスチナ訪問に関しては何も文献資料がないので、研究者であろうと、作家であろうと、その記述はそれぞれの想像力に基づかざるをえない。したがって、書き手自身が聖地をどう捉えているかということに帰着せざるをえない。加賀の場合はペトロ岐部がガリラヤ湖を通過してパレスチナ入りするという想定になっている。

「やがて、地図を見ては思い描いていた聖なる湖が、きらきら光りつつ近づき、拡大してくる。ホザナ、ホザナ！　というイエスをたたえる歓声が、自然に口から飛び出す。足並みは急に速くなり、軽やかに、まるで宙を飛ぶように走りだす。そしてついに主イエス・キリストの説教が頻繁におこなわれたと聖書に記述されているガリラヤ湖畔を目の前に見る。聖書は『海』と書かれていたが、そう大きな湖ではなく、対岸がはっきりと眺められる程度の大きさだ」（加賀乙彦『殉教者』講談社、二〇一六年、八一～八二頁）。

　ここで触れられているガリラヤ湖はティベリアス湖とも呼ばれたりする。イスラエル北東部にある湖である。現代ヘブライ語では「ヤム・キネレト」、アラビア語では「ブハイラト・タバリヤー」となる。英語では「ガリラヤの海 the Sea of Galilee」と呼ばれたりもする。だからこそ、加賀は聖書で「海」と書かれていたと注釈をつけているのである。もっとも、この英語表現はヘブライ語では「ヤム」という「海」に相当する単語が使われていることに由来するのであろう。場合によっては「ヤム」の女性形でアラム語でもある「ヤマ」という単語を使う場合もあるが、ヘブライ語では定冠詞を付けて単に「ハ・キネレト」と呼べば「ガリラヤ湖」ということになる。キネレトは「琴」という意味で、湖の形状からこの名称がつけられたといわれている。この湖は聖書に登場するがゆえに、その名称も一筋縄ではいかないということなのである。

　加賀は「ホザナ、ホザナ！」という「救いたまえ」という意味の聖書中で使用されるヘブライ語起源の単語を使っている。詩編一一八章二五節に登場する表現である。旧約聖書のヘブライ語の「ホーシーアー・ナー（救いたまえ）」がギリシア語を経由して訛ったものである。「ハレルヤ（神を褒め称えよ）」とともにキリスト教でよく使用されるヘブライ語起源の単語である。同時に、「（神が破滅から）救済する」意味の名をもつ預言者イザヤ（イェシャイエフー）を思い出すのである。

　ガリラヤ湖は北東側からゴラン高原が屏風絵のようにすとんと湖岸に落ち込んでいる。また、逆のガリラヤ地方の西側から眺めるとその丘陵地帯から湖に向けて徐々に高度が下がってくる様は壮観である。湖自体が海抜下二〇〇メートルにあるので、標高差がいっそう際立つのである。

イエスがこの湖で、後に聖ペトロと呼ばれるようになるシモンとアンドレという漁師の兄弟に会い、二人は最初のイエスの弟子となる。現在でもガリラヤ湖畔には湖からとれる魚を提供するレストランがたくさんある。我々日本人にとっては少々さびしい「揚げる」か「焼く」かの選択しかないが、それでも観光客には大人気である。日本から醬油をもっていくと、もっとおいしくガリラヤ湖の魚を味わうことができるだろう。

ペトロ岐部を通して表出する加賀の信仰

「[ペトロ岐部が]行きついたのは湖の北の岸辺である。漁を終えた男たちが、網を船から岸辺にあげて砂浜に干していた。……岸辺は一面、華やかな花園であった。/野の百合はいかにして育つかを思え。労せず、紡がざるなり。されどわれ汝らに告ぐ。栄華を極めたソロモンだにそのよそおい、この花一つにもおよばざりき。今日ありて、明日炉に投げ入れらるる野の草をも、神はかく装いたまえば、まして汝らをや。/野の花はギリシャ語の原文聖書では、百合である。そして今も見渡しているガリラヤ湖のほとりでは、赤い百合、赤いアネモネ、赤いアドニス、白い水仙、黄のフェニキアや春菊、紫のサフラン、と百花繚乱である」(同上書、八二頁)。

このガリラヤ湖畔の情景の描写を読んで思い出したのが、この文章の冒頭で紹介した、春先に訪れた時の同地域の風景である。真夏の乾燥しきったガリラヤ地方に比べたらその風景中における色彩の豊かさは比較すべくもないのである。加賀は続けて岐部の故郷の国東半島の情景を描く。

「故郷国東半島の海に面した斜面を思い出しながら、花の名前をつぶやいていた。白百合、ウツギ、スイカズラ、スミレ、クルマユリ、クズ。白、黄、赤、紫。デウスの創りたもうた花々の気品と美」(同上書、八二～八三頁)。

瀬戸内海に面した国東半島の温暖な気候とそこに咲く花々。春の聖地パレスチナに辿り着いたペトロ岐部の悦びの心象風景を聖地と故郷とを結びつけて見事に写し出している。ペトロ岐部が一六一九年五月末にガリラヤ湖畔に到達したことを書きつけただろうことも想像の中で描写している。

「『山』というと深山幽谷を思う日本人は、今、岸辺の里の『丘』に喜びを覚える。ゆるやかな斜面に立つイエスの前に、民衆がしゃがみ込み、温かい教えに心を開く姿を思い描く。そう、花咲く丘は湖を飾り、そこに飛びかう小鳥たちは人々を祝福している」(同上書、八三頁)。

アッシジのフランチェスコを思い起こさせるようなペトロ岐部の描写である。そしてシモンとアンドレの兄弟とのダイアローグである。

「湖を見渡す。人っ子一人、船一艘も見えぬ。青い波が歌う聖歌隊のように、身振りをしつつ音無き歌を唄っている。その歌は湖面を渡っていく風となって、ふと現れては消えていくが、吹くたびに、われに染み入り、魂に吸い込まれ、また息となって吹き出してくる。／花の群れが揺れる。花園が躍っている。聖霊はかくのごとくに不意に現れ、あらゆるものを喜びに満たす。それは喜びの舞である。すべてが躍動している。心は目覚めて夢を回想する。あの青年こそイエスその人だったのだ」（同上書、八四～八五頁）。

ペトロ岐部がパレスチナに入ってからは、聖書での記述とイエスをめぐる心象風景の描写とが複雑に重なったり離れたりするようなかたちで進められていく。パレスチナを旅するペトロ岐部については、このような描写は一貫して維持される。だからこそ、このような描写の仕方はペトロ岐部を通して加賀の信仰を表出したものともいえるのである。

「イエスの説教を聴きたいと勇み立って、心急いて丘をくだり、群衆の後ろからその声を聴こうとした。しかし、岸辺にきたとき、船もイエスも群衆も掻き消えてしまい、波の音が水底の石のうえで風とたわむれていた。／ああイエスよ、などて消えたまうか。されどわれの心に御すがたはあざやかに刻せられたり。それのみにてわれは喜びに満ち、感謝したてまつる。みぎわより水につかり、われを清めたまえと夢中で顔を洗いつつ、なんどもなんども礼拝する」（同上書、八五頁）。

加賀と岐部はこの描写の中では一体化され、区別がつかなくなっている。この物語は岐部の旅でもあり、また加賀の旅でもあるのである。

6 『殉教』の聖地エルサレム

私がエルサレムに長期間滞在していた一九九〇年から一九九二年にかけての時期に比べると、現在のエルサレムの風景は大きく変容した。私の滞在はちょうど湾岸危機・戦争が勃発した時期である。エルサレムに到着するとすぐに戦争が勃発した。一九九一年一月である。その時にはまだなかった分離壁（イスラエル側は安全壁と呼んでいる）がシャロン政権（在任二〇〇一～二〇〇六年）の時代になってから建設された。

変わるエルサレムの風景

もう一つの風景の大きな変化が二〇一一年に開業したトラム（路面電車）である。このトラムは西エルサレムから東エルサレムを貫き、イスラエル政府が首都とみなす東西統一エルサレムを既成事実化するかのように建設された。というのも、このトラムの路線はエルサレム旧市街の脇を通って敷設されているからである。かつてのノーマンズ・ランドに沿って走っている。ノーマンズ・ランドとは、イスラエル建国の一九四八年から第三次中東戦争までエルサレムをイスラエル領とヨルダン領とに分割する軍事境界線とその両側の地域のことである。

トラムはエルサレム南西部にあるヘルツルの丘から北東部のピスカト・ゼェヴというユダヤ人入植地まで東西エルサレムを斜めに突っ切るように建設された。ヘルツルの丘には歴代大統領・首相の墓があることで知られている。ピスカト・ゼェヴは一九六七年の第三次中東戦争以降、イスラエルが占領した東エルサレムに建設された巨大な団地である。私自身は一九九〇年秋にエルサレムに到着してすぐにエルサレムの北東部にあるパレスチナ人が住むベイト・ハニーナというアラブ人地区に住んだが、その近くにこの入植地はあった。

そこからエルサレム旧市街に出る時にはアラブ人のバスやセルビス・タクシー（乗り合いタクシー）を利用していた。ピスカト・ゼェヴ入植地は、現在はパレスチナ自治政府の拠点が置かれて事実上の「首都」となっているヨルダン川西岸にあるラーマッラーという都市のすぐ近くである。そのため、ユダヤ系バス会社エゲッドが運行する乗り合いバスも同時に運行していた。当時、インティファーダ（パレスチナ人の民衆蜂起）が続いていたので、バスへの投石事件が頻発した。このユダヤ人入植地行きのバスの窓ガラスには防護用の鉄の網が取り付けられている場合もあり、そんなバスに乗った時には一般のユダヤ人の客も不安そうな感じであった。

ユダヤ人とアラブ人は外見だけでは区別がつかないので、ユダヤ人のように変装したパレスチナ人が爆弾をもって乗り込み、バスを爆破したりすることもしばしば起こった。もちろん、セキュリティ検査のための乗員もおり、バスに乗る場合に身分証明書をチェックしていたものの、テロはそのようなチェックだけでは避けることはできなかったというのが実態であった。

乗った一本前のバスがテロに

当時、私自身も小さな子供を連れて家族と暮らしていたので、生活上の不便さを解消するために数カ月で東エルサレムのアラブ人地区から西エルサレムのユダヤ人地区に転居した。西エルサレムでも、スコーパス山にあるヘブライ大学に通うために、毎日のようにエゲッド・バスを利用していたが、一本前のバスが爆破されたというニュースを聞いたりして、ただただ偶然という要因によって何とか難を避けることができて、ほっとしたりすることもあった。

東エルサレムは、行政上エルサレム市に属しながら、安全上の理由から市当局はごみ収集をきちんとしていなかった。そのため、長期間ごみが収集されないと、大量に溜まり、時としてそのごみを収納しているトレーナーが放火されることもあった。インティファーダは政治的にはパレスチナ人の抵抗運動であったが、同時に生活という観点からは日常生活それ自体が麻痺するという緊急事態でもあった。

エルサレム旧市街でもハマース（イスラーム抵抗運動）からの指令でストライキが行われることもあった。旧市街にある店舗は一斉に閉じられてしまったが、時にはスト破りの店もあった。ほんのすこし隙間だけドアを開けておき、客を導き入れていたのである。

もちろん、インティファーダの最中は外国人観光客はめっきり減ったが、現在では周辺諸国のシリアやイラクの内戦や混乱もあって、エルサレムにも観光客が戻ってきている。ただ、アメリカのトランプ大統領がアメリカ大使館をテル・アヴィヴからエルサレムに移すという決定を行ってから、再びエルサレムも混乱し始めた。エルサレムが再び政治的な紛争の焦点になってきたのである。

「イスラムの聖地」

さて、再び加賀乙彦の小説『殉教者』についてである。ペトロ岐部のエルサレム訪問については以前にも述べた通り、ほとんど具体的な記述が残っていない。

そのため、加賀は想像を逞しくし、基本的に聖書の記述に基づいて書き留めている。五「聖都エルサレム」は以下のように始まる。

「一六一九年五月末、エルサレムの獅子門から街の中に入る。／イエス・キリストの受難の道、ヴィア・ドロローサを一目見ると、われ［ペトロ岐部のこと］の両の脚は敏感に飛び跳ね、刻み足で歩いていた」（加賀乙彦『殉教者』講談社、二〇一六年、九三頁）。

一五三七年にオスマン帝国のスレイマン一世が現在のエルサレム旧市街の城壁を建設したため、ペトロ岐部が一七世紀初頭にエルサレムを訪れた時にはすでに現在と同じように、われわれが旧市街に入るのと同じ門から入ったものと思われる。引用個所から、ゲッセマネでのオリーブ林で眠った後、ムスリム地区の北側にある獅子門から入ったとあるので、加賀は小説の中では、岐部がヴィア・ドロローサ（悲しみの道）を辿ったと想定している。だからこそ、次のような「イスラムの聖地」という表現が続くのである。

「イスラムの聖地に来たとは思う。しかし、イエスはコーランのなかでも尊敬されている預言者だ。したがって、預言者イエスの受難の道を近隣諸国から物見遊山で訪れに来る人々も多い。沢山の土産物屋が並んでいることにも、オスマン・トルコの兵隊たちが監視の列を作って交通整理をしていることにも、目もくれず、何度も地図を眺め、記憶として頭の中に刻み込まれた迷路のような道を、ついには大股で歩き、いつの間にか走りだしていた」（同上）。

この個所の記述の仕方から、おそらく加賀自身もここに書かれたコースを辿って現在の旧市街の北西部に位置するキリスト教地区へと向かったのであろう。トルコ兵を現在のイスラエル兵と重ねているかのような表現も興味深い。

「ゴルゴタ［イエスの磔刑の場所］のあたりから、キリスト教の教会が集まっている街になり、さらに、西の奥へと到達し、フランシスコ会の巡礼宿と思う一軒家に向かった。目的が定まれば一心不乱に矢のようにまっすぐそこに到達するのが、わが流儀。怪しまれて兵隊の交通整理隊においかけられたが、走る速度にはかなわなかった。おそらく泥棒が何かを奪って逃げていくと思われたらしいが、ともかくわれの速度にはかなわなかった」（同上書、九三～九四頁）。

巡礼宿と帆立貝

旧市街のキリスト教地区に行くには、城壁の西側にあるジャッファ（ヤーファー）門から入ると便利である。旧市街の門の名前はその方向にある近隣の諸都市の名前が付けられている。北に向かうにはダマスクス門、西に向かうにはジャッファ門といったように、である。ペトロ岐部は旧市街の北東にある門から入り、「悲しみの道」を通ってフランシスコ会の巡礼宿に辿り着いたという想定になっている。

「あった！　帆立貝がぶら下がった一軒家だ。巡礼宿だ。赤い十字架の描かれた帆立貝が入口の上にかかっている。粗末な建物にわれは飛び込み、開いた扉を、そっと音もさせずに閉めた。／褐色の服の修道士がわれを遮った。たくましい大男で、日本でもよく見かけたフランシスコ会の制服の腰を縄で巻いていた。呼吸を整えつつ、ラテン語で話しかけてみる」（同上書、九四頁）。

帆立貝は聖ヤコブのシンボルであり、同時にスペインにあるカトリックの聖地サンティアゴ・デ・コンポステーラへの巡礼の象徴である。この帆立貝はエルサレムにあるフランシスコ修道会でも使用されているのである。

「『われは極東の国ジャパウンの修道士です。ここに身分証明書があります。この巡礼宿に宿泊したい。よろしく頼みます。一泊いくらで泊まれますか』／汗だくのわれが必死に訴えた勢いに呑まれたか、修道士は、われの一歩に一歩退き、という具合で、もつれた舌で答えた。／『ジャパウン。聞いたことがある。シナの小さな属国であろう』／『いやいや、ジャパウンは立派な独立国にて、コレジオもセミナリオもあります。われはセミナリオの卒業生です。卒業証明書は荷物の底にあり、これは仮の書類です』」（同上）。

加賀の想像に基づく会話は、大男のアントニオ修道士とのものである。そしてペトロ岐部もカスイという名前で呼んでくれるように頼むのである。

「大男修道士の名前を尋ねた。／『アントニオという名前だ。シニョーレなどという敬称はいらない。呼び捨てにしてくれたまえ』／われは、／『アントニオ』と呼んで、『われの名前もペトロという霊名では聖人に対して恐れ多いから、あなたの呼びやすいカスイと呼び捨てにしてください』／と頼み、二人は握手した。アントニオの手は皺だらけで、やはり相当の老人であると思えた」（同上書、九五〜九六頁）。

加賀はさらに新たな登場人物であるディエゴ神父について次のように説明を加える。

「『二階に巡礼宿館長のディエゴ神父がいるが、八十歳の老人で最近老衰が進み、寝ていることが多い。物忘れもひどい』／と言った。／『ああそれなら、いろいろと看病してあげねばなりませんな』」（同上書、九六頁）。

このディエゴ神父がエルサレムの地図を作製した人物として登場している。ただ、この点については若干の疑問を呈さざるをえない。他のヨーロッパのキリスト教諸教会とは違って、フランシスコ修道会はオスマン朝の特別の許可によって滞在が許されているからだ。聖地の地図作製はオスマン朝の開国政策によって一九世紀に入ってから本格化する。

「われは目録に、自分のなすべき事柄のひとつとして書きつけた。／『エルサレムのラテン語の地図、できれば詳細地図が欲しい。売ってくれませんか』／『これは若いときのディエゴ神父が、創って印刷したものでよく出来ていて巡礼者たちに評判のいい地図だ。銀一枚で売っている』／なるほど立派に綿密に作成されたイタリア語の地図であった。市販されているトルコ語、アラブ語のはキリシタンの要所は示していないが、これは、あらゆるキリシタン教会の位置が細密に描きこまれ、建設の年月日が、几帳面に書きこまれてある」(同上)。

ペトロ岐部は一六二三年、ローマで司祭に叙階され、一六三〇年に徳川幕府のキリスト教禁令下の日本に帰国した。しかし、潜伏していた仙台で捕えられて拷問の末、棄教することなく一六三九年に殉教した。

終　章　日本人ムスリムの聖地訪問——山岡光太郎

ムスリムに改宗した日本人

　本書では、聖地エルサレムを中心とするパレスチナを訪問して、何らかのかたちで記録や作品を残した人びとを取り上げてきた。その際、聖地訪問に関していくつかのケースに分けた。すなわち、徳冨蘆花のような聖地訪問の記録を残した戦前の作家、無教会派キリスト者のような信仰の立場から聖地を観察した人びと、民族主義の立場からパレスチナのユダヤ人に同情を寄せた国家主義者、職務としてパレスチナを訪問した職業軍人、「アラビアのロレンス」に関する書籍を出版した著作家、そして戦後にキリスト教の聖地エルサレムに関わるテーマで小説を執筆したカトリック作家たちなどである。本書はエルサレムを訪問した人びとが残した記録や作品を通じて、様々なかたちのエルサレム像を見てきたのである。

　もちろん、中東やイスラーム世界といったように、より広く対象地域を広げていけば、もっと多くの著作や作品を検討しなければならなくなるだろう。しかし、ここでは聖地エルサレムを中心としたパレスチナに限定したため、その言及の対象もおのずから絞られることになったのである。

　本書がこれまで取り上げてきた書き手に典型的に表れているように、多くの日本の知識人がユダヤ人論あるいは信仰の立場からのエルサレムについて文章を発表してきている。しかし、聖地を言及の対象としながらも、実はこれまで本書ではムスリムに改宗した日本人については紹介してこなかった。というのも、そのような作家や作品は少数であり、まとまったかたちで取り上げるのが難しかったからである。日本人ムスリムはエルサレムをテーマとした作品は全体として多く残していないので、触れようと思いつつ、結局は後回しになってしまったのである。

この終章においては、エルサレムを訪問して記録を残したことのある日本人のムスリムがそれほど多くない中、その例外といってもいい存在である山岡光太郎（一八八〇～一九五九年）を紹介してみたい。山岡のムスリム名はウマル（オマル）である。タタール人ムスリムのアブデュルレシト・イブラヒム（一八五七～一九四四年）に随行するかたちで、日本人で最初にメッカ巡礼を果たしたとされる人物である。イブラヒムは代々木にある東京ジャーミーの初代イマームで、アジア主義者である頭山満の庇護を受けて東京で亡くなった人物である。『ジャポンヤ――イスラム系ロシア人の見た明治日本』（小松香織・小松久男訳、第三書館、一九九一年）という最初の日本訪問記も翻訳されている。

山岡の著作でよく知られているのがメッカ巡礼を記録した著作『世界乃神秘境――アラビア縦断記』（東亜堂書房、一九一二年）であろう。また、『アジアの二大運動――回教徒とユダヤ人』（渡辺事務所、一九二八年）、『血と銭』（植田印刷所、一九三六年）などといったユダヤ人とムスリムに関する著作もある。さらに、山岡は福島安正（一八五二～一九一九年）といった帝国陸軍のロシア通の下で諜報員として活動した人物でもある。

福島安正の現地踏破の記録は後に『中央亜細亜より亜剌比亜《アラビア》へ――福島将軍遺績続』（東亜協会、一九四三年）としてまとめられて出版されているが、私の手元にあるのは東亜協会版である。この版で関係するのは「土領亜剌比亜紀行（トルコ領アラビア紀行）」であるが、この部分はユーフラテス地域（現在のイラク）のみを対象としており、訪れたはずのパレスチナについては言及が見当たらない。

山岡も、日本人でイスラームとの関わりをもつ人物を多く輩出している東京外国語学校でロシア語を学んでいる。大陸のムスリム工作ではやはりロシア語が重要なコミュニケーション手段となった。もちろん、イブラヒムのようにロシア支配下のタタール人ムスリムとして活動した人もロシア語が重要なツールとして使用されたのである。

山岡は自著の中で何度かエルサレムを訪れたことを示唆しているが、実際にエルサレムに関する言及はほとんどないといっていい。ここでは山岡の著作のうちエルサレム訪問に具体的に触れている数少ない著作『聖都から聖都へ』（上田印刷所、一九二八年）を少しだけ垣間見ることにしよう。山岡は一九二三年からカイロやイスタンブルに滞在し一九二七年に帰国しているが、これは軍務を離れて一人のアジア主義者としてイスラーム世界を漫遊した旅といってもいいだろう。本書『聖都から聖都へ』の表紙は当時としてはめずらしく、カラーの挿絵が使用されている。書籍タイトルとともに、サブタイトル「カイロ、エルサレム、コンスタンチノープル」が併記されている。そして、この併記された諸都市の果たしたそれぞれの歴史的な役割を強調するかのように、左側に十字軍兵士、右側にムスリム兵士の絵が、その対照性を浮き彫りにして、相互に対峙しているかのように向かい合って描かれているカバー・デザインなのである。

実用的な「旅行ガイド」としての著作

エルサレムの記述を含む山岡の著書は、書名だけにつられて何も知らずに手に取ると、彼一流の「旅行ガイド」だということにすぐに気づき、面食らった気分にさせられてしまうので注意が必要だ。事実、山岡はその「序」において「近來近東方面へ旅行する邦人も、大分増えて來たので、該方面の旅行に、便利な小冊子を得たいと思ふ人も少なくあるまいと思って、歸朝匆々《そうそう》執筆して見たのが、斯書である」（二頁）とわざわざ断っている。当時としてはめずらしい実用的な「旅行ガイド」なのである。したがって、通読できるような読み物とはとうていいえない。この本がそもそも「旅行ガイド」として出版されたことは、本書の巻末に当たる附録として、旅行者の便宜を図って、自動車、鉄道、旅客船の運賃と時刻表がわざわざ付けられていることにも現れている。実はそのような附録自体が当時の交通事情を窺い知ることのできる貴重な資料なのである。

山岡自身もエジプトからパレスチナに入ったようである。イスラエル建国前であるので、当然、パレスチナと周辺アラブ諸国が鉄道網でつながっている。例えば、山岡がわざわざ旅行者の便宜のために巻末に紹介している鉄道の時刻表を見てみよう。「アレキサンドリア発午後三時、カイロ発午後六時、ポートサイド［ポート・サイード］発午後六時一五分、西カンタラにて乗換へ、東カンタラ発午後一一時三〇分、ヤフワ［ヤーファー］着午前七時三六分、エルサレム着午前九時六分、ハイフワ［ハイファ］着午前九時四〇分」となっている。出発時刻が定時出発なのか、その大雑把さと比べて、到着時刻が分刻みで記されており、妙に細かいことがつい気になってしまう。さらに、注意書きに「列車はハイフワ〔ハイファ〕に於て毎日ベイルート行き自動車便と、一週一回バグダット行自動車便とに接続する」とある。なるほど地中海岸側から九〇〇キロ近く離れているイラクの首都バグダードに行くのはなかなかたいへんだったことを窺うことができる。

最後のページには「カイロ、エルサレム、コンスタンチノープルの御案内」という宣伝文が印刷されている。すなわち、「弊商會は當地に於て寄港船舶に食料品を納めて居ります関係から船客各位のために従来近東方面の御見物の御便利を図って居りますので多少に拘はらず御用命下さいますれば最も懇切に最も経済的に御案内致しますから何卒御愛顧を御願申上げます。ポートサイド　南部商會」とあり、一九二〇年代中ごろ、すなわち、大正期から昭和期への変わり目の時期におけるエジプトからパレスチナへの観光旅行の便宜がどのように図られていたのかが想像できるような記録である。ちなみに、蘆花もパレスチナ訪問の際、この南部商会のお世話になっている。

山岡光太郎という日本人ムスリムの記述であるので、特にメッカ、メディナに続くイスラームの第三の聖地であるエルサレムに注目してみよう。中でもイスラームの聖地「ハラム・シャリーフ」の描写は興味深いので紹介する（山岡なりのアラビア語の表記法で「エル、ハラム、エル、シエリフ（回教政堂）」というサブタイトルが付いている）。ちなみに、山岡は本当にきちんとアラビア語ができるのかと勘繰ってしまうようなカタカナ表記が少なからずなされている。現在の我々であれば、正則アラビア語に従って「アル・ハラム・アッ・シャリーフ」と表記するだろう。いささか脱線的に言及すると、衒学的で些末な議論で恐縮であるが、現在でも日本語の表記として「ハラム・アッ・シャリーフ」としている書籍が目につくが、アラビア語の文法にしたがえば、冒頭の定冠詞アルは省略することはできないことはアラビア語の文法を学んだ経験のある方ならご存知のことであろう。もちろん、語頭の定冠詞は省略するという慣行に従っている場合もあるが、文法的な正確さを期するという観点からは山岡の記述の仕方は定冠詞の使用法に関しては正しいということになる。

さて、山岡のエルサレムの紹介の記事である。山岡自身はムスリムを自称する以上、本論ではアラビア語の表記もできるだけ正確を期しておこう。下記の［ ］内は現在における標準的な表記法を示している。

ますは旧ユダヤ教の神殿跡に建設されたアル・ハラム・アッ・シャリーフ（直訳すれば「聖域」である）である。

「『バブ、エル、シルシレ［バーブ・アッ・シルシラ］』、俗に鎖門を出でると、スグ其處に在る大建築が、彼の一世の榮華を極めた『ソロモン』殿堂の在つた所で、其殿堂は、今跡型もないが、其跡に現在建てられてあるのが『エル、ハラム、エル、シエリフ［アル・ハラム・アッ・シャリーフ］』と言つて、回教の政堂である。西紀前九百六十六年、『ダビッド』が設計して、『ソロモン』が建てたといふ大殿堂は、七年有半の歳月と、五千萬磅を要したものと傳へられて居るが、此大殿堂は、已に紀元前五百八十八年前破壊せられ、以来幾多の變遷を經た後、『ヤスチニアン［ユスチニアヌス］』大帝の時代、此處に聖母に奉獻せる寺院を建てたが、エルサレムが回教に依りて征服せられたる當時、此寺院も亦回教禮拜堂に改修せられ、『エル、アクサ〔アル・アクサー〕』と改稱せられて、今尚ほ存在して居る（山岡光太郎『聖都から聖都へ』上田印刷所、一九二八年、八六～八七頁）。

バーブ・アッ・シルシラは一五三七年にオスマン朝のスレイマン大帝によって作られたといわれているハラム・シャリーフへの入り口の一つである。山岡の記述は例に漏れずもっぱら古代から説明している。第一神殿から第二神殿の再建と破壊の歴史を述べる。エルサレムの記述においては常識的なやり方である。そして、アル・アクサー・モスクはユスチニアヌス帝の時代にマリアのために建てられた教会だと説明している。

「『エル、ハラム、エル、シエリフ〔アル・ハラム・アッ・シャリーフ〕』も中々の大建築物で、東壁一千五百三十呎《フィート》、西壁一千六百呎、南壁九百二十二呎、北壁一千二十四呎もありて、内に三大建物が在る。即ち岩殿堂、鎖殿堂及び『アクサ〔アル・アクサー〕』拜堂がそれである。其他小殿堂や、小建物が其周圍に散在して居る。岩殿堂〔岩のドーム〕をアラビヤ語で、『コベツト、エル、サクラ〔クッバト・アッ・サフラ〕』ともいふ、同殿堂の圓蓋の直徑百七十七呎もあるといふ、此殿堂は、『ダマスカ〔ディマシュク〕』の回教法王メルワンが、メッカの回教法王の勢力を減殺せんがために、建てたものだそうである、其工費は、埃及の歳入七年に相當したといふ」（同上書、八七～八八頁）。

ここに名前が挙げられているメルワン［マルワーン］はウマイヤ朝第四代カリフのマルワーン一世（在位六八三～六八五）のことだと思われるが、岩のドームはその息子の第五代カリフのアブドゥルマリク（在位六八五～七〇五年）が建設したとされる。出典は示されていないが、ヨーロッパで出版された旅行ガイドブックを参照したのであろう。おそらく山岡はアブドゥルマリク・イブン・マルワーンの名前のうち、父親の名前の「マルワーン」だけを記述したのだと思われる。建立の理由として「メッカの回教法王の勢力を減殺せんがために」が示されているが、第四代カリフのアリーとその一派との関係をいっているのであろう。最後の総工費に関する記述はスィブト・イブン・ジャウズィーによるものであろう。

「岩殿堂の附近に、鎖殿堂が在る、アラビア語で『コベット、エル、シルシレ［クッバト・アッ・シルシラ］』といふ。同じく回教法王『メルワン』が模範的殿堂として建てたものださうである。／『ソロモン』の時代に、真偽を看破するために、吊るされた一つの鎖が、此處にあつて、真實なるものには、鎖が握手せれることを拒絶したと傳へられて居る、然し或る時、一人のユダヤ人が、此鍵を摑んで、一人の回教徒錢を騙取してから、此處は其裁判の効力を失つたと云ふ傳説がある」（同上書、八八～八九頁）。

ここで山岡のいう「コベット、エル、シルシレ［クッバト・アッ・シルシラ］」は、岩のドームの東側に建てられた礼拝所である。「鎖のドーム」と呼ばれている。この小ドームもアブドゥルマリクによって建てられた説が最有力であるが、山岡はここでも「メルワン」として記している。前述したとおり、「シルサラ」というのはアラビア語で「鎖」の意味であるが、ムスリムに伝承されたこの鎖の意味を山岡は続けて解説している。

「岩殿堂の岩は、長さ五十八呎、幅四十四呎の不正形なるもので、回教の教祖マホメッドが、神馬ボクラに跨りて、昇天せる時、此岩も亦、教祖と共に昇天せんとしたが、天使ガブリエルのために、突き落とされたので、其突き落とした指の痕が、今でも岩の西側に残つて居るものを見るが、果してさうであるか何うかは、筆者保證の限りに非ずである。『マホメット』の足跡は、岩の西南部に在りて、其上にある　金の蓋は、『マホメット』の鬚二本を収めたものであると云ふ。その傍に、軍旗と共に、包んであるマホメット《ママ》の槍が『オメル［ウマル］』のそれと共に、収めてあると、傳へられて居る」（同上書、八九頁）。

山岡は、「岩のドーム」に関係する預言者ムハンマドにまつわる逸話をいくつか紹介している。ただ、山岡は預言者ムハンマドが夢の中の「夜の旅」で乗ったとされる馬の名前を間違えて「ボクラ」としているが、「ブラーク」が正しい。また、ガブリエルはアラビア語にしたがって表記すれば、ジブリールとなる。

「岩の北面に、碧玉の板に、黄金の久具が、三ッ半突きさしてあるが、以前はその釘が十九本あつたのを、悪魔が一づゝ抜き取つて、今は三本半になつてしまつたが、若し皆之れが抜き取られたら、世界が終りを告げる時であらうと、言はれて居る。『エル、アクサ〔アル・アクサー〕』回教寺院。西門を右へ廻つて、三十間ばかり行くと、其處に『コベット、エル、ミラジ〔クッバト・アル・ミウラージュ〕』と稱する、『昇天の殿堂』がある。之れ『モホメット〔ムハンマド〕』の昇天を記念する回教寺院で『エル・アクサ〔アル・アクサー〕』とも云ふ。西暦一千二百年代に改造されたものである（同上書、八九～九〇頁）。

山岡は最後に岩のドームの北側にある「クッバト・アル・ミウラージュ（昇天のドーム）」を取り上げているが、この小ドームはもともと十字軍によってキリスト教徒の洗礼所として建立されたものであり、「神の神殿（Templum Domini）」と名付けられた。しかし、この場所はアイユーブ朝時代になってワクフに指定されたのである。そもそも、イスラー（夜の旅）は、預言者ムハンマドが夢の中で、マッカからエルサレムまで移動したことを意味し（水平移動）、ミウラージュ（昇天）は預言者が大天使ジブリールに連れられてエルサレムからジャンナ（楽園）に上昇してアッラーに見えたこと（垂直異動）を意味したのである。

これまで山岡光太郎によるアル・ハラム・アッ・シャリーフに関する説明を紹介してきた。実をいうとエルサレムに関しては日本語によるイスラームの聖域に関する一般向けの説明は意外と少ないのである。もちろん、山岡が書いたような「旅行ガイド」的な記述にはいろいろと記されてはいるが、一歩踏み込んだ記述が少ないきらいがあるのが実情である。

日本人とエルサレム

エルサレムが目下、イスラエルの占領下に置かれていることも大きく影響している。この聖域をユダヤ教的な伝統にしたがって「神殿の丘（Temple Mount: Har ha-Bayt）」と呼ぶのか、あるいはイスラームの立場から「聖域（アル・ハラム・アッ・シャリーフ）」と呼ぶのかによってまったく違った含意をもつことになり、この聖地のあり方が歴史的に相対化されてしまうのである。「神殿の丘」の「神殿」はヘブライ語ではたんに「バイト（家）」である。この単語はアラビア語でも同じ意味で使用される。しかし、少なくともアラビア語にはヘブライ語のような「神殿」の意味はない。もちろん、アラビア語でもエルサレムは「アル・バイト・アル・ムカッダサ（聖なる家）」と呼ばれることもある。通常はたんに「アル・クドゥス（聖）」である。ここにセム的一神教の理解の難しさが表れる。

山岡光太郎の場合はヨーロッパの観光ガイドブックにしたがって、翻訳、つまり横のものを縦のものに置き換えたにすぎない。当時のヨーロッパの観光ガイドブックが無意識的にではあるが、いかにキリスト教徒的視点から描かれているか、山岡自身はあまり自覚していないようである。そこに日本人ムスリムとしての山岡流のガイドブックの問題性がある。換言すれば、明治末期から大正、昭和という同時代を生きた日本人ムスリムの抱える問題性でもある。もちろん、二一世紀の現在における日本人ムスリムのあり方は大きく変貌しており、イスラームの理解もアラビア語の修得を通じて、かつてに比べれば、より正確かつより深くなっているのは当然である。

本書で概観してきた日本人によるエルサレム論は、時代によってあるいは一人ひとりの観察者によって異なっている点もあれば、共通する点もある。その意味で欧米の人びとによるエルサレム論が日本人のそれと著しく異なっているわけでもない。多くの場合、そのようなエルサレム論はキリスト教などの信仰が介在するからである。だからこそ、キリスト教徒ではない日本人にとってエルサレムとはいったい何を意味するのかは、何度も問い直す必要がある。

本書は私なりのエルサレム論であり、これまで多くの日本人の知識人が見てきたエルサレム像を通して私自身の「エルサレム像」を描いたものである。エルサレムは二一世紀に入っていっそう激しい変容にさらされている。少なくともエルサレム新市街と呼ばれるユダヤ人地区はかつての姿はどんどんと消え去ってしまっている。おそらく、私よりも若い世代がその変容ぶりを描いてくれることだろう。本書は私自身がこれまで研究者として関わりのあった日本人が残したエルサレム論を部分的に取り上げて、日本人にとってエルサレムとは何なのかの回答の一部を提示したにすぎない。もちろん、そのような試みが成功したかどうかは読者諸氏にお任せするしかないのである。

参考文献

アンダーソン、S、山村宜子訳『ロレンスのいたアラビア』上下巻、白水社、二〇一六年。

イブラヒム、アブデュルレシト、小松久男・小松香織訳『ジャポンヤ――イスラム系ロシア人の見た明治日本』第三書館、一九九一年（『ジャポンヤ――イブラヒムの明治日本探訪記』イスラーム原典叢書、岩波書店、二〇一三年）。

臼杵陽『世界化するパレスチナ／イスラエル紛争』岩波書店、二〇〇四年。

臼杵陽「大川周明のシオニズム論――道会雑誌『道』と『復興亜細亜の諸問題』初版本のテクスト比較」『日本女子大学大学院紀要』第一五号、二〇〇九年、七三～九三頁。

臼杵陽『イスラエル』岩波新書、二〇〇九年。

臼杵陽『大川周明――イスラームと天皇のはざまで』青土社、二〇一〇年。

臼杵陽『世界史の中のパレスチナ問題』講談社現代新書、二〇一三年。

臼杵陽「『アラブ革命』再考」『歴史評論』第八一〇号、二〇一七年一〇月、五六～六七頁。

内村鑑三『内村鑑三全集』全四〇巻、岩波書店、一九八〇～一九八四年。

遠藤周作『死海のほとり』新潮文庫、一九七三年。

遠藤周作『銃と十字架』中央公論社、一九七九年。

遠藤周作『イエスの生涯』新潮文庫、一九八二年。

遠藤周作『王の挽歌』上下巻、新潮文庫、一九九二年。

大川周明「猶太民族の故国復興運動（上）」『道』第一四〇号、一九一九年一二月、三八〜四八頁。

大川周明「猶太民族の故国復興運動（下）」『道』第一四一号、一九二〇年一月、四二〜五二頁。

大川周明『日本文明史』大鐙閣、一九二一年。

大川周明『復興亜細亜の諸問題』初版、大鐙閣、一九二二年。

大川周明『特許植民会社制度研究』寶文館、一九二七年。

大川周明『近世欧羅巴植民史』慶應書房、一九四一年。

大川周明『回教概論』慶應書房、一九四二年（ちくま学芸文庫、二〇〇八年）。

大川周明「米英東亜侵略史」『大川周明全集』第二巻、大川周明全集刊行会、一九六二年、六八八〜七六六頁。

大川周明「大東亜秩序建設」『大川周明全集』第二巻、大川周明全集刊行会、一九六二年、七六九〜八七三頁。

加賀乙彦『帰らざる夏』講談社、一九七三年。

加賀乙彦『キリスト教への道』みくに書房、一九八八年。

加賀乙彦『殉教者』講談社、二〇一六年。

加賀乙彦・岳真彦『「永遠の都」は何処に？』牧野出版、二〇一七年。

グレーヴス、R、小野忍訳『アラビアのロレンス』改版、角川文庫ソフィア、一九九五年。

黒崎幸吉『パレスチナの面影』向山堂書房、一九二五年。

五野井隆史『ペトロ岐部カスイ』教文館、二〇〇八年（初版は一九九七年、大分県教育委員会から「大分県先哲叢書」の一冊として）。

小林勝人訳注『孟子』上下巻、岩波文庫、一九六八年。

小林元・大久保幸次『現代回教圏』四海書房、一九三六年。

小林元・松田壽男『乾燥アジア文化史論――支那を超えて』四海書房、一九三八年。

小林元『回回』博文館、一九四〇年。

小林元『回教叙説』満洲事情案内書、一九四〇年。

小林元『イギリスとロレンスとアラビア』「大陸発展叢書」第四巻、博文館、一九四一年。

四王天延孝（藤原信孝）『不安定なる社会相と猶太問題』東光会、一九二四年。

四王天延孝（藤原信孝）『自由平等友愛と猶太民族』内外書房、一九二四年。

四王天延孝（藤原信孝）『猶太民族の研究』内外書房、一九二五年。

四王天延孝（藤原信孝）『国際共産党の話』内外書房、一九二九年。

四王天延孝『ユダヤ思想及運動』内外書房、一九四一年。

志賀重昂『知られざる国々』地理調査会、一九二六年。

ジャンセン、マリアス・B、平尾道雄・浜田亀吉訳『坂本龍馬と明治維新』新装版、時事通信社、二〇〇九年。

シロニー、ベン＝アミ、河合一充訳『日本とユダヤ――その友好の歴史』ミルトス、二〇〇七年。

城山三郎『指揮官たちの特攻――幸福は花びらのごとく』新潮社、二〇〇一年。

須田正継『回教に就て』ヤニ・ヤポンモフブリー（新日本誌）社、一九三七年。

須田正継『大陸政策と回教問題』ヤニ・ヤポンモフブリー（新日本誌）社、一九三八年。

須田正継『世界回教徒の動向』大東亜建設社、一九三八年。

スピルマン、クリストファー・W・A『シュピルマンの時計』小学館、二〇〇三年。

徳富健次郎『順礼紀行』中公文庫、一九八九年。

徳冨蘆花『不如帰』岩波文庫、一九三八年。

徳冨蘆花『蘆花全集』全二〇巻、蘆花全集刊行会、一九二八～一九三〇年。

トケイヤー、M、M・シュオーツ、加藤明彦訳『河豚計画』日本ブリタニカ、一九七九年。

中野好夫『アラビアのロレンス』岩波新書、一九四〇年。

中野好夫『アラビアのロレンス』（改訂版）岩波新書、一九六三年。

中野好夫『蘆花徳冨健次郎』全三巻、筑摩書房、一九七二～一九七四年。

ハビービー、エミール、山本薫訳『悲楽観屋サイードの失踪にまつわる奇妙な出来事』作品社、二〇〇六年。

バーバー、ベンジャミン、鈴木主税訳『マックワールド対ジハード――市民社会の夢は終わったのか』三田出版会、一九九九年。

福島安正『中央亜細亜より亜刺比亜へ――福島将軍遺績続』東亜協会、一九四三年。

丸山眞男『増補版　現代政治の思想と行動』未來社、一九六四年。

満川亀太郎『奪はれたる亞細亞』広文堂書店、一九二一年。

満川亀太郎『ユダヤ禍の迷妄』平凡社、一九二九年。

ムーサー、スレイマン、牟田口義郎・定森大治訳『アラブが見たアラビアのロレンス』リブロポート、一九八八年（中公文庫、二〇〇二年）。

牟田口義郎『アラビアのロレンスと日本人』NTT出版、一九九七年。

牟田口義郎『アラビアのロレンスを求めて――アラブ・イスラエル紛争前夜を行く』中公新書、一九九九年。

村山盛忠『コプト社会に暮らす』岩波新書、一九七四年。

安江仙弘『猶太国を視る』織田書店、一九三〇年。

安江仙弘『猶太の人々』軍人会館事業部、一九三四年。

安江仙弘『革命運動を暴く――シオニズムの本源』北斗書房、一九三七年。

矢内原忠雄「シオン運動（ユダヤ民族郷土建設運動）に就て」『植民政策の新基調』弘文堂書房、一九二七年。

矢内原忠雄『矢内原忠雄全集』全二九巻、岩波書店、一九六五年。

矢内原忠雄『嘉信』全七巻（八冊）、みすず書房、一九六七年。

山岡光太郎『世界乃神秘境　アラビア縦断記』東亜堂書房、一九一二年。

山岡光太郎『アジアの二大運動――回教徒とユダヤ人』渡辺事務所、一九二八年。

山岡光太郎『血と銭』植田印刷所、一九三六年。

山岡光太郎『聖都から聖都へ』植田印刷所、一九二八年。

山田済斎編『南洲翁遺訓』岩波文庫、一九九一年。

吉野作造「マッソン秘密結社なるものについて」『中央公論』一九二〇年一月号。

吉野作造「所謂世界的秘密結社の正体」『中央公論』一九二一年六月号。

ロレンス、T・E、田隅恒生訳『完全版　知恵の七柱』全五巻、東洋文庫、平凡社。

ルッピン、アルトゥール、大日本文明協会訳『現今の猶太種族』大日本文明協会事務所、一九一五年。

あとがき

序章でも記したように、私は一九八〇年代中ごろにヨルダン・ハーシム王国の首都アンマンに滞在していた。その時、お付き合いしていた研究者にカーメル・アブー・ジャーベル・ヨルダン大学教授（一九三二年〜）がいた。彼は首都の郊外に広大な農地をもつ地主一族の出身でもあったが、畑で採れたキャベツなどの野菜を自家用車で時折持ってきたりしてくれた。そのアブー・ジャーベルさんが、かつては夕飯を食べにエルサレムまで自動車を飛ばしてよく行ったものだと述懐していたことを思い出す。一九四八年から一九六七年までは東エルサレムはヨルダン領であったからそんなことが可能だったのである。一九六七年の第三次中東戦争時に東エルサレムを含むヨルダン川西岸はイスラエルに占領されてしまった。アブー・ジャーベル氏は一九九〇年に行われたマドリード中東和平会議の際にはヨルダン外務大臣として出席した政治家でもあった。

イスラエルがヨルダン川西岸を占領した後は、基本的にはヨルダン国籍をもつ西岸在住のパレスチナ人を除いて、一般のヨルダン人がヨルダン川を越えることは不可能になった。換言すれば、ヨルダン国籍をもつ人びとは一九九四年にヨルダンとイスラエルとの間に国交関係が樹立されるまではヨルダン川を越えることが原則としてできなくなったのである。ただ、一九九四年まではヨルダンはイスラエルとは外交関係はなかったが、西岸の「土地」をイスラエルが管理し、西岸の「人」をヨルダンが統治していたため、本書でも紹介したように、人とモノがアレンビー橋（ヨルダン側はフセイン国王橋と呼んでいた）を通って行き来できる「オープン・ブリッジ政策」を取っていたので、外国人もヨルダン川を越えることができた。しかし、イスラエル側の厳しいセキュリティ・チェックがあるため、渡河には数時間を要するようになったのである。

私がヨルダンに住んでいた一九八四年から二年半の間に、アンマンからヨルダン川を越えて何度もエルサレムを訪問した。そしてその後、私が家族とともにエルサレムに二年にわたって滞在したのは湾岸戦争勃発直前の一九九〇年秋からだった。翌年一月には戦争が勃発、二カ月近くエジプトのカイロに避難した。エルサレムに戻ったのは二月のある日の夜で大雨だった。私が住んでいたのはジョージ五世王通りの端っこに位置するアパートで、道路を隔てて首席ラビ庁のある大シナゴーグ、ヘブライ大学の旧校舎、そしてアメリカ総領事館もあった。戦争中、エルサレムにもイラクからスカッド・ミサイルが飛来したが、この地域は平穏だったという。そもそも、エルサレムは文字通りには「平和の街」であるが、私どもは避難というかたちで戦争に巻き込まれた。また、滞在中に母が亡くなり、慌ただしく一時帰国した。私の聖地滞在の記憶は戦争と死が絡むものだった。それだけに、戦時であれ、平時であれ、過去に聖地を訪れた日本人が何を見て、どんな印象をもち、どういうふうに描いてきたのがやはり気になったのである。

本書はそのような私自身のエルサレム滞在の体験をも踏まえて、聖地を中心としたパレスチナ／イスラエル訪問に関する日本人の記録を紹介したものである。本書で取り上げた作家たちのほとんどはイスラエル建国前のパレスチナ訪問だったので、ヨルダン経由ではなく、エジプト経由で鉄道か、あるいは船でパレスチナ入りした。しかし、現在はエジプトを含むアラブ世界とイスラエルとを直接結ぶ鉄道はすでになく、廃線になってしまった。

日本人の作家たちにはこの地に住む人びとが主に使用しているアラビア語や現代ヘブライ語をそれなりに学んで聖地エルサレムを訪れた人はほとんどいない。だからこそ、作家たちが聖地を訪れて見えてくる「風景」は私自身の感じたものとはかなり異なっていたのである。その作家たちの心象風景ともいうべき聖地イメージと私の抱くエルサレム・イメージの違いが本書の元となる連載を続ける原動力となったことも間違いないのである。

本書の元になった文章は、ミネルヴァ書房の月刊誌であるミネルヴァ通信『究』に連載した原稿であった。同誌での連載は「中東の語り部たち」と題して、二〇一四年七月号（通巻第四〇号）から四年間にわたり、四八回にも及ぶ長いものになった。本書において引用した文献には、第二次世界大戦前あるいは戦時中に刊行されたものの戦後復刊されなかったものもあり、その場合にはできるだけ旧字体および旧仮名遣いの原文を生かした。例えば、一九二九（昭和四）年に刊行された『蘆花全集』、黒崎幸吉『パレスチナの面影』（一九二五年）、満川亀太郎『ユダヤ禍の迷妄』（一九二九年）、四王天延孝『ユダヤ思想及運動』（一九四一年）などである。しかし、すべて旧字体および旧仮名遣いにすると読者にとってかえって読みづらくなるので、本書では新字体および現代仮名遣いとが併用されている場合もあることを予めお断りしておきたい。また、戦前・戦中に出版された書籍・論文等でも戦後に全集などに所収された場合は原則としてその表記法に基づいた。例えば、『内村鑑三全集』（一九八二年）、『矢内原忠雄全集』（一九六五年）、『大川周明全集』（一九六一〜一九七四年）などである。

最後に、連載途中から編集者として加わってくださった堀川健太郎氏には最後まで毎月の掲載分の編集作業でいろいろとお世話になった上に本書の出版にも尽力してくださった。ここで改めて感謝申し上げるものである。

二〇一八年一〇月

臼杵　陽

《著者紹介》

臼杵　陽（うすき・あきら）

1956年　大分県中津市生まれ。
1988年　東京大学大学院総合文化研究科博士課程国際関係論専攻単位取得満期退学。
2009年　京都大学博士（地域研究）。
在ヨルダン日本大使館専門調査員，佐賀大学助教授，エルサレム・ヘブライ大学トルーマン平和研究所客員研究員，国立民族学博物館教授を経て，
現　在　日本女子大学文学部史学科教授。
主　著　『イスラエル』岩波新書，2009年。
『大川周明――イスラームと天皇のはざまで』青土社，2010年（第23回アジア・太平洋賞特別賞受賞）。
『世界史の中のパレスチナ問題』講談社現代新書，2013年。
『「中東」の世界史――西洋の衝撃から紛争・テロの時代まで』作品社，2018年ほか。

叢書・知を究める⑯
日本人にとってエルサレムとは何か
――聖地巡礼の近現代史――

2019年10月20日　初版第１刷発行　〈検印省略〉

定価はカバーに
表示しています

著　者　臼　杵　　陽
発行者　杉　田　啓　三
印刷者　田　中　雅　博

発行所　株式会社　ミネルヴァ書房
607-8494　京都市山科区日ノ岡堤谷町１
電話代表（075）581-5191
振替口座　01020-0-8076

創栄図書印刷・新生製本

ISBN978-4-623-08558-3
Printed in Japan

索　引

（＊は人名）

あ　行

か　行

さ　行

た　行

な　行

は　行

ま　行

や　行

ら　行

わ　行